新编21世纪社会工作系列教材

社会工作实用写作

江国平　张　艳　著

Writing Guide for
Social Work Practice

中国人民大学出版社
·北京·

内容简介

本书聚焦于社会工作实务当中非常重要但又极易被忽视的方面：写作。全书以社会工作实务过程为线，以写作为切入点，为读者提供了社会工作实务过程中的写作类型、要求和技巧说明，再辅之以案例详细解释，具体包括社会工作实务开始之前的项目申请写作、实务过程中的服务文书写作、行政性写作、社会倡导写作，以及实务过程后半期的项目报告写作等。另外，针对一些重要社会工作实务领域中的特殊性写作，本书也提供了指导性意见和案例解释。

本书适合有提升专业文书写作技能需要的一线社会工作者学习，也适合社会工作专业的学生阅读，以便为之后的实际工作做好准备。

作者简介

江国平 南开大学社会学学士、社会心理学硕士，加州大学河滨分校社会学硕士，香港城市大学哲学博士。毕业后于沙特法赫德国王大学任教，从事沙特文化和志愿服务研究。2016年回南昌大学公共管理学院社会学系任教，任社会学系系主任和MSW中心副主任，讲授社会学理论、社会调查方法、社会统计学、心理咨询实务等课程，从事文化心理学研究、廉政研究、志愿服务研究，近期发表英文专著一部、中文专著两部、中文C刊和英文SSCI论文十余篇。

张艳 常州大学社会工作学士，南昌大学社会工作硕士。本科期间，在常州市多个中小学开展预防性侵害社会工作服务，被新北区百丈中心小学聘为校健康辅导员。研究生期间，在广州多个家庭综合服务中心实习，先后参与家庭、长者基础领域服务，“新广人”特色领域服务及垃圾分类等社会工作服务；2020年，在江西省瑞金市开展农村社会工作实践与研究。

前言

社会工作是一门实务性学科，它的主要目的是在利他主义价值观的指引下，运用基于社会学、心理学等学科知识的专业方法，或帮助处于困境的群体，使之脱离困境，或助力政府社会治理，推动社会和谐，增进人民幸福感。这给人造成一种错误意识，即社会工作这种实务性学科只重视操作性专业技能（如交谈技巧、游戏设计等），不注重写作。然而真正在社会工作领域工作的人都知道，社会工作实务中的写作非常多，且写作在学科发展和实务发展中扮演着重要角色。

第一，写作是社会工作实务的一个重要的有机组成部分，是社会工作者工作的一部分。据学者研究发现，社会工作者平均每天要花费20%左右的时间在各类写作上。社会工作实务中的写作的出发点和目的不尽相同，一部分写作是帮助服务对象解决社会问题的，一部分写作是为了社会工作机构自身的管理和发展，还有一部分写作是为了向服务购买方汇报服务进程或成效。第二，写作对社会工作实务的开展起着多种作用，如前提性作用、衔接性作用、证据性作用、说明性作用、汇报性作用、沟通性作用、倡导性作用等。例如，不会填报社会工作项目申报书，拿不到资助项目，社会工作机构就无法生存，社会服务更无从谈起；而且，机构间项目申报竞争激烈，社会工作者不但需要知道如何填写项目申报书，而且需要知道如何高质量完成项目申报书，因为质量一般的项目申报书将无法获得资助。再如，社会工作者的写作如果没有按规范操作，不但不能帮助服务对象解决社会问题，还可能对服务对象造成伤害。因此，有必要重视社会工作领域的写作，让社会工作者进入行业之前受到相关的训练。遗憾的是，国内大学社会工作专业大都忽视了这个方面，造成很多人入行后面对各式表格一脸茫然。这本书的目的就在于帮助有志于在社会工作领域发展的从业者提高写作水平，推动个人事业发展和整个行业进步。

本书涵盖了社会工作领域常见的通用性写作，如项目申请写作、服务文书写作（包括个案、小组、社区服务文书写作）、项目报告写作、行政性写作、社会倡导写作，也包括了一些常见实务领域（如长者、家庭和儿童福利、学校、医务、司法社会工作领域）的特殊性写作，还包括了学术论文写作。针对各种写作，本书先是介绍了一般性的写作规则，如职业伦理、文化敏感性、政治理念、反思性等，再围绕各类写作的结构、过程以及撰写技巧展开细节，并辅之以实例说明。这样设计的目的是希望读者能在获得写作技巧的同时，内化正确的伦理观、价值观、政治观和文化观，做到今后无须刻意提醒就能在正确的伦理观、价值观、政治观和文化观的指引下进行各种写作。一言以蔽之，希望我们社会工作者养成伦理性反思心理，撰写出富含正确价值观和责任感的社会工作专业性文件。

江国平

2021 年 8 月于南昌前湖

目录

第四章
项目报告写作

第五章
行政性写作

第六章
社会倡导写作

第七章
实务领域写作

第八章
学术论文写作

第一章
绪　言

与西方社会工作专业发展路径不同，我国的社会工作是政府主导并推动发展的。无论是通过扶持或孵化社会工作机构向社会提供服务，还是采取“发包制”直接向社会工作机构购买岗位或项目从而为有需要的群体或社区等提供服务，在我国社会工作服务发展过程中，政府一直扮演着“家长”角色。其中，政府审批项目、检查社会工作机构服务结果与成效的主要方式之一便是查阅社会工作机构服务文书。因此，文书写作好坏在一定程度上便直接与社会工作机构服务优劣挂起钩来。与此同时，近年来在学术领域，伴随着对学术与实务脱节的批评声愈演愈烈，证据为本的研究取向在社会工作学术界得到迅猛发展。社会工作服务对象为人，而人的改变具有长期性和不可察觉性，证据为本在社会工作专业中多表现为文书记录而非数字表现。由此看来，无论是社会工作专业化还是职业化发展，文书写作与记录都具有举足轻重的地位。

根据文书的概念，学术界将社会工作文书定义为社会工作者（简称社工）在从事社会工作期间对社会工作进行的所有记录。由此定义出发，社会工作文书写作囊括范围极广，如吉尔·凯格尔（Jill Doner Kagle）将社会工作文书分为评估服务对象和社区需求、咨询和教育、与服务对象分享信息、评估服务过程、评估服务质量、评估服务影响、做出行政管理决策、做研究等类别①；戴维·罗伊斯（David Royse）和苏吉特·杜柏（Surjit Dhooper）等人认为社会工作文书包括过程记录、摘要记录、个人资料、机构文件以及各种报告等②。

实践领域中的社会工作文书定义范围较窄，一般指一线社会工作者在具体实践时所产生的各种服务记录，包括个案、小组和社区活动记录。不管何种定义，从历史的角度来看，社会工作文书写作一直伴随着社会工作的专业化与职业化发展，经历了从简到繁、由边缘到中心的发展历程。

一、社会工作写作的目的

社会工作写作的目的有多种，但最主要的是促进社会工作者与服务对象以及实

---

① KAGLE J D. The contemporary social work record. Social Work，1983，28（2）：149－153.

② ROYSE D，DHOOPER S S，ROMPF E L. Field instruction：a guide for social work students. Long Grove：Waveland Press，2016.

务领域之外的其他专业人士之间的交流。通过写作，社会工作者告知他人自己正在做什么，为什么要这样做，具体行动计划如何，当前情境如何影响行动，以及行动又如何影响他人工作等。社会工作实务情境中的不同主体方了解这些信息的目的不同，但都有利于推进社会工作者当前实践服务发展。首先，对于社会工作者而言，在社会工作实践服务过程中，他们面对一些复杂个案时经常需要结合机构同工以更好满足服务对象需求，此时的实务写作将有利于同工快速且准确地了解服务对象信息，以便更好地参与实践服务过程。同时，实务写作作为机构档案保存，也有助于机构同工参阅过往实践服务，设计出更科学合理的行动服务计划，以更好地为服务对象谋利益。

其次，对于跨专业合作中的其他专业人士而言，实务写作不仅能促进专业间沟通，而且有助于其他专业人士从不同视角更加全面、综合、详细地了解服务对象的相关信息。专业价值观影响社会工作实务写作。例如，以人为本的专业价值观，反映在实务写作上意味着社会工作者从服务对象所处情境出发，注重周围环境对服务对象问题的影响，改变服务对象周围环境，促进服务对象的发展；或者依据优势视角，努力挖掘服务对象个人优势，帮助服务对象在逆境之中寻找发展的希望等。同时，不同专业看待问题的角度和侧重点不同。例如，社会工作专业的生态观注重服务对象所处的情境因素，关注服务对象问题与服务对象自身和周围环境之间的关系；而面对同样的服务对象和问题，心理学家则可能更加注重分析服务对象自身的因素，如服务对象当前的心理或精神状态，或是各种细微的早年生活经历等。不同专业看待问题的角度和侧重点不同，对问题最终的评估结果也不同，但其落脚点均为服务对象本身以及解决服务对象当前存在的问题。不同专业均基于自身专业理论和视角评估问题，都具有一定的专业合理性，而参阅其他专业领域实务写作，有助于从其他专业视角中看到本专业维度下被忽略的一些问题。社会工作者在实务写作中记录专业实践服务全过程，并在记录中体现专业价值观，展现自身专业视角下问题评估、解决的方式和结果，其他专业人士通过阅读社会工作者的实践服务记录，可以更好地认识社会工作这个专业。

再次，社会工作者有时也通过写信给专业内外人士，为服务对象寻求具体的服务意见和帮助。例如，社会工作者写信给政府或社会工作机构，以影响其对于服务对象权利、能力、资源和责任的相关决定。例如，根据 W 社工站规定，一社工对接一社区，若原对接社区社工离职，则由负责该领域的社工主管对接，其余社工不经允许，不可直接对接社区。但在实际服务过程中，由于一些突发因素，社会工作者不得不违反这个规定。例如，社会工作者在社区开展活动，尤其是一些大型活动时，往往需要借用社区场地，社工站与社区居委会有长期稳定合作，但社区也有自己本身的生态系统，社区内不同资源归属社区不同系统，场地资源一般归属社区物业，社工站在开展社区活动前几天需要告知社区对接社工与社区居委会沟通，后由社区居委会与社区物业协商，以借用社区场地。假如因为天气和服务计划原因，社工站需要将社区活动提前，而此时负责对接该社区的社工离职，领域主管又休假，活动实践社工则可以自行先与社区居委会沟通，以确保活动能按计划进行，同时再发邮件给服务领域主管，讲明事情原委，获得事后行为许可。此外，我国当前督导资源较为匮乏，社工机构并无常驻督导。当一线社工遭遇服务困惑，而督导又不在社工机构时，往往会选择在线上寻求督导支持。此时督导与社工之间的信息往来，则不仅能及时为一线社工提供支持，还能为社工日后遭遇类似问题瓶颈时提供指引。

最后，实务写作也是社会工作者应对实践服务中各种挑战与压力的一个手段，而持续性的实务写作反思也有助于社会工作者分析服务中的角色扮演和责任，有助于自身的成长。不同实务领域中，社会工作者所面临的服务对象不同：长者领域面对的是不同状态的长者，也许是越活越年轻的“老顽童”，也许是缠绵病榻的佝偻老妪；医务社工领域接触的可能是精神病患者，又或是刚白发人送黑发人的老人。无论服务于哪一类服务对象，都要求社会工作者在实践服务中带有感情地直面服务对象问题，能在长期实践服务中面对各种不幸、伤痛、挫折和无奈等各种负面情绪时，依旧保持积极的服务状态，并且能及时避免职业倦怠引起的冷漠情绪。在这一过程中，除了寻求督导或同工等的外界支持，社会工作者还可以通过写作中的自我表达、倾诉和反思等来达成自我服务。同时，社会工作者坦诚地记录实践服务相关的感受和想法，也有助于推动社会工作专业领域中自我揭露专业手法技术的发展。

二、社会工作写作的主要内容与过程

（一）社会工作写作的主要内容

社会工作者除了必要的实践服务，其余大部分时间就是处理各种类型的写作。按照是否为实践服务记录，社会工作写作大致可分为学术类写作和实务类写作。前者主要包括社会工作专业人士的学位论文、期刊论文、学术报告等；后者内容较为丰富，包括服务评估与计划、服务记录、服务宣传以及与服务对象的必要沟通等。当然，有些社会工作者也会在一些专业期刊或各类网络信息平台上写下自己的实践服务工作内容，包括服务介入案例或是服务心得等。学术类写作涉及学位或荣誉授予，同行会交流评议，故学术规范要求较高，一般都会根据期刊、学位或荣誉授予点要求进行撰写修改。

实务类写作与实践服务联系更为紧密，其写作内容与方式等更倾向于满足实践服务需求。在社会工作者的各类写作中，最值得注意的是项目申请书、需求评估与服务计划、服务过程记录写作。其中，项目申请书影响着社会工作机构的生存状态；需求评估与服务计划影响着社会工作者的后续服务；服务过程记录则展现了社会工作者介入服务对象问题的全过程，是体现社会工作者服务工作的最有力证据之一，不仅可供社会工作者自己查看，有时还需要给服务对象和服务购买方、评估方等不同主体查阅。

项目申请书多是社会工作者以机构名义，为寻求资源方相关服务资源支持，按照资源方要求，向资源方递交的资源服务申请。按照项目开展的程序要求，社会工作者必须先向资源方递交项目申请书，且在资源方通过项目申请书了解并评估社会工作者项目服务是否可行后，才有可能获得资源方对项目实践服务的支持资源，因此，项目申请书是影响社会工作者实践服务开展的重要影响因素，而项目申请书的好坏则会直接影响社会工作者服务资源的获得情况。一份优秀的项目申请书一般会因资源方要求而有不同特征。通常情况下，项目申请书都必须交代清楚项目承接方基本情况、项目服务对象与服务需求、项目实施内容与预期效果、项目绩效评估方法、项目预算明细等内容。

需求评估与服务计划描述了社会工作者与服务对象为解决问题而采取的行动安排，是解决服务对象问题的关键性步骤。一般而言，需求评估与服务计划由社会工作者在详细了解服务对象生理、心理等信息后，与服务对象共同确定后记录。同时，为确保服务计划能始终正确指导实践，社会工作者也会根据服务对象问题与周围环境变化情况及时修改调整，以使服务计划始终基于服务对象实时情况而制订。不同服务机构的服务计划形式不同，一般而言，一份有效的需求评估与服务计划大致包括以下内容：

- 简要概述服务对象将要解决的问题，以及服务对象的优势、资源和挑战；
- 描述为解决服务对象问题将采取的理论或介入模式，并结合理论或介入模式分析问题；
- 一般性的服务介入目标和具体可衡量的服务介入目标；
- 达成目标的日期与时间安排，包括具体介入次数等；
- 服务效果评估方式，包括评估内容、评估方式和具体的评估工具等。

服务过程记录内容广泛，包括服务对象问题评估，接案、转介或结案原因，服务对象问题发展变化过程，单节服务介入目的与计划，在达成目的过程中服务对象可用与尚缺的资源情况，以及社会工作者与服务对象互动全过程等。这些服务记录不仅需要展示服务对象的多维立体信息，还需完整呈现服务对象问题产生、变化和发展全过程。例如，从生态观点出发，个人、家庭和社区的问题源于彼此之间的不协调，我们在记录服务对象问题时，应该从服务对象所在情境出发，看到服务对象周围环境因素对其问题的影响，而非将问题单纯地归咎于服务对象个人。

除了以上提到的偏学术类写作和实务类写作，社会工作者在实践服务过程中还会涉及一些必要的行政类写作，包括服务开展前和服务开展后的通讯稿、各种会议记录与内外部通知、督导记录，或与合作方的各类沟通信函等。一般而言，不同社会工作机构都会根据自身实际发展需要制定一套行政类写作要求、规范或标准，社会工作者在撰写时按照机构相关要求或标准写作即可。但有一点需注意，一些行政类写作，如通讯稿、对外通知、与合作方的沟通信函等都需面对不同主体，为保证社会工作的专业性以及维护机构、服务对象、购买方等利益，社会工作者必须谨慎书写。写作不仅要体现写作者想传达的信息，而且应展现一定的专业性，严格遵守专业价值伦理要求，注重维护写作中涉及的相关者的利益，同时，需考虑写作的主要受众群体的特点，确保主要受众群体能够准确无误地了解相关信息。

（二）社会工作写作过程

尽管社会工作写作类型多样，不同写作类型具体行文要求不同，但一般都需经过三个基本阶段，即叙述稿、初稿和润色。

1. 叙述稿

叙述稿的目的是完成一个完整连贯的句子、段落或篇章。该过程从完整的实践服务笔记或是访谈记录等信息开始，通过将不同的服务信息、笔记资料等组织、整合，最终连缀成稿。如何将学术类写作中的访谈记录、数据分析结果等信息，以及实务类写作中的服务信息笔记转换成叙述稿呢？

首先，社会工作者可以考虑列一个按时间顺序排列的大纲。在一般情况下，叙述稿开头、中间和结尾需要一个逻辑顺序，因此，社会工作者最好根据已有的服务信息笔记选择一个信息排列的逻辑框架。在社会工作服务情境中，我们经常会从时间的角度来讲述服务对象的问题发展过程。如果按时间排序会导致相关信息混乱，也可以选用其他框架，如因果分析、整体到局部分析，或是 SWOT 分析等。

其次，社会工作者还需要检查信息的完整性，以及进一步检查服务信息的真实性，确保叙述稿信息的可信度。一些基本信息，如服务对象姓名、住址、联系方式、年龄等，必须要包含在叙述稿中。下一步则是展现必要的详细信息。一般可包括：

- 为什么需要写这个记录？
- 发生了什么？
- 在哪里发生的？
- 什么时候发生的？
- 谁参与了？
- 怎么开始的？
- 当前最重要的问题是什么？
- 社会工作者是怎么参与进问题系统的？
- 社会工作者做了什么？说了什么？
- 是否还有其他人在场？若有，这些人又做了什么？

社会工作者可根据自己选用的行文大纲进一步收集并组织所需信息。在此建议社会工作者随身携带一个便携式笔记本，一旦收集到有效的服务信息，马上记录下来，形成实践服务笔记。社会工作者记录笔记时，若时间或条件允许，可围绕某些关键术语或类别来组织信息，这样可使笔记在一开始就有某种叙述形态，也避免后期因为笔记零散而导致信息杂乱。同时，为确保信息的准确性，我们建议社会工作者收集完信息后，找信息中的关键人物或是旁观者确认信息，预防讲述者因主观偏见带来信息不实或缺漏的情况发生。

再次，组织语言。实践服务写作的目的在于传达信息，并不要求辞藻华丽，应选用最简单、直接却能最大程度准确描述自己的所见所闻的语言。同时，避免使用评判性或辱骂性的语言，即使在记录一些负面事件，如服务对象可能是家庭暴力施暴者或校园欺凌者时，也谨防使用一些如“家庭暴力男”“无能者”“学校败类”等词语，而尽量使用一些如“服务对象丈夫”“行为偏差者”等中性词语。此外，信息记录尽量客观公正，倘若一时无法将个人情感评判与事实信息分开，可以尝试多练习记录。记录过程中始终牢记，在做出一个判断时，一定要为判断提供相应的理由，倘若没有足够的理由，则不要将评估包括在叙述稿内。

2. 初稿

初稿阶段就是将多个叙述稿组合成一个逻辑完整的叙述稿。在该阶段，社会工作者最好先确定一个通篇的行文逻辑大纲，这个大纲可以将所有有效的叙述信息分组为一个能容纳不同详细信息的逻辑序列。在接下来的行文叙述中，社会工作者就可以使用该大纲作为组织通篇信息的指南。不同类型的社会工作实践写作形式、结构和行文长短不一，但一般情况下开头、中间和结尾应该合乎逻辑。具体行文叙述也应该体现从一部分到另一部分的逻辑流动，避免突然性或间接性的思维跳跃。在正常情况下，阅读者在阅读完初稿后能够清楚地理解写作者的写作意图、展示的相关信息以及得出结论的思维逻辑论证过程。而要达到这样的效果，具体的行文顺序能够发挥很大的作用。正常情况下，行文中的后一句话可以顺着前一句话的某个逻辑论证，也可以对前一句话进一步解释或说明。无论哪种情况，社会工作者在写作中都应确保使用的每一个句子都建立在前一句话的基础上。以此类推，每个行文段落之间也应有某种行文逻辑，由句子到段落，再由段落到初稿。

当社会工作者完成初稿后，可以按照以下三步检查初稿信息是否完全，以及行文是否符合逻辑。首先，这是关于谁的写作？阅读者在阅读之前需要先了解什么？写作是否需要包含地址或联系方式等基础的人口学特征信息？若需要，是否已经包含？其次，如以逻辑或时间顺序叙述，阅读者在阅读完基本的实践服务案例信息后，是否可以明确问题？在这一部分写作中，最好使用一些主动语态词语，以便阅读者直观了解是谁在对谁做些什么。再次，总结服务对象现状或服务发展情况，同时明确说明下一步的服务行动建议。

3. 润色

润色是改进写作表面特征的阶段。在这一过程中，社会工作者重在发现拼写、语法、标点等使用错误。除此之外，润色阶段也是社会工作者从头到尾再次审查自己写作的过程。为了尽可能发现写作冗余或是写作缺陷，我们建议社会工作者在初稿写作完成后，稍事休息再做润色。因为给自己留出一段空白期，更容易形成一种新的视角去审视自己的写作。当然，在可能的情况下，社会工作者也可以邀请信任的同工或朋友阅读或编辑初稿。这些人对初稿不熟悉，单纯以阅读者的角度阅读或编辑初稿，更容易发现写作缺陷或是写作者的一些不适宜的主观判断性语言。最后，我们建议写作者最好在提交终稿截止日期前几天完成初稿写作，以便为初稿润色预留足够的时间。

三、社会工作写作的原则

与实践服务一样，社会工作写作既是一种责任，也是一种特权。前者在于对服务对象利益的维护与专业本身的发展，后者则体现文字建构的力量。社会工作者必须坚守专业价值和职业操守，在不伤害服务对象以及服务相关方利益的前提下，发挥文字建构的力量，推动专业本身的发展以及服务对象自身利益的实现。在此过程中，除了需要扎实的写作技巧，还需要社会工作者遵循以下几项原则。

（1）以职业价值观和职业道德作为实践写作的基础。写作是实践的一种拓展，应当体现社会工作者自身的专业知识以及对于服务对象自决、优势、赋权、文化能力及其他专业核心特征的承诺。社会工作者应该牢记专业写作也是社会工作者为自身专业代言的一种形式。

（2）避免使用可能使人失去个性、人性或边缘化的词汇或短语。例如，与其写你正为一位“情绪有问题的人”服务，不如说你正在为一位“被诊断为边缘人格障碍的女性”服务，或者更进一步说是在为“情绪、人际关系和行为表现不稳定的一位女性”服务。

（3）在写作中充分描述服务对象优势，并展现你对服务对象优势的欣赏。记住，无论是采用哪种写作方式，社会工作写作都应当公正地描述服务对象拥有的优势和面对的挑战。同时，不同类型的社会工作写作往往也是那些可能没有公开发声机会的群体的一个发声渠道，应当充分利用起来，协助这些原本缺少发声渠道的群体发出自己的声音。例如，我们可以这样描述一位轻度残疾人士：

> 廖女士今年25岁，因左右脚长短不一被诊断为轻度肢体残疾三级。一年前在朋友的介绍下到一家五金工厂里做行政，目前寄居在表姑家中。她每天都很认真且努力地工作，和周围同事、家庭、朋友也相处愉快，关系和谐。但是，最近在公司考核中，老板告诉她，因为她的脚长短不一，影响公司形象与效率，所以将失去晋升与加薪的机会。同时她也发现，因为脚长短不一，影响了自己回家的速度，从而给表姑一家生活也带来了麻烦，如耽误了晚饭时间、表姑家的孩子被邻居家的小孩嘲笑等。但廖女士自己觉得，尽管这些问题给她的生活带来了许多负面影响，但她一定最终都能克服，而且自己也能够处理好一些负面情绪。她表示，虽然因为左右脚长短不一使自己很多方面都落后于他人，但她可以更努力，付出比别人更多的时间去做得和别人一样好，残疾人也是人，不能因为残疾就被社会和他人区别对待，她要通过自己的努力去证明残疾人也能够对社会有用。

（4）在写作过程中也应尊重服务对象的权利，包括服务对象的隐私和自决权等。例如，在写作中，对服务对象情况描述仅限于与当前问题相关的细节描述，便是对服务对象信息保密的一种体现。又如，你是一名长者领域的社会工作者，在为一位失独长者提供情绪支持服务，在实践服务写作过程中，你可以记录这位长者当前的情绪状态，或长者对于失去女儿的想法以及对未来生活的看法等，但你没有必要记录长者与女婿之间的紧张关系，或是长者对于自己一位大学同学全身烧伤的感叹和痛惜等。服务对象自决权则表现在服务对象有权决定社会工作者关于自己的实践服务写作是否提供给社会工作者以及服务对象本身之外的第三人查阅。

（5）阅读并遵守机构或行业对于服务对象或者机构对相关信息使用的原则或规定。例如，了解机构对实践服务过程中相关信息的保密程度，哪些信息一定要保密，哪些信息可以适当公布，哪些信息可以完全公布等。

（6）了解实践服务写作的受众群体以及他们的主要阅读目的。社会工作者在写作时，往往会根据自己的主要阅读群体来安排行文内容与结构等。例如，考虑到主要阅读群体或多或少都了解一些实践服务相关信息，此时，为了简化实践写作，便会使用一些行话，如“同工”“扫楼”“街站”等。在面对业内群体时，这样的写法可以使行文简洁。但社会工作者也需意识到，一些面向公众的实践写作，诸如学术论文或是网络公众号的推文等，往往会吸引一些意料之外的阅读者，如公益人士、志愿者等，他们可能并不了解社会工作服务实践领域的相关信息。此时，为确保信息传达准确，社会工作者最好能够在维护服务对象相关权益的前提下，一方面尽可能地展现实践服务的所有必要信息，另一方面要尽量少用行话，当无法避免使用行话时，也应尽可能地对行话进行解释。同时，为避免信息误解造成的不必要的麻烦，社会工作者在发表文章后，应尽可能为事后的写作讨论提供机会。

除了以上几点原则，社会工作者在具体的实践服务写作中，还应注意以下几点问题。

（1）写作究竟代表谁的声音？有多种力量影响着社会工作者的实践服务，其中包括社会工作者本身、社会工作机构、服务对象、服务对象相关者、督导、服务购买方等。在实际服务过程中，这些力量一直处于一种博弈状态，如社会工作者自身遵循的价值观念和专业理念、机构自身发展要求与利益维护、服务对象和服务对象相关者自身利益诉求、督导理念、服务购买方利益实现等。哪种力量对社会工作者实践服务影响最大，实践服务写作便最可能反映哪种力量代表方的声音。但社会工作者应当注意，在反映某一方声音时，是否会给其他代表方的利益带来损害。例如，家庭领域社会工作者为了凸显服务介入的有效性，可能会详细记录服务对象在接受服务的全过程中的表现，甚至会详细描述服务对象在接受服务介入前的缺陷或不足，如长时期的精神或心理状态不稳定、情绪激动并伴有暴力倾向等。如果服务对象的爱人在离婚诉讼中为获得孩子抚养权，要求调用社会工作者的实践服务过程记录，此时，对服务对象无意的服务记录则可能会给服务对象的利益带来损害。

（2）实践服务过程记录的方法。为了尽可能记录服务有效信息，以及提升与服务对象会谈过程中的专注力，有些社会工作者会选择在实践服务过程中以录音或录像的方式记录过程信息。采用这种方式记录并收集实践服务信息固然有效，但社会工作者必须确保服务对象知情同意。同时，在我国社会工作实践领域中，我们并不建议社会工作者在服务关系建立初期使用录音或录像的服务记录方式。中国是一个熟人社会，服务对象在遭遇挫折或挑战之时，首先会向亲戚或朋友寻求帮助，只有在走投无路之时才会求助于社会工作者或是其他公益慈善服务者等陌生人。在关系尚未稳定建立时就使用录音或录像，会增加服务对象的不安全感和不信任感。目前我国有关信息保护的法律条文尚未完善，录音或录像资料一旦泄露，则可能会给服务对象带来极大的麻烦。此时，服务对象可能因为害怕麻烦而拒绝或不完全配合社会工作者的服务工作。此外，科学技术的进步虽然为电子信息资料存储提供了更多便利，但也增大了信息泄露的风险，社会工作者必须确保录音或录像资料存储的安全性和保密性。

（3）实践服务过程记录的反思性阐述。社会工作服务中的行动反思对服务质量的提升起着重要作用，反思的内容与形式是多种多样的。除了定期的领域部门会议或偶尔的服务商讨，社会工作者采用最多的反思形式便是反思性日志或周记。日志或周记内容可包括过去一周时间里对一件重要事情的阐述、实践者本身在该重要事件中专业手法运用的合理之处与不足，以及该重要事件对实践者自身职业或与同工关系发展的作用或影响等。社会工作实践服务成效较慢，服务对象又多是社会弱势群体，定期的实践反思能够帮助社会工作者尤其是从事一线服务的社会工作者看到服务对象改变与发展的轨迹以及自己点点滴滴的成长与进步，这对于社会工作者自身专业与职业发展以及预防职业倦怠有着重要作用。

四、社会工作写作的功能

按主体划分，社会工作写作对于不同写作主体有着不同的功能。首先，就社会工作者而言，作为社会工作写作者主体，一线社会工作者经常需要接触不同类型写作，既包括实践活动类中的个案预估申请、个案过程记录、个案报告总结、小组策划书、小组过程记录、小组总结报告、社区活动策划书、社区活动总结报告以及每天不同数量的探访或电访记录等，又包括行政工作类中的会议记录、督导记录、培训记录以及各类小组或社区活动通讯稿等。可以说，一线社会工作者每天除了开展具体服务，其余时间几乎都花在撰写各类社会工作文书上。一线社会工作者的写作，就是记录每天开展的具体服务活动，以便日后督导、评估或是服务转介查询需要。

首先，如上文提到的，一线社工可以通过写作过程进行行动反思甚至行动研究式反思。何谓行动研究？其研究范式属于克里斯·阿吉里斯和唐纳德·舍恩（Chris Argyris & Donald Schon）所阐述的实践认识论，人们可以通过“行动/实践中的反映”来揭露与理解某种隐性知识，并对之进行批判与修正，从而形成新的行动策略，进一步推动行动发展，即行动/研究者在行动中反思研究，并在反思研究中行动，它既是一种行动中的研究，也是一种研究中的行动。[①] 根据李昺伟等人总结，社会工作实践行动研究主要分为五个阶段，即问题的界定与分析、行动计划制订、行动计划推行、对问题的再评估、相关行动经验的总结与学习。行动研究可运用层面非常广泛，在日常实践服务工作中，一线社会工作者的行动研究式反思大致可包括三个层面。一是需求评估的行动研究。一线社会工作者在刚接触服务对象时，对服务对象的需求不甚了解或了解不深，不知道开展什么服务，或怎么更好地开展服务。此时，就需要社会工作者深入一线，与服务对象同行，在服务中不断了解服务对象需求，并与之建立起良好的专业关系。同时，在服务记录中不断总结和反思服务中的优点与不足，从而不断提升服务质量，提供更加贴合服务对象需求的服务。二是行动过程及阶段性结果的反思性研究。在需求评估的行动研究基础上，我们确定了行动目标，制订了行动计划，理清了行动的切入点或突破口，对行动策略、方法和过程都做到了心中有数。但当行动计划实施了一个阶段后，行动的结果如何？过程如何？社会工作者角色定位如何？服务对象参与程度如何？是否达成了预期目标？达成程度如何？上述诸多行动过程以及阶段效果都需要社会工作者在文书写作过程中不断地进行反思性评估。三是社会工作者自身的生命历程和职业生涯的反思性研究。我国的社会工作尚处于初步发展阶段，无论是相关制度设计和行业社会地位，还是社会工作本身发展程度和从业者自身的认可度，都还有相当大的提升空间。同时，社会工作以人为服务对象，而人的改变又需要一定的时间和耐心，短时期内难以看见成效。社会工作者可能会面临许多来自社会、家庭以及自身发展的压力。社会工作写作记录社会工作者的服务内容与日常工作反思，一方面可以帮助社会工作者看到日常工作的点滴进步，增强自身工作信心，另一方面也有助于社会工作者从生命历程和职业生涯角度不断做出职业规划与认定。

其次，就社会工作机构而言，从横向来看，社会工作机构非营利组织的性质决定了其若要生存和发展，就必须获得相应的资助。众所周知，赞助方在决定是否对一家机构提供资金或物资支持时，首先会考察该机构的历史背景、使命愿景以及已有成绩等。证明机构历史发展、使命愿景以及已有成绩的最有力证据便是机构在发展过程中一点点累积起来的历史文件记录。同时，机构在获得赞助方资金或物资支持后，需要定期或不定期地接受赞助方的评估检查，当前我国社会工作评估检查的主要方式是机构服务文书检查，辅之以相关方访谈和社会工作者焦点小组等。由此可见，文书写作状况直接影响了机构评估的最终得分，进而影响机构生存。从纵向来看，任何一家组织或机构发展都需要相应的组织文化的传承。文化传承除口口相传，更依赖于组织文书记录传承。我国社会工作机构人员流失率居高不下，频繁的人员更替使得文化口传方式的作用力在社会工作机构中不断减弱，而不得不更依赖于机构文书传承。此外，社会工作以人为服务对象，为提升服务质量，社会工作者

---

① 李昺伟，吴耀健，郭思源，等．中国贫困人群的社工服务：“大爱之行”项目研究．北京：社会科学文献出版社，2016.

需要对服务对象有足够多的了解，才能够设计出更加符合服务对象需求的策划方案。面对目前我国社会工作机构员工更替频繁的现状，为了减少人员流失与更替给社会工作服务带来的负面影响，社会工作者在开展服务时，应尽可能地记录服务过程以及相关服务经验，建立好服务对象档案信息数据库，从而帮助新员工更快地融入职位角色，减少服务重叠造成的服务资源浪费，保证机构服务的连续性和有效性，推动机构服务能力提升。

再次，就服务对象自身而言，运用文学来进行心理辅导与治疗的案例早已有之。如原始社会的巫师通过唱诵词句或歌曲来满足人们身心康复需求，古代诗人通过作诗赋词来抒发内心情感等。写作作为一种治疗方式开始被大家认识是在20世纪60年代，知名期刊写作爱好者艾拉·普罗格夫（Ira Progoff）在美国多所城市举办日记研讨会，影响范围辐射世界各地。① 20世纪90年代，詹姆斯·彭内贝克（James W. Pennebaker）在实验中通过要求被试者写出创伤性事件、压力事件以及情感等相关实践的深入想法与感受来疏导他们内心的抑郁。实验结果最终证明写作在身心康复中具有重要治疗作用，也标志着写作治疗方式正式形成。② 在社会发展过程中，写作治疗被广泛运用于不同学科领域中，如文学领域中通过文学创作来抒发内心苦闷与不满等负面情绪，心理学领域中要求来访者通过书写来宣泄情绪、升华情感等。在社会工作领域，社会工作者通过鼓励服务对象积极写作，在帮助其梳理内心情感的同时，促进其自身潜能的激发和社会功能的恢复。目前，在社会工作实践领域中，主要形成了四种写作介入模式，即日记、信件、自传和主题写作。日记写作模式又称为日记治疗模式，要求服务对象在没有压力和顾虑的情况下，通过自我对话，将事件、经历、感情以文字的形式表达出来，以此宣泄自己的情感，促进自身心理、情感或身体的恢复。信件写作模式，即服务对象通过与他人之间的书面对话，从而将内心无法言说的感受表达出来，收信方可以是社会工作者，也可以是服务对象想与之交流的其他人。自传写作模式则是指社会工作者引导服务对象对自己的记忆进行整理，记录自己的人生经历，通过回顾自身的经历获得新的人生感悟；这种写作治疗模式多用于长者群体，帮助长者在缅怀往事的过程中整合人生。主题写作模式应用广泛，不限群体，一般是社会工作者与服务对象共同商议一个主题，服务对象在选择主题后进行写作，以此抒发内心情感。写作治疗遵循社会工作以人为本的原则，尊重服务对象，激发服务对象自身的潜能和优势。但同时要注意，社会工作者在运用写作治疗时应当注意筛选服务对象，避免对一些不适用该疗法的服务对象造成二次伤害。

最后，就社会工作专业本身发展而言，无论是专业化还是职业化发展都离不开社会工作写作。一种职业的发展需要相应的职业文化与职业精神，职业写作不仅是

---

① PROGOFF I. At a journal workshop：the basic text and guide for using the Intensive Journal. New York：Dialogue House Library，1977.

② PENNEBAKER J W. Writing about emotional experiences as a therapeutic process. Psychological Science，1997，8（3）：162-166.

文化与精神传递的重要载体，也是该职业发展程度的一个身份符号与象征。社会工作文书写作的规范程度，在很大程度上反映了社会工作行业发展的专业化程度。同时，我国社会工作专业需要促进社会工作本土化发展，将外来理论与本土的诸多概念进行融合，并由此发展出符合并适应我国不同价值、文化、习俗等情境的新的理论架构模式。这就必须将专业实践经验以文字的形式进行记录和呈现，使相应的经验知识得以传播与分享，在扩大专业影响力的同时不断寻求业内的认可。

五、社会工作写作中的伦理

（一）职业价值和职业道德的体现

在社会工作写作基本原则中提到，实务写作也应体现社会工作专业的服务价值。除了公正、自由、集体主义、人的尊严等几个专业核心价值，近年来，随着全球化的不断加速，社区、城镇和城市的不断扩大及人口结构的不断变化，一些学者提出，社会工作者在写作中也应特别注意职业道德对文化能力和社会多样性的承诺。毫无疑问，当前服务对象、社会工作者本身以及其他服务相关者都处于一个日益丰富而复杂的文化生态背景中，社会工作的实践写作应体现服务对象以及服务相关者和社会工作者自身所持有的文化价值，并展现此种文化价值如何塑造了服务对象对问题的陈述、服务计划的制订和执行等，以便在实践服务中更好地接纳、尊重和包容服务对象受其文化价值所影响的态度、信念和行为等。例如，一名驻村社工发现，在种植小组发展过程中，组员 H 是七八年前嫁入村庄的外来媳妇，初中文化。由于小组开始时表现积极，且主动与社工联系参与小组，社工认定 H 为村子妇女小组的联系人，从联系、动员到启动小组等各项工作都较多地请 H 参与，社工此举的初衷是希望培育 H 为小组领袖。在实施过程中，组员 H 积极赞同社工的按劳分配制，在小组中建立详细的任务分配和出勤登记，并根据登记表来确定小组组员获得的相应报酬。在小组发展过程中，组员 H 与组内较多成员产生摩擦，其中与 L 摩擦最为激烈。组员 Q 与 H 之间并无摩擦，但 L 与 Q 相对年长，且关系较好，更重要的是二者为妯娌关系。因为 L 与 H 之间产生摩擦，Q 则无条件站在 L 一边，帮助 L 对抗 H。在这个案例中，驻村社工发现，在农村扶贫工作中，应该尤其注意农村的社会经济，而非市场经济。[①] 在农村熟人关系社会中，互惠、互助的社会经济生活状态才是村民社区生活共同的选择。在现实生活中，哪家嫁娶、乔迁、升学等摆喜酒，其他熟悉的村民朋友都会过去帮忙，不计较时间和工钱，如果哪家要算工钱给前来帮忙的村民，村民反倒不高兴，认为这是瞧不起自己，疏远自己。社工在培育种植小组过程中掉入了市场经济陷阱，按市场经济分配原则与村民严格计算工时的付出与获得，强调经济效益，冲击了其原本生态系统中的社会经

---

① 张和清，杨锡聪．社区为本的整合社会工作实践：理论、实务与绿耕经验，北京：社会科学文献出版社，2016.

济，使组员也变得斤斤计较。同时，在小组组员关系发展中，社工应当格外警惕宗族姓氏文化对组员关系的影响，避免掉入文化识盲陷阱。[①] 正如种植小组中，组员Q因与组员L是妯娌关系，便无条件联合起来共同对抗组员H，甚至在小组后期，形成以组员H和组员L为首的两大派别，使得小组工作开展艰难。究其原因，则是H和L分别代表村庄中两个不同姓氏，看似是小组中两个组员之间的小摩擦，背后其实有着长期以来的姓氏之争。

除了注重文化能力和社会多样性，一篇好的实务写作也应包括对服务对象优势的认定和支持。服务对象优势包括各种技能、品质、能力、有形与无形资源等。这些优势可能与生俱来，也可能后天获得，可以在服务对象遭遇困难时加以利用。例如，社会工作者在实践服务中记录，“林先生博闻强识，说话风趣而幽默”“鲍阿姨优雅又迷人”“王同学有着强烈的学习动机和改变意愿”“谢阿姨与儿子感情深厚”等，这些简短而积极的描述不仅能够帮助社会工作者在未来的实践服务中看到服务对象的可利用资源，还有助于拉近与服务对象之间的关系，帮助服务对象本身发掘自身优势。相比之下，一些负面或不积极的描述，诸如“林先生性格软弱，在与他人发生意见冲突时不敢直接表达自己想法”“鲍阿姨对周围人非常挑剔”“王同学有着很大的学习障碍，并且不懂得变通”“谢阿姨对他人防备心很重，经常疑神疑鬼”等，则可能误导社会工作者将服务对象遭遇的问题归咎于服务对象自身，并且定下批评和责备的基调，不利于与服务对象建立的积极关系，会阻碍后续的服务过程。在优势视角下，社会工作者应当注意到服务对象或展露或隐藏着的各种优势和能力，并且在服务记录中利用各种写作技巧突出服务对象忽略的自身优势，帮助服务对象利用这些被忽视的优势去更好地应对挑战。例如，家庭领域社会工作者这样记录：

> 王阿姨不再每日围着外孙和丈夫生活，尽管她还会将一天中大部分时间花在照顾丈夫和外孙生活上，但她已经开始询问社工社区活动的事情，并在上次制作端午节小灯笼的小组活动中认识了一位新朋友，两人已计划参加社区歌唱比赛。

该服务记录虽简短，但却在不知不觉中将读者引向关注服务对象逐渐改变的状态，即虽然还是会将一天中大部分时间花在对丈夫和外孙的生活照顾上，但她也慢慢关注自己周围的生活，开始参与社区活动并结交新朋友。

（二）写作语言的准确运用

美国社会工作者协会的道德规范要求社会工作者在与服务对象的书面交流中使用准确和尊重性的语言。如上所述，社会工作者在实践服务过程记录中，应当体现服务对象的文化多样性以及自身优势；除此之外，在写作记录中，也应当尽量使用

---

① 张和清．社区文化资产建设与乡村减贫行动研究：以湖南少数民族D村社会工作项目为例．思想战线，2021（2）：21－29.

能展示服务对象个性或群体特征的语言。使用“案主”或“服务对象”来统称社会工作者所服务的个人、家庭、群体或社区，尽管能够避免一些污名化或标签化描述语言的使用——这些语言容易在社会工作者与服务对象之间产生一些距离感，却不利于精确详细地描述服务对象。正如在上文提到的王阿姨案例中，单纯用服务对象代称王阿姨，阅读者直觉上会认为王阿姨是一个处于弱势的、不利境况的、需要帮助的人，不利于阅读者建立起王阿姨明确的身份图像。但若在服务对象指称后，使用诸如大学教授、高级知识分子、外祖母、家庭主妇等词语，则有利于阅读者建立起有关王阿姨的明确的多维立体化形象，并且有助于引导阅读者关注王阿姨本身及其优势，而非仅仅是问题或事情。

换言之，社会工作者在实践服务写作中，应当非常谨慎地使用一些判断或识别服务对象身份图像的描述语。在实践服务中，为了促进沟通交流，沟通者会使用一些速记的表达方式，或是采用一些以往流传下来的描述语，例如称一些从事性工作的女性为妓女或称一些患有精神障碍的人为精神病，虽然这样在某种程度上能减少彼此的沟通障碍，但却有违社会工作以人为本和尊重服务对象的价值观。社会工作者无论是在实际沟通还是在服务记录中，都应当尽可能选用一些正向或不带污名的描述语。例如，称从事性工作的人为性工作者，表明社会工作者尊重性工作这份“职业”，并接纳性工作者；将“我正与一位被诊断为精神病的患者一起合作”改为“我正和一位被诊断为双向情感障碍的人一起工作”，因为前者容易使人对服务对象留下负面印象，并直接对服务对象状态定性，后者则不仅有助于精确描述服务对象所面临的挑战，还能引导阅读者进一步探知服务对象的挑战，即何为双向情感障碍。

除了在写作中避免标签化和污名化语言，社会工作者在服务记录中也应适当注入希望。但需注意，这种希望应建基于服务对象的自身文化价值或生活观念背景。例如，同样是被诊断为阿尔兹海默症，不同患者因为个人信仰或生活观点不一样，对疾病诊断反应可能具有较大的差异。有些患者会感到绝望，对生活失去信心；有些患者则依旧能看到希望，认为这是对自己过去生活的错误选择的救赎或生命中的正常现象，并相信能在早期诊断出疾病发展的轨迹就还有被治愈的可能。社会工作者应区别怀有希望和感到绝望的不同个体，然后以独特的方式介入和应对。例如，对于前者，可帮其回顾生命，重拾信心，寻求新的生活选择，再次看到生命意义；对于后者，则可以直接营造正向的治疗环境，保持其积极的治疗心态。社会工作者应尊重每一个服务对象对自己过去、现在、未来的看法，并尽量记录服务对象的积极正向行为。以下是两篇不同的服务实践记录。

记录一：服务对象吴阿姨只接受过小学教育，今年 35 岁，育有两个孩子。头发有些散乱，眼睛无神，好像对什么事情都不感兴趣。社工从访谈中了解到，吴阿姨患有中度抑郁症，尽管在过去三年中一直接受药物治疗，但效果并不明显。同时，吴阿姨对社工说，最近她感到症状有些加重，持续性地不想与人沟通社交，就想将自己锁在家里，感觉活着没什么意义。吴阿姨现在也在参加一个兴趣发掘小组，但经常性缺席，且从不参与小组活动。社工曾考虑将吴阿姨转介给心理咨询师，但很担心吴阿姨可能不会接受该建议。此外，社工考虑到抑郁症可能会影响吴阿姨照顾孩子正常生活，目前也在寻找一些日常托儿所服务。

这篇实践服务笔记存在很多可改进的地方，它既不能展现社会工作专业价值，也未能给读者提供有用信息以便为服务对象提供更精确的服务。第一，服务对象已经努力对抗抑郁三年，但记录却未说明服务对象对抗抑郁的力量和资源；同时，服务对象自身注意到自己症状呈现恶化趋势，但记录却未提及服务对象较强的观察和感受力，也没有称赞她在抑郁症面前展现的巨大对抗力量。第二，“头发有些散乱，眼睛无神，好像对什么事情都不感兴趣”，这句话暗示服务对象对现状改变缺乏明显的动力，更没有考虑长期服用抗抑郁药对服务对象精神状态的影响，如此则很容易对服务对象去权（depower）。第三，记录中只是单纯记叙服务对象不积极参与小组活动且经常性缺席，却没有探寻服务对象行为背后的原因，如此则有责备服务对象的嫌疑。第四，社工考虑将服务对象转介给心理咨询师，但在没有与服务对象进行实际沟通的前提下，就做出服务对象可能会拒绝此建议的推测，没有践行服务对象自决的专业价值伦理。第五，社工没有提供任何服务对象抑郁可能会影响儿童照护的证据，就已经开始咨询托儿所服务，这不仅暗含服务对象忽略儿童的嫌疑，还带有明显的父权主义。

记录二：服务对象吴阿姨是一位只接受过小学教育的35岁女性，三年前被医生诊断为患有中度抑郁，此间她一直在积极寻求抗抑郁治疗。先前的治疗措施包括许多药物治疗和社会工作个人和团体治疗。药物治疗在一开始时会使症状有所减轻，但一段时间后，症状又会恢复到先前水平，且据服务对象讲述，最近感觉抑郁症状有所加重，已经持续两个月感觉疲劳和易怒，晚上又难以入眠。目前，服务对象正在参加一个兴趣发掘小组，没有接受个人咨询服务，但服务对象因为持续性疲劳和没有精神而经常请假，缺席小组活动。服务对象还有两个年幼的孩子，分别为3岁和6岁。她向社工表达了自己对自己健康状况可能会影响孩子的正常生活或无意中给孩子带来伤害的担忧，社工正计划与服务对象共同商讨相应的应对方法，包括寻找日间托儿所或是将孩子托付给值得信任的亲属或朋友。但为了尽可能照顾孩子的感受，社工建议她还是先去医院咨询医生，确定抑郁是否真的会影响她病情恢复或是对孩子存在潜在伤害后，再做进一步行动。此外，社工计划进一步了解一些对于服务对象抑郁恢复有效的治疗方式。

相较于记录一，记录二的实践服务记录更能展示社会工作专业价值，且为社工制订下一步治疗计划提供了有效信息。首先，记录二中“三年前被医生诊断为患有中度抑郁，此间她一直在积极寻求抗抑郁治疗”等描述语，展示出服务对象强烈的改变动力。其次，记录明确描述了服务对象此前已接受过的治疗，以及各种治疗效果，可有效避免后续重复治疗；记录还明确描述了服务对象对自己抑郁症状的详细感知，展现出服务对象具有较强的感受力和观察力。再次，记录明确说明服务对象担心自己的抑郁“可能会影响孩子的正常生活或无意中给孩子带来伤害”，展现出服务对象对家人的关怀以及其持续改变的动力。最后，记录还说明社工下一步与服务对象共同商议介入计划以及寻求有利于服务对象抑郁治疗的措施，展示了社会工作专业尊重服务对象自决权以及实践反思等专业特性。

六、社会工作写作能力培养

在社会工作实践中，社会工作者每天要接触不同类型的服务对象和服务相关方，每个服务对象和相关方都带着自己的文化信仰与价值选择。为避免伤害服务对象，社会工作强调社会工作者在实践与记录中都应遵循价值中立原则。然而正如马克斯·韦伯（Max Weber）所言，在没有那种给予一切价值评判以平等机会的“自由状态”情况下，所谓的价值中立往往都是虚假的。这就意味着，我们在践行价值中立时，应当尽可能地尊重他人表达出的价值选择以及感受他人未表达出的文化信仰。如此，就需要社会工作者具备一定的批判思考能力和文化能力。

批判思考是大家耳熟能详的词语。概括来讲，批判思考能力即指一个人有能力去转换、分析和评估不同思想、信息和论点，它是一种思维状态和精神实践，可以随着实践者的不断实践与学习而不断发展、改进和提升。[①] 认识批判性思维能力需要了解“元认知”“反思”“深思熟虑”。

元认知即一种对自己思维过程的自我反思，是思考者对自己的认知过程的回顾和审视。在此过程中，思考者对自己的思想进行深思熟虑的、有条理的批判性评估，质疑自己为什么要这样思考，从而加深对自己如何以及为什么相信自己所想和所做的事情的理解。如此，不仅是为了促使个人未来行为能力提升，以及避免再次发生相同的错误，同时也是总结自己的经验，以便他人学习和借鉴。元认知是人类思维的一个相当特别的特征，在许多方面，它也是人们自我防卫机制中“否定”的天敌。据弗洛伊德（Sigmund Freud）自我防卫机制理论，我们每一个人都有一种思维防御机制，这种机制经常是一种无意识的过程，即当事实被我们的意识认定为无法忍受之时，为了避免本我与超我的失衡，从而产生情感冲突和焦虑，个人便会拒绝承认这个事实。[②] 元认知是我们有意识地对自己的思想意识进行评估和怀疑性检查。[③] 如此，可以帮助我们发现这种无意识的否定过程，避免在写作过程中因为自己固有的思维方式或以往认知模式而对实践服务产生错误的记录。实践元认知需

---

① WEISMAN D，ZORNADO J L. Professional writing for social work practice. New York：Springer Publishing Company，LLC，2018.

② 陈勃．自我的防御和应对：弗洛伊德理论与皮亚杰理论的联合点．北京师范大学学报（社会科学版），1999（5）：67-72.

③ 汪玲，郭德俊，方平．元认知要素的研究．心理发展与教育，2002（1）：44-49.

要足够的勇气。一方面，元认知是一个自我揭露的过程，在揭露过程中，我们不得不向他人或自己坦承自己的思想，这样就可能暴露出我们自己的错误与偏见，或是一些我们不想让他人知道的合理化信念；另一方面，元认知意味着我们根据现实情况反思自己的潜在思维模式，而我们的潜在思维模式往往根据已有权威认定模式而来，当我们发现原有的已被广泛认可的权威模式存在缺陷或错误时，我们也需要足够的勇气去对抗反对权威所带来的多方面压力，坚持以更加多样的方式为我们的专业生活或个人生活负责。

反思是每一位实践者与学习者都必须具备的基础性能力。① 反思意味着我们放松并安静下来，努力去回顾和评估我们自己先前的想法、感觉与行为，这个过程就像是将自己从生活事件中抽离出来，像评估他人一样评估自己的想法、感觉与行为。反思也是元认知中的一个过程，有效反思绝不仅仅是沉浸于我们自己的思想之中，而是需要我们投入时间，在一个安静的环境下，将自己日常生活习惯和长期学习过程中形成的思维习惯同专业责任区分开来，分清相互纠缠的感觉、想法同现实之间的关系。

有效的批判性思维也是深思熟虑的一种体现和结果。深思熟虑意味着保持警觉，清楚自己的想法在何时、何地产生以及为何会产生。反映在写作过程中，一方面要求社会工作者要有选择地进行实践服务记录或写作，如服务对象哪些行为需要记录，哪些可以一笔带过？哪些生活事件需要记录，哪些不用？哪些实践服务可以用作案例写作？案例写作中，又有哪些信息可以公布，哪些信息需要隐秘处理？另一方面，也需要社会工作者在记录过程中，谨慎地记录每一条对服务对象或其生活事件有影响的观点与想法，避免因自己主观意见而对服务对象产生不公正或不客观的观点记录。最后，需强调的是，我们倡导社会工作者在服务写作过程中深思熟虑，但这并不是说我们时刻保持深思熟虑的谨慎状态就好，有想法与反思就必须要有行动，在行动中验证想法，进而推动想法与实践发展。这个过程不仅需要反思与元认知，还需要准备相应的记录工具，随时将重要事情与思考结果记录下来，以便日后查阅。

认识“元认知”“反思”“深思熟虑”，有助于我们更好地理解和实践批判性思维，但为什么需要在社会工作专业实践与写作中运用批判性思维呢？这个问题可以从以下三个方面解答。首先，批判性思维有助于维护人的尊严。拥有批判性思维的实践者可能会发现，批判性思维习惯可能会与社区、机构等组织要求成员应遵守的规章制度或组织约定格格不入。任何组织为了更好地管理组织成员，都希望组织成员能够安分守己，一切遵照规章制度行事。但社会与现实在不断发生变化，而组织规章制度一旦制定出来就不会轻易改变，二者一动一静，很难长时期保持和谐发展。制度跟不上现实，不仅有碍组织正常发展，还不利于组织成员有效地工作与成

---

① COLLINS S，OTTLEY G. Practice teaching：reflections，steps before reflection and some steps for the future. Social Work Education，1986，6（1）：11－14.

长；同时，一成不变的规章制度有时会扼杀人的创造力和潜能，让人变得僵硬死板。拥有批判性思维者善于发现问题，对不符合现实发展的规章制度异常敏感，及时发现并提出问题，使组织制度符合现实情况发展，避免制度压抑成员，在维护组织成员人性健全发展的同时，也保持和发展与服务对象产生共鸣的能力，更加贴合现实地记录服务对象的优势与问题，从而更好地为服务对象提供服务，维护服务对象的尊严与利益。其次，批判性思维有助于应对专业评估，促进机构发展。无论是过程评估还是结果评估，社会工作者都应当有能力去回答评估专家关于为什么采取这样的介入模式、为什么采用这个理论、为什么制订这样的年度计划等问题。社会工作专业有很多介入模式与服务理论，每种介入模式与服务理论都有自己的优缺点，选用哪种方法介入，社会工作者应当批判性地思考各种可能出现的结果，以选用最符合服务对象状况、最有利于解决服务对象问题以及能够更好地维护服务对象利益的模式。再次，批判性思维有助于社会工作者处理好与他人的关系。批判性思维要求社会工作者尽可能地以一种开放包容的心态去了解对一件事情的不同解释、看法与观点，更好地寻求事情的真理性。这就需要社会工作者尊重他人的观点，聆听和感受他人的感觉、意识、观点和想法。同时，因为尽可能地了解了事情的真理性，不仅能够更加客观公正地记录服务对象的现状、问题、优势等，还能够更加明白在组织成员意见不完全一致的情况下应当何时支持团队决策，何时坚守职业道德底线，规避可能给专业和职业带来的风险。

批判性思维对于社会工作实践与写作如此重要，社会工作者又该如何锻炼和提升自己的批判性思维能力呢？首先，批判性思维需要耐心，社会工作者必须仔细且多次思考一件事情，密切关注与事情发展相关的事实证据，考虑事情发展的最终观点是否符合事情发展的逻辑，是否合理合情可接受并经得起实证的检验。同时，借鉴比较其他专家学者对于此事的观点和看法，深思为什么最终选择该结论，其他观点为什么不可取，不足在哪里，并对最终选择的观点进行反向论证。其次，批判性思维是一个持续提问与进行元认知思考的过程。我们的想法与观点总是不可避免地带着我们之前的经验痕迹，具有主观性、片面性以及不充分性，由此我们对于事情证据的解读与看法也相应地带有偏差。为尽可能减少这种偏差，社会工作者需要不断地在积极意义上质疑自己的看法与观点，不断寻求事情发展的相应证据，保持探寻、反思与质疑的态度。再次，忠于实践。任何实践反思与认识最终都必须回归实践，方能验证其正确性。在实践中认识与反思，在认识与反思后进一步实践，并不断思考、推理、演练与求证，如此，一方面可以推动实践发展，另一方面也可以促使社会工作者自身综合能力的提升。

美国罗德岛学院社会工作专业教授丹尼尔·韦斯曼（Daniel Weisman）与约瑟夫·佐纳多（Joseph Zornado）曾提出过批判性思维清单[①]：

---

① WEISMAN D，ZORNADO J L. Professional writing for social work practice. New York：Springer Publishing Company，LLC，2018.

（1）尊重事实。无论何时何地，尽可能独立地去证实自己所知道的事情，但同时也记住应当考虑自己是如何知道这些事实的。这意味着，你应当保持开放性的思维，将自己知道的与他人知道的进行对比。只有以一种开放的观点，看到尽可能多的解释，我们才可能寻找到真理。

（2）避免先入为主。要寻找真理，谨防过于执着于自己先前提出的某一解释。无论何时，尽可能倾听他人意见，不放过任何一个评估自己与他人观点的机会。

（3）保持怀疑态度。批判性思维者应当对“在这里事情应当是这样做的”这种权威观点保持深深的怀疑态度。追随这样的权威观点只会增加实践者犯错误的概率，甚至可能造成不可预测的后果，且若没有批判性思维和健康的怀疑态度，这样的错误会不断地重复发生。

（4）做好调查。如所做的调查与研究需要测量时，应当确保数据的精确。数据不准确会造成很大的偏差。定量数据依赖于物理测量或量表测量，定性资料则基于感知、重复收集、分类和总结。两种方法各有优缺点。我们要使用批判性思维去质疑所有的证据、方法和研究报告。

（5）在写一个个案或从证据中得出一个结论时，要确保你的每一个观点，包括你一开始的假设等，没有冲突。

（6）关注事实，当实践者忽视事实时，批判性思考就会失败。

最后，文化能力也是批判性思维的一个重要部分。所谓文化能力，即指社会工作者能够理解不同人的不同观点，同时对服务对象的身份以及文化保持敏感与开放性的态度。但文化能力绝不仅仅意味着拥有比他人更加敏锐的感知，还包括能够积极主动地学习和理解感知是如何运作的，并发展区分自身与他人对于事情不同看法的能力，而且不带个人观点地去接受他人对于事情的看法，即社会工作者可以不认同服务对象的观点与看法，但应当对其观点与看法背后的价值与文化保持敏感并能采取接纳态度。

文化能力对于社会工作实践与写作都非常重要，拥有文化能力意味着能够与来自不同社会经济与文化背景的人进行有效的交往。在社会工作中，社会工作者经常遇到一些被边缘化、标签化或是长期失去话语权的失能者，这时文化能力可以帮助社会工作者更好地理解、接纳与共情他们，这直接影响服务的实际效果。在某些实践领域中，如民族社会工作、性和性别社会工作等具有鲜明文化特征的领域，是否具备文化能力以及文化能力高低直接决定了实际工作的进展与成效。例如，我国是一个多少数民族国家，不同民族拥有不同的历史、文化、习俗与信仰，并由此形成了不同的生活习惯和行为方式。又如，生理性别使得男性与女性存在一些天然差异，由此产生不同的生活方式，而社会性别赋予男性与女性不同的社会角色，形成不同的社会分工。在长期的历史发展过程中，女性一直处于社会弱势地位，这限制了女性对社会发展相关的参与权和话语权。此外，在社会主流文化压制下，男同性恋、女同性恋、双性恋以及变性人群的需求一直被忽视，甚至被污名化。社会工作者只有在理解了不同少数民族的历史、文化、习俗与信仰，才能更好地理解其表面的生活方式与行为选择；只有在意识到了男性与女性先天与后天发展的不同，才能更好地同理女性，与女性来访者产生情感与思想共鸣；只有在感知到了主流文化下的亚文化存在，才能更好地接纳同性恋者、跨性别者以及双性恋者，才能更好地记录其优势、特征以及所面临的挑战，并能够在其处境之中更好地为其提供服务。而这一切，都需要社会工作者拥有文化能力。

斯塔克斯（Stacks）等曾对文化能力与社会工作关系进行过总结与梳理。[①] 他们认为，文化能力对每一个社会工作项目的有效性都至关重要。首先，文化能力可以帮助社会工作者与他人保持有效的交流。在社会服务领域中，能否对不同于自己的民族和文化保持相应的敏感度与认识，决定了社会工作介入的有效性和适当性。其次，因为文化能力减轻了文化制度和种族偏见，它将有助于减少和避免冲突。由此，在专业工作中使用文化能力将有助于我们更好地满足工作和生活中个人、群体和社区需求。再次，文化能力有助于专业人士养成批判性和深思熟虑的思维习惯，并有助于我们避免根据未经考虑或有偏见的假设行事。

一般情况下，文化能力并非天生自带的，需要社会工作者在日常生活实践中去练习与发展。练习和发展文化能力则需要社会工作者拥有自我评估与反思能力，以一种开放包容的心态和不同的人相处与合作，在多文化环境下，不断进行跨文化交流，积累文化经验。当我们清楚地意识到，虽然我们共处于同一个社会，拥有着相似的生活经历与文化背景，但由于收入、性别、种族、民族、地理、家庭、宗教等不同，彼此间又将发展出极大的差异，于是，在人际互动中，我们开始成为一个拥有一定文化能力的人。例如，同样是贫困山区发展问题，有些山区可能是因为地势险峻，交通与通信发展不足，与外界沟通交流少，对社会发展信息掌握不充分，所以即使有优质农产品也因为与市场信息不匹配以及交通运输不便，使得村民无法发家致富。要使这类山区村庄摆脱贫困现状，首先要帮助村民建立起与外界沟通的交通与通信线路，使村民能及时了解社会发展信息以及减少交通运输成本。反映在社会工作实用写作上，则需要社会工作者将村民目前最紧迫的现实需求用文字表达出来，从而为改变现状募集相关资源。而某些山区村庄，虽然已经改善了与外界相连的交通与通信线路，但在长期的贫穷文化影响下，村民们自我矮化，失去了自我发展的信心，固化了“等”“靠”“要”思想。社会工作者在面对这类山区村庄时，应当足够敏感地意识到单纯的硬件建设资金输入已无法有效地帮助村民实际摆脱贫困，只有依靠教育与文化建设资金的输入，帮助村民看到自我文化价值，提升自我发展信心，并逐渐改变“等”“靠”“要”思想，才是帮助其实现自我造血脱贫的更有效方法。因此，社会工作者不仅需要通过有足够感染力的语言或文字去发起倡导，引导村民逐渐改变自身的“等”“靠”“要”思想，还需要在对外寻求资源时，能够用文字精准地描述出村民的实际需求以及促成其改变现状的有效方法，从而打

---

① STACKS J，SALGADO A M. HOLMES S. Cultural competence and social justice：apartnership for change. Transitions：Serving Youth of Color，2004，15（4）：4－5.

动资源方，为村民改变现状募集相关资源。

文化能力的形成是一个长期培养与发展的过程，可能伴随社会工作者终生。这不仅因为世界文化具有多样性与发展性，还因为我们长期处于一个或明或暗、或多或少都对他人存有偏见的社会生态系统中。我们也许在此刻摒弃了偏见，但回到培育偏见的社会生态系统中，可能又会在无形中不知不觉地对他人产生另一种偏见，或对原本的偏见者施加偏见。由此，我们必须时刻保持清醒，培养与自己思想相对话的习惯，保持批判性思维，与不同的人接触，将自己置于一个多文化并存的环境中，并以开放、平等的姿态与他们交流合作，然后静下心来，感知我们对他们而言是一个什么样的人，站在他们的立场上，透过他们的眼睛看自己，即利用阿尔弗雷德·舒茨（Alfred Schutz）所说的“主体间性”去分析问题①。

七、社会工作三大类型及写作差异

无论是社会工作专业实践者、研究者还是倡导者，因为共享着社会工作专业以及国内写作文化的一整套范式，所以其写作在一贯流程或整体方向上都有着极大的共性，如在写作前都会考虑自己的读者的需求与特点、写作时共用一套术语等。尽管拥有许多共同点，不同社会工作领域或方向的具体内容、服务对象或发展目的，依旧存在很大的差别。因此，从事不同发展方向或实践领域的社会工作者在具体写作上也存在各自不同的特点，比如注重实践工作与专注于倡导工作的社会工作写作在其关注点、字词选用以及整体风格上就存在很大的差异，前者更加注重实践技巧与理论的阐述，后者则偏向于社会公正与平等发展的论述。总而言之，不同社会工作发展方向决定了不同的社会实践，由此发展出具有各自特色的写作模式。

（一）作为社会工作专业实践者的写作

社会工作专业实践者的写作多聚焦于理论、模式、技巧、服务对象所在情境以及与服务对象和相关者人际关系间的交互联系。如个案工作实践者在写作时会注重分析服务对象问题产生的背景、原因、发展情况，介入时采用的理论、模式或运用技巧，与服务对象关系发展和每一节个案会谈中的重要事件与反思，以及最终介入结果、成效与评估等。小组与社区工作实践者的写作与个案工作大致相同，不同之处在于小组工作中的成员描述增加、社区工作更加突出社区服务效果等。

根据不同写作目的，社会工作实践类的写作又大致可分为三种，即日常服务文书、督导或培训分享类文书以及社会工作者向各类写作平台的投稿类写作。日常服务文书主要记录社会工作实践者每日工作实务，考虑到日后服务评估需要以及节省文书记录时间，每个社会工作机构或组织都会制定出一份统一的服务文书套表，实践者只需要按照套表要求填写相应的记录即可。日常服务文书主要为满足评估时评

① 舒茨．社会实在问题．杭州：浙江大学出版社，2011.

估专家或督导时机构督导查阅，以及机构内部员工开展实践服务时翻看过往同工相关服务的需要。由此，这类实践文书写作主要以实际情况记录和记录者自身反思为主。为尽可能将服务介入过程展示清楚，一些初级实践者可能会采取对话式或菜单式的方式，将服务的整个过程完全展现，这样的写作方式虽然能够最大程度将服务过程还原，避免信息遗漏，但内容不免冗杂，且突显不出重点。由此，随着实践经验增加，写作者也应当采取适当的写作结构，将服务重点记录即可。如在个案文书写作中记录第一次会谈，主要写清楚服务对象问题产生的原因、曾做过的努力、目前发展状况，社会工作者与服务对象关系建立状况等关键信息，以及社会工作者在会谈过程中采用的一些技巧和进行的相关反思即可。除了文字记叙，实践文书写作还会采用一些图形表格来更简单明晰地展现服务对象或服务相关信息。如个案工作预估申请表中会加入服务对象家庭或生态图，社区工作策划书中插入社区活动场景布置图等。此外，应当注意，日常服务文书涉及很多服务对象个人信息，社会工作者应当格外留心这类文书资料的保密工作，避免服务对象信息外泄。

督导或培训分享类文书相对比较简单，一般机构也会有相应的文书套表，这类文书写作给写作者提供的写作空间较大，写作者可以在满足套表要求后，根据自己的实际情况发挥。一般而言，写明督导或培训内容、督导者或培训者的感受与心得体会即可，但考虑到写作者自己日后查阅方便，建议最好分点阐述，以节省后续查阅时间。同时，为尽可能记录心得体会，写作者可以在进入督导或培训室前，就将相应的督导或培训套表打印好，并在督导或培训时就及时记录相关重要信息以及相应的感受和体会，如此不仅可以节省日后督导或培训记录写作时间，还可以有效避免因实际培训或督导时间与实际写作时间间隔过久导致的重要培训或督导信息遗漏。

社会工作者向各类写作平台的投稿类写作相较于前二者的写作要求更高，不仅要求社会工作者具备一定的文字功底，还需要考虑一些专业写作或专业伦理问题。这类写作的目的主要是社会工作者将自己的实践经验或专业知识与他人分享。在社会工作领域中，社会工作专业的实证材料主要是实践案例，而实践案例分享不可避免会涉及一些服务对象个人隐私，包括服务对象个人基本信息、家庭状况或个人生命故事等，因此在这类写作中，社会工作者应当特别注重考虑相关的价值伦理问题，如：

- 服务对象是否同意将自己故事作为案例进行分享？
- 应当如何更恰当地将服务对象关键信息进行隐匿处理？
- 这样的分享是否存在对服务对象造成二次伤害的风险？
- 是否会影响服务对象正常生活？

…………

此外，随着科学通信技术的发展，社会工作者与同行或他人分享实践经验或专业知识观点的渠道也逐渐丰富起来，不再局限于传统的纸质媒体。社会工作者可以自己开通微信公众号或是抖音、微博、知乎等账号分享自己的专业知识观点或实践经验成果，也可以节省运营账号的时间和精力，直接向公开的信息传播账号投稿。无论选择哪种方式，社会工作者应谨记，一旦自己发表与社会工作专业或服务相关的观点或想法，都将与自身所在的服务机构和专业挂钩，一言一行都可能给机构或专业带来巨大的影响。

（二）作为社会工作倡导者的写作

减少本国或全球社会不公是社会工作专业发展的核心使命之一。为完成这一使命，很多社会工作者致力于专业实践发展，希望通过实践带来改变；同时，也有许多社会工作者以笔为矛，用文字来揭露社会问题，借笔墨来唤醒更多沉睡的人，并倡导大家团结行动起来，致力于社会问题的解决与社会公正的实现。

社会工作倡导以追求某一问题解决或某一现象改变为主要目的。借此特征，社会工作倡导在西方国家社会工作实践中特别受欢迎，并成为许多社会工作领域的主要实践方向。例如，种族矛盾与贫富差距一直是西方国家社会发展的主要问题之一，早在 1951 年，社会工作精神领域学者伯莎·卡彭·雷诺兹（Bertha Capen Reynolds）就针对种族问题进行过精彩的论述①：

> 实际上，所有小说或戏剧中的男女英雄都是白人或中上阶层人士，因为他们有能力去获得这样有趣的体验。一位工人，除非是在特别浪漫的环境下，是不可能扮演这样的角色的。而一个黑人，在剧中要么只能出现在一些次要情节，要么仅是为增加一些喜剧成分而出现角色安排。如此，我们是否意识到，我们其实并未真的将穷人或其他一些少数群体视为和我们一样的、世界的重要部分。同时，当这些拥有优越感的白人或中上阶层人士忘记他们时，我们社会工作者是否也有权利去遗忘他们？

雷诺兹对美国非营利社会工作机构越来越忽视穷人或少数群体需求的现状感到担忧，由此呼吁专业寻求最初的使命。她将自己在二战时期为美国舰队海员提供服务的经历写成一本书，书中用简单而直接的话语向大家质询："我们难道也要忘了他们吗？"以此呼吁和倡导大家关注被逐渐遗忘的穷人和少数部分群体需求。

比雷诺兹晚几十年的戈登·庞（Gordon Pon）也就种族歧视问题发表过精辟的倡导言论②：

> 在白人群体中，文化优越感体现在它如何建构"其他"文化群体上，其中，白人文化是区分其他文化的标准……文化优越感，就像新的种族主义一样，是通过文化的本质化来运作的，而"其他"非白人群体则不使用种族主义语言。

---

① REYNOLDS B C. Social work and social living：explorations in philosophy and practice . Silver Spring，1975.

② PON G. Cultural competency as new racism：an ontology of forgetting. Journal of Progressive Human Services，2009，20：50－71.

然而，白人文化优越性对后现代转向的否定，使得其在理论和实践上都已经过时。

由于文化优越感的过时及其与新种族主义的相似性，我建议社会工作者抛弃它。抛弃文化优越感的论述，将有助于我们记住而非忘记社会工作本身的现代史。

国内社会工作倡导多在紧急事件发生之时，倡导者在知乎、博客、微博或微信公众号等发表一些倡导改变的观点、建议或请求等，希望政府或一些权威性机构能够在政策、程序或资源分配方式上做出一些改变。如 2018 年，一场名为“Me Too”的反性侵活动在国外以席卷全球之势开展。同年夏季，知名公益人雷闯性侵志愿者一事曝光，各公众平台对此事件的关注与转发使事件热度持续上升，暗中鼓励更多中国女性讲述自己在从事公益活动时遭到上级或知名人士的侵犯的案例。此次运动曝光出的性侵施害者多为公益界知名人士，他们掌握着国内公益界大多数的话语权，借此机会，国内诸多学者倡导呼吁中国公益界的整改，肃清公益界被默认存在的一些“江湖之气”，还公益界清白之风。事件热度持续大概一周左右。在舆论压力下，涉嫌实施性侵害的几位知名公益人士所在机构纷纷发表声明，表示将彻查此事，并给予相关人士以停职处分。

从以上事件可以看出我国倡导以及倡导写作的一些特点。首先，相比于国外的社会行动倡导，中国公益界倡导多借由某一突发事件与媒体宣传赢得大众关注与支持，从而在各个网络平台上制造舆论压力，以达成最终的倡导目的，此种方式几乎不出现规模性的群众聚集或动乱，也不会出现妨碍正常生产活动的行为。其次，在存在与发展路径的影响下，我国社会工作几乎很少触及社会行动类的倡导，即使有相关倡导，也是先写好倡导活动相关策划方案，报相关政府部门审批后实行，而这类倡导多半是符合社会政策的正向性行为倡导，如 2019 年在广州实行的垃圾分类倡导。再次，在倡导性写作上，由于我国社会工作活动主要由政府支持，若要开展有计划的倡导性活动，倡导活动的策划需要体现该倡导活动能够带来的且符合政府发展规划的正向活动效果，而具体的倡导内容，除了应符合社工站年度发展计划，也需与政府整体的发展规划相呼应。依旧以广州垃圾分类活动倡导为例，在本次活动开展前，参与本活动的广州市 W 社工站先是看到政府相关政策文件通知，然后结合社工站社区微治理的特色项目发展内容，在与 S 居委会取得沟通合作后，开始撰写社区垃圾分类活动策划以及制作相关宣传海报，策划中体现本次垃圾倡导宣传活动能够促进绿色和谐社区发展，同时还可以整合社区居委会力量，共同促进社区有效治理。

（三）作为社会行为科学家或人文主义者的写作

任何一位从事社会工作或与社会工作相关的工作者都需要具备多样的知识基础，其中包括自然、物理、数学、社会和行为科学、人文科学及其他专业知识。这些专业知识不仅能够帮助社会工作者更好地理解服务对象，为服务对象提供更恰当的服务，还能够提升社会工作者自身的知识水平，使其成为一位资深的社会工作学者与研究者。

一般情况下，社会工作者的学术类写作主要受两大传统影响，即社会和行为科学与人文科学。前者主要采取定量研究方法，通过实证数据来验证关于某一行为、现象的解释性理论。这类研究方法具有很强的自然科学特征，得出的结论不仅可倒推与复制，还可以在大范围内推广。后者主要根植于哲学、政治、文学、语言学和历史方法学，其学术作品研究主要采取定性研究方法，写作者倾向于从自己或他人先前的研究、文献、社会实践、与周围他人关系以及他们自身所处的社会和自然环境中寻找想象与关注点，并在写作中通过对定性资料的分析凝练概念或理论。在此类分析与写作过程中，对其在专业工作中的应用性思考、对历史语境的密切研究以及实践中的自我反思紧密交织在一起。这类研究方法得出的结论具有很强的在地性和深入性，能够帮助学者更深刻地理解某一现象，并对此做出相对应的回应。两大学术研究方法各有优缺点，适用于不同研究目的，研究者可根据实际情况进行选择。

在写作叙述上，虽然定量研究与定性研究作者都努力关注论文写作统一规范性、前后内容的相关性和结构的连贯性，以及支撑论文观点的论据等，但定量、定性两大研究范式的具体行文内容和结构依旧存在很大不同。定量研究的传统源自实证主义，信奉现实主义认识论，其目的在很大程度上是确定一个或多个可操作定义的自变量和因变量之间的关系，因而在书面写作上，定量研究写作叙述要求高度的系统性和严密性，写作风格、内容和结构都反映了客观主义认识论研究的哲学基础和目的。例如《美国心理协会出版手册》规定了大多数社会和行为科学的学术写作标准，对标题页、摘要、参考文献、附录、内容、方法、结果和讨论等都做了详细要求，而这种要求也反映了实验研究的标准格式，并符合传统科学方法的步骤。[①]与此相反，定性研究则没有如此标准化的方法来组织或定义写作方式或内容。美国著名私立研究型大学福特汉姆大学教授庞特罗（Ponterotto）和格里格（Greiger）等曾在借鉴并整合诸多定性研究学者对研究写作建议的基础上提出了一个整合后实证主义和建构主义的定性研究写作大纲。[②] 例如，研究背景和方法论部分篇幅为6～7页，需阐明研究背景、作者自己的预设观点，描述参与者的特征、抽样程序、应对误差方法、伦理考虑以及研究具体分析方法等。研究内容和结果部分为9～11页，需对研究具体内容和所得结果提供一个有力的说明。比如，关注研究者与参与者之间的互动关系需交代此种互动关系的发展过程、相关作用因素，以及基于此种互动关系而产生的直接或间接感受或影响，并由此建构出研究结果，并对所建构的结论做进一步的解释和说明等。读者通过阅读这些信息则可以对研究数据和解释的充分性进行评估。在5～6页的讨论部分则应该进一步总结和整合研究结果，并将

---

① 美国心理协会. https：//apastyle. apa. org/.

② PONTEROTTO J G. GRIEGER I. Effectively communicating qualitative research. Journal of Counseling Psychology，2007，35 (3)：404 - 430.

研究结果与更广泛的实践调查与研究领域相联系。同时，在这部分，研究者还应讨论研究的局限性以及任何可能存在的研究程序和道德伦理方面的挑战。

近年来，随着研究技术的不断进步以及公众对学术发展需求的不断提升，二者相结合，推动了学术研究的进一步发展。如为了整合各方学术资源以及推动学术成果的广泛传播，学界出现了学术研究程序的标准化，这不仅使得研究数据的可信度提升，还促进了实践的一致性，帮助每一位研究者都可以了解其他研究者的相关研究活动。在此需说明的是，学术研究程序的标准化并不意味着机械化或僵化实践研究，而是为广大学术研究者提供一个框架。在这个框架内，研究者可以结合实际，充分发挥自己的想象力与灵活性来完成研究任务，如根据具体的科学指导，制定一个适合自己的实施方案。此外，电子信息以及网络技术的发展，使得研究数据资料保存与传播方式更加多元，信息传播的即时性使研究者可以在最短时间内将自己的研究成果进行分享和讨论，并进一步做出改进。各种网盘、硬盘技术的发展以及大数据分析技术的进步，则使得不同领域研究数据的分享和结合成为可能。

与学术研究的不断深入相对应，学术研究者的能力也需不断提升。定量研究与定性研究相结合运用的发展趋势不断增强，每一位研究者都不能仅单纯地掌握一门研究技术。为此，不仅需要研究者加强学习，深入实践，在实践中不断提升自身研究技术能力，还需要学校更好地扮演知识传授的角色。先前，社会和行为科学因其实证性广受研究者欢迎，在社会工作每年需要应对不同次数与不同部门的服务评估检查的情形下，数据能更加直观、有说服力地展示服务效果，更得社会工作者们偏爱。这导致某些学校在培养社会工作专业学生时，更侧重定量研究方法的教学，而相对简化定性研究方法的教授，因此许多社会工作专业学生只知定性研究方法，却不知在实践研究中如何具体运用。学校是学习知识的最佳场所，一位真正的研究者需要接受系统的研究方法的学习训练。学校不仅应重视学生研究方法课程的学习，而且应理性看待不同研究方法对于研究发展的作用，帮助学生更全面地学习、了解不同研究方法及其应用。

第二章

项目申请写作

社会工作机构的非营利组织性质使得它无法通过自身营利而获得利润来维持组织运营发展，社会工作者必须经常为机构新增和现有的服务寻求资金支持，以保证服务正常开展和维持机构持续生存。随着新管理主义理念的兴起，政府将许多社会服务责任下放到民间组织，如以项目购买的形式，将原本由自己直接向社会提供的一部分服务，按照一定的方式和程序，交由具备相应条件的社会力量承担，并根据服务的数量和质量向其支付费用。如此不仅使得民间组织数量激增，还极大地推动了竞争性筹资方式在非营利组织中的发展。在这种情况下，社会工作者要想获得相关服务资金支持，使机构获得持续发展的机会，除了了解资金支持的各方面信息，还必须发展撰写资金申请书的能力，以便在不同非营利组织中突出自己的服务设计特点并展现机构和团队能力，从而顺利获得资助方青睐，成功申请服务资金。本章我们主要讲述社会工作机构几种不同的筹资方式、筹资的一般流程和项目申请书的撰写技巧。

一、社会工作机构发展的资金来源

现今，绝大部分社会工作机构提供的服务都是由第三方支付资金，这就意味着社会工作机构提供服务产生的费用几乎全部是由第三方而非社会工作服务接受者支付。即便服务使用者在接受服务时支付了一些费用，那也只是服务总支出中的极小部分。目前我国社会工作机构发展资金大致来源于政府购买或扶持、社会力量支持和公益创投三种途径。

（一）政府购买或扶持

在许多国家，由政府和民间组织建立和实施的社会服务项目中，政府是主要的资金提供者。我国社会工作发展具有典型的教育先行、政府推动特征。从各地区社会工作发展报告中可以发现，各级政府是社会工作机构发展的主要投资方，政府出资占一半以上的比例。所谓政府购买社工服务，即政府部门为了履行服务社会公众的职能，通过政府财政向各类社会服务机构直接购买服务，从而实现政府财政效力最大化的行为。[1]

① 杨君．徐永祥．新社会服务体系：经验反思与路径建构、基于沪深两地政府购买服务的比较研究．学习与实践，2013（8）：101－107.

一般而言，政府部门会根据社会需要与自身职能情况确定拟购买社会服务领域与服务内容，以公开招投标的方式选择具备相应资质的社会工作机构承担服务外包工作，并签订服务购买合同，约定服务内容与服务要求。在这个过程中，政府是服务发包者、资金提供者、服务监督者和成效评价者，社会工作机构则扮演服务提供者角色，二者相互作用，共同构成社会工作服务体系的主体部分。①

当前，按竞争性大小，大致可以将我国政府购买服务方式分为两种，即竞争性购买和非竞争性购买。竞争性购买遵循平等原则、公共服务供给的竞争原则、参与程序的公开透明原则、主体间的契约原则以及第三方监督原则，其制度框架设计的核心就是政府与社会组织之间的契约关系；非竞争性购买具体又可分为体制内吸和体制外非正式按需购买两种模式。前者主要是在购买实践中，政府自己成立大量的社会组织，即俗称的“GONGO”，并由这些有政府背景的社会组织承接社会服务职能；后者则是政府在合同招标过程中，选择几家垄断性的社会组织参与，并在这几家社会组织中选择社会服务的最终承接者。②

除了具体的购买方式存在不同，政府购买服务的具体模式、大小以及服务周期也存在差异。③ 如深圳市政府购买服务模式的双重核心是“政府购买，民间运作”，采取岗位购买与项目购买两种模式相结合的方法；广州市则直接采取项目购买方式，以街道为基点，将整个街道社区的相关社会服务打包给承接服务的社会工作机构。在服务大小与周期上，既有针对长者、家庭、青少年、党建等多个领域的综合项目服务，又有只针对某一特殊群体，如流动儿童或家庭暴力的专项小型项目服务；既有如广东“双百计划”等一个项目周期长达五年的大型服务计划活动，又有单纯为实现某一小目标，如为某一社区长者开展白内障义诊的短期小型服务活动。无论是哪一种具体的政府购买服务执行方式，随着十八届三中全会对如何全面正确履行政府职能提出新的要求，强调“推广政府购买服务，凡属事务性管理服务，原则上都要引入竞争机制，通过合同、委托等方式向社会购买”并做出明文规定后，政府购买服务将在长时期内继续作为我国社会工作机构的主要资金来源。

（二）社会力量支持

社会工作机构发展中的社会力量支持包括私人、企业以及基金会等资金与物资捐赠。其中私人资金支持又可分为服务使用者自己支付，私人或组织为社会或社区发展自愿无偿提供一定的发展资金。服务使用者自己支付即个人在接受社会工作机构提供的某一服务后支付一定的费用，但因为社会工作机构服务人群多为遭遇困难的弱势群体，这种筹资方式并不多见。

企业支持大致也可以分为三种：第一种是企业为树立社会形象以及承担社会责

---

① 谢敏，吴中宇．资源依赖背景下社会工作机构发展策略研究．理论月刊，2016（10）：153－159.

② 叶美昌．理性选择理论视角下社会组织与政府互动关系研究．华东理工大学，2013.

③ 陈为雷．政府和非营利组织项目运作机制、策略和逻辑：对政府购买社会工作服务项目的社会学分析．公共管理学报，2014（3）：93－105.

任而直接给某一社会工作机构提供资金或物资支持，如广州美心西饼店在中秋佳节时为一些社会工作机构捐赠月饼，然后由社工分发给街道社区弱势群体。第二种便是企业为了提升自身整体发展而为员工购买的社工服务。如企业通过购买岗位或项目，使社工入驻企业，为员工提供一些情绪支持或技能培训等服务，通过宿舍走访、员工辅导、活动策划、员工投诉处理以及矛盾解决等一系列介入行动，使得企业员工在遇到问题或困难时不再一味地依赖公司，而是也能依靠挖掘自身能力和资源合理解决问题，从而稳定企业内部员工发展，并进一步推动企业自身长期性平稳运营。企业支持的第三种形式便是自身投资创办社工机构，如广东省揭阳市榕城区的礼德社区社工综合服务中心。该社工机构的中心主任既是机构的出资人，又是当地一名以教育产业为主要经营范围的民营企业家，他在担任礼德社工综合服务中心负责人的同时，兼任揭阳市某教育公司的负责人与某职业技术学校的校长。礼德社区社工综合服务中心成立后长期开展各项扶贫济困、社会救助、网上公益、社区社工服务等活动，如文化下乡、社会工作者培训、心理讲座、义诊、义剪活动等。

相较于私人和企业，基金会是支持社会工作机构服务开展更为主要的社会力量。按照资金用途可以将基金会分为运作型和资助型两种，运作性基金会往往自己操办大型项目，而资助型基金会则主要向民间组织提供资助。作为民间组织中的一个类别，社会工作机构与基金会密切互动的转折点始于 2008 年的汶川地震。这一时期，许多社会工作机构涌入灾区，为灾民提供灾后救援，尤其是在灾后重建时期，社会工作者的专业手法在促进灾民创伤后恢复和社区重建等方面发挥了独特的作用，由此也促成了基金会对社工机构的资助，如南都公益基金会创建了一个 1 000 万元的特别基金，旨在资助从事灾难救援和灾后重建的民间组织。截至 2009 年 4 月，南都公益基金会收到了 141 个民间组织的 181 份项目计划书，并且批准了 70 个项目计划，其中就包括许多参与灾后援建的社会工作机构。[①] 此外，友成基金会、壹基金、中国红十字会和中国扶贫基金会等也都相继为参与灾后重建的民间组织提供了专项资助。

（三）公益创投

随着社会多样化与民众需求多元化发展，传统的由政府主导的一元化公共服务模式越来越难以满足现实发展需求。推动政府职能转变，激发社会力量参与社会服务已成为不可阻挡的历史趋势，其中公益创投便是顺应这一发展趋势的一种尝试。公益创投的投资方可以是企业、基金会、政府或者是其中二者或三者合作开展项目投资，而社会组织则是公益创投的实施主体。公益创投开展以来，尽管存在一些不足，但对于促进政府与社会资金合作、解决社会问题、培育与发展社会组织发挥了巨大作用。如由中国公益慈善项目交流展示会组委会指导，中国慈善联合会和深圳市民政局主办，深圳市社会公益基金会、深圳市中国慈展会发展中心承办的中国公

---

① 南都公益基金会 . http：//www. nandufoundation. org/content/4885.

益慈善项目大赛，2012—2019年累计参赛项目达7 451个，覆盖全国31个省、市、自治区和港澳台地区，累计获奖项目达520个，福彩公益金投放资助金2 160万元，带动社会化项目资助金达6 000多万元，促成资源对接成果超过5亿元，内容涉及社区发展、青少年服务、妇女服务、儿童服务、外来务工人员服务、残障帮扶、弱势群体、环保等领域[①]，极大促进了中国社会服务活动的发展。

二、项目申请前应注意的问题

通过对当前社会工作机构发展资金来源的梳理发现，目前我国社会工作机构主要依靠项目申请获得服务与发展相应的支持资金。接下来我们讨论成功的项目申请应注意的事项。

在申请一个项目之前，我们必须先了解清楚机构本身以及意向赞助方的一些基本信息。就机构层面而言，首先，社会工作者需要明白，机构是你进行项目申请的前提条件，任何项目申请必须以组织的名义进行，而管理项目的一个关键问题便是需要明确组织在这个项目中的时间、金钱和人力等的消耗。因此，社会工作者在发现一个项目申请机会时，一定要与组织协商好一些基础性问题。例如：

- 是否需要申请这个项目？
- 是否能够申请这个项目？
- 机构是否愿意承担这个项目？
- 有无承担这个项目的专业社工（某些机构专攻某类服务）？
- 若是需要并且能够申请这个项目，谁又去负责跟进这个项目？

…………

当然，有些机构也许会专门安排一些人负责留意和跟进项目，这样做也许会增加一些人力成本，但对于机构长期发展也有一定的意义。

其次，撰写一份优秀的项目申请书需要时间、精力、耐心以及一定的写作功底。因此，社会工作者在开始撰写项目申请书之前，一定要清楚这个项目是否在自己机构实践服务规划范围内，为这个项目投入的各项成本是否低于这个项目给机构带来的效益，以及成功获得这个项目的概率有多大，是否能承担得起这个项目申请失败所带来的损失等。

最后，考虑到社会工作实践中价值的重要性，社会工作者也应该考虑自己意向申请的项目赞助方是否存在一些道德伦理方面的问题，如存在压榨劳工等负面信息的企业或是生产有害健康的产品的企业（如烟草公司）等。任何外部资金赞助都会影响社会工作机构和赞助方的名声，因此在进行项目申请或是接受资助方资助时，社会工作者一定要明确自身机构的价值、使命以及愿景定位，拒绝同任何与机构价值和使命可能存在冲突的赞助方合作。

---

① 深圳市社会公益基金会．中国公益慈善项目大赛．https：//www.szscf.org.cn/action-16-19.html.

为了尽可能提升成功申请项目的概率，明白自己所在机构项目申请的环境和可能机会非常重要，社会工作者不妨遵循以下几点建议：

- 确定机构现在和过去五年的资金来源，以及不同赞助方对机构赞助的水平和类型。
- 确定自己所在服务领域中不同类型的主要赞助方以及赞助方来源、发展历史和地域位置等。
- 掌握不同赞助方公布项目或资助信息的渠道，例如政府可能会通过特定媒体或官方网站公布相关信息。
- 参考之前机构成功的项目申请书。

就赞助方层面而言，尽管不同赞助机构资助方式和出发点不一，但它们都有一个共性，即对自己的赞助行为期望获得一些回报，这些期望回报可以是一开始就商定好的，如形象宣传或是某一政策目标实现，也可以是无形之中获取的影响力提升等。因此，社会工作者在撰写一份项目申请书时，考虑赞助机构的回报获得非常重要，这将有助于提升成功获得申请的概率。

考虑赞助机构的回报获得，先要明白赞助机构的赞助动机，而明白赞助机构的赞助动机也可以提升我们的项目申请成功概率。例如，当明白一个赞助方的赞助动机时，社会工作者可以大致判断赞助机构想要寻找的是一个什么样的服务承接方，通过对比自己与赞助方预期的服务承接方差异大小，不仅可以大致估计自己申请这个项目的成功概率，还能够缩小目标申请机构的范围，从而更能集中精力申请几个成功率大且符合自身服务范围的项目。

为了明白赞助方赞助动机，社会工作者先要考虑赞助方为什么会赞助社会服务项目发展。首先，赞助方有自己明确的使命或社会政策目标，并且有能力去实现使命和社会政策目标。例如，政府有责任和义务去确保弱势群体能够获得有利于提升他们生活状况的服务，如可能是为受家暴妇女提供庇护所，或为减少孩子受虐待或忽视的概率。当然，我们应注意，不同地区的政府对这些责任和义务的回应并不相同。例如，一些国家和地区实行普遍性的福利制度，要求为所有家庭提供这些福利服务；但有些地方则可能奉行有限的福利制度，仅对一些高风险家庭提供相应的庇护服务。即使是同一个国家或地区，由于财政能力不同，提供的福利服务范围大小也存在差异。例如，中国东部或沿海地区很早就引入并发展社会工作，而西部地区可能才刚刚起步。由此，社会服务发展程度和范围以及所能获得的发展资金支持大小，也受到资助方自身责任、使命以及能力大小影响。

其次，赞助机构注重资金的使用效率。注重服务资金的使用效率出于两方面的现实考虑：一方面是社会工作机构自身服务扩大和服务对象需求复杂性增加，促使社会工作机构提高每一笔资金的使用效果，从而尽可能使机构获得进一步发展的机会以及提升服务对象满意度；另一方面则是赞助机构自身发展控制成本的需要。例如，在过去三十年中，在新管理主义理念下，许多人认为公共服务经常效率低下，浪费了大量的资源，由此希望通过竞争来提升服务效率，中国公益界在 2017 年还就公益是否应该市场化进行了一场激烈的争论。是否应该通过市场化竞争手段来提升服务效率，公益市场化是否又会侵害社会公益服务本身的价值理念，我们在此不做讨论，但要理解这样的发展意识理念如何影响了赞助方对社会服务的赞助行为。可以看到，在新管理主义和公益市场化发展理念的影响下，赞助方对服务的评估更加注重效率和效果，即社会工作机构是否有足够的能力将服务及时且有效地传递给服务对象，是否有能力提升赞助资金的额外价值，如发展项目志愿者，以及是否可以帮助赞助机构比其他方式更好地达成预期目标等。

再次，一些赞助机构也希望推动某一服务领域创新发展。虽然许多社会服务项目一开始就预定了服务计划和服务效果，但社会工作者在开展具体实践服务的过程中，往往会根据现实情况，对预定计划做出一定的调整或改变，由此推动某一服务领域的创新性发展，但这些创新性发展往往超出了一开始的服务计划，由此也会产生一些额外费用。在这一过程中，社会工作者需要清楚赞助机构是否愿意支持自己对某一领域的创新性发展，并愿意为此增加相应的资金支持。

最后，赞助机构在多大程度上能获得正面的社会服务形象。如果说政府关注弱势群体需求是其职责所在，企业或基金会以及个人支持社会服务发展则更多是一种自愿付出行为；政府履行职责是为了赢得民心，企业、基金会或个人为社会服务发展的自愿付出一方面是履行社会责任，另一方面也是为了获得社会民众信任。例如，私营企业赞助某一公益活动，活动中对自身服务品牌进行了宣传，也在活动参与者中塑造了正面的社会服务形象，为自身发展的产品赢得了一定的公信力，进而推动产品销售。

当然，不同赞助机构出于自身考虑，其实际赞助动机存在差异，我们在此不一一讨论。但请记住，社会工作者在撰写一份项目申请书前，清楚拟申请赞助机构的赞助动机是重要前提之一。

三、项目的设计与开发

一个完整的项目活动一般涉及三个不同主体，即项目购买者、项目服务提供者以及项目服务对象。一般而言，如果项目购买者是政府，会将项目购买相关信息公布在政府采购信息网，如果项目购买者是其他机构，则一般公布在机构官方网站或招标代理机构网站，项目服务提供者查阅到项目购买信息后，将项目相关信息提交给机构管理层讨论研究，最终决定是否参与项目投标。项目服务提供者若是决定参与项目投标，一般要完成以下工作程序①：

（1）根据项目购买者制订的购买服务任务计划进行前期调研和评估，了解项目服务对象需求，熟悉服务环境，制作项目计划书，明确服务方案。

（2）在准备好项目计划书的前提下，积极参加项目购买方组织的招标购买，并

---

① 邹帆．社会工作机构发展模式探析．内蒙古师范大学，2013.

依据相关规定和程序进行投标。

（3）在竞标成功后与项目购买方签订服务合同，按照合同内容进行相关社会工作服务，服务过程中做好阶段性总结、评估工作。

（4）服务结束后评估服务成效，整理好相关服务资料，配合第三方评估机构对机构服务做出评估。

（一）项目的调研与需求评估

从以上项目申请的一般工作程序中可以看到，作为项目服务提供者的一员，当社会工作机构决定参与某一个项目投标时，首先便是需要根据项目购买者确定的服务任务计划进行项目服务的前期调研和项目服务对象的需求评估。

对项目服务的前期调研和项目服务对象的需求评估，目的在于确定自身所在的机构以及拟服务对象拥有什么与需要什么，也就是当前机构为满足拟服务对象需求或促进其发展，需要了解服务对象已拥有的资源和所需资源要求的差距，而作为一个项目申请书的撰写者，此时便扮演着倾听者和传达者的角色。

如何才能扮演好倾听者和传达者的角色？作为倾听者而言，项目申请者需要先学会倾听。有效的倾听是指能够根据多种途径获得服务对象的需求信息，并依据相关理论方法，将服务对象表达或表现出的各种零碎需求信息整合成一个普遍性的而且在现时性条件下能够被满足的需求。布拉德肖（J. Bradshaw）按照需求的存在形式，将社会需求分为感觉到的、表达了的、标准上的和比较性的四种形式。[①] 感觉到的需求是服务对象自己感觉到某些需求或期望不能满足，并将它说了出来；表达了的需求是大部分服务对象使用了某种服务，当服务需求大于服务供给时，服务对象通过行动表达出来，如社区健身设施不足，许多居民未能按时进行身体锻炼；标准上的需求多是有关部门或专家制定的某一服务项目必须达到的质或量的标准，而服务对象未能达成这一标准时，需求便随之产生，如广州市民政局要求每个街道必须配有一个社工服务站为各社区居民提供相应的社会工作服务，当A街道实际上未设置社工服务站时，A街道社区居民便有了标准上的需求；比较性的需求多来自某一参照物的对比，如两个发展背景相似的社区在垃圾分类服务中，一个社区不仅安置了垃圾分类桶，还在垃圾桶旁设置了洗手池，而另一个却只单纯设置了垃圾分类桶，如此，未在垃圾分类桶旁设置洗手池的社区相对于设置了洗手池的社区则有了比较性需求。项目申请者可按照不同需求的不同存在形式收集服务对象相应的需求，避免遗漏。

当收集完服务对象需求信息后，项目申请者还需要对其做进一步辨识工作，以便更加系统和准确地了解服务对象需求，为更好地扮演传达者角色做准备。常用于分析服务对象需求的方法有比较分析法、因果分析法和结构功能分析法。比较分析法是通过比较多种不同需求，从而发现其共同之处和差异所在，并由此揭示不同需

---

① 夏建中．社区工作．3版．北京：中国人民大学出版社，2015.

求之间的内在联系与相互区别。因果分析法常用于分析同一服务对象的多个不同需求，通过对同一服务对象的多个需求进行分析，发现其不同需求之间的因果关系。考虑到个人问题复杂性，常有一因一果、一果多因、一因多果、多果多因等情况出现，甚至也有可能一个需求既是另一个需求出现的原因，又是某一需求导致的结果。结构功能分析法则多用于复杂问题分析之中，即将服务对象看作一个系统，通过分析系统内各要素之间的关系，以及这些要素的不同关系使系统表现出来的不同特征或发挥出来的不同功能，从而来探讨不同需求间存在的关系以及最根本的需求的一种分析方法。[①] 不同需求分析方法适用于不同服务对象群体与问题，项目申请者可根据具体情况进行选择。此外，需注意的是，服务对象自己表达或表现出来的需求有时候并不一定是其真正的需求，如一位厌学的孩子经常性逃课，自述是听不懂课程，对上学不感兴趣，但实际上也可能是因为父母关系不和，孩子想通过厌学或逃学行为来获得父母的关注，或是缓和父母间的关系，那么孩子真正的需求并不是辅助其学习或提升其学习兴趣，而是缓和父母间关系，达成一种正常的家庭生活状态。因此，项目申请者在收集服务对象需求信息的过程中，一定要有足够的文化能力与敏感，细心观察服务对象的行为与行为背后的意义，在服务对象表层行为中发掘掩藏着的真正需求。

在确定一个普遍性的且现实中可达成的需求后，项目申请者需要继续评估机构与服务对象现有的资源以及为达成此需求尚欠缺的资源，从而根据现实情况进一步做具体的项目服务设计。在评估服务对象现有资源与优势时，项目申请者可借鉴资产为本的理论模式，从个人、社区团体、正规单位、有形资产、关系五个方面探析服务对象拥有的资源情况。[②] 在资产为本的理念模式中，个人是核心，每个人都有资产、天赋和才能，而人的才能需要在寻找和认同的过程中得以充分发挥；社区中有许多团体，团体成员因某种共同喜好而相聚，并由此推动社区组织化发展；社区中的团体是社区发展的需要，也是支持社区居民发挥资产及天赋价值的重要后盾；关注社区中的有形资产，包括土地、建筑物、社区空间和资金等；社区依赖关系，有了关系，社区中的个人就可以进行互换和互相合作，资产也就拥有了增值空间。因此，项目申请者在开展服务对象需求调研的过程中要以欣赏性视角去访寻服务对象及其所在家庭、社区环境的长处与优势，包括各种过去和现在、有形与无形的特殊事件与资产，从而在这些特殊事件和资产中寻找推动服务对象改变现状的动力。同时，要重视社区中各种社会关系，以社会关系为焦点寻找服务对象可能存在的并可利用的各种社区网络。

除了采用资产为本的理论模式指导，在为农村社区居民提供服务时，项目申请者也可借鉴社区营造模式，从人、文、地、产、景五个维度评估服务对象拥有的各项资源。其中人即服务对象所在社区的人口、人与人之间的关系、个人特长、社区

---

① 夏建中．社区工作．3版．北京：中国人民大学出版社，2015.

② 张和清，杨锡聪．社区为本的整合社会工作实践：理论、实务与绿耕经验．北京：社会科学文献出版社，2016.

能人等；文即社区中存在的人文历史文化，包括各种神话、民间传说、传统历史人物或事迹等；地则为社区地理环境，包括气候、地形、植被、雨水及拥有的耕地等；产即社区拥有或可发展的产业，包括种植业、畜牧业或手工业等；景则是社区公共空间的营造，包括自然与人造景物，如山川、平原或房屋建筑等。为了更好地展示服务对象拥有的各项资产与优势，项目申请者也可采用“资产地图”（将服务对象所拥有的各项资源标注在简版的社区地图上），可视化地展示服务对象所在社区各项资源的分布与不足。资产地图非常重要，不仅可以帮助项目申请者更全面地了解社区服务对象情况，方便后期更加高效与合理地进行项目服务设计，还可以协助项目申请者与社区服务对象初步建立服务关系，通过不断地对话与合作，增进彼此间的了解，从而为后期项目服务开展中专业关系建立做相关的铺垫。

为了更好地扮演一个传达者角色，除了了解服务对象的需求和资源，项目申请者还必须进一步了解自身所在机构以及服务购买方的需求与资源。是否了解项目服务购买方的需求与资源并能满足其要求，将直接影响项目申请者是否能够成功获得项目申请以及项目整体的执行成效。相对于评估服务对象的资源与需求，了解项目申请者所在机构以及服务购买方的需求与资源则较为简单。一般而言，项目服务购买方的需求会在项目招标书中标明，为此，项目申请者一定要仔细阅读项目服务购买方的招标书或浏览相关信息网站；在资源优势方面，项目申请者则可通过访问项目服务购买方的官方网站了解其机构文化、发展历程、目前所获成果与发展规划等。

除了项目服务对象与项目服务购买方的需求，机构的服务发展需求在项目设计中也非常重要，毕竟机构是项目服务的承接方，在后期负责项目的具体实施，倘若项目申请者申请的项目并不符合机构服务发展需求，项目后续所需的人力支持将会遭遇极大的困境。确定机构需求后，项目申请者还需要了解机构目前为完成项目服务目标已拥有的资源状况，从而确定项目服务的相应资源缺口，避免因重复购买机构已有资源而造成资金浪费等情况出现。一般而言，机构会对自身资源进行清点并登记在册，项目申请者可以咨询机构同工或查阅相关资源登记册，了解机构可用资源情况。

最后，在了解了项目服务购买方与机构的需求与资源后，为了更好地整合各项信息与资源，项目申请者也可以将其与服务对象需求与资源进行整合，从而更好地发现三者需求结合点并制定相应的资源整合机制。

除了准确地辨识服务对象、项目服务购买方以及机构的服务需求与资源，良好的语言表达能力也将非常有助于项目申请成功。很多时候服务对象或是机构同工通常知道自己想要或需要什么，但并不总是能将这些想法和需求用一种合适的语言表达出来。社会工作者无论是在学习还是实践工作中，被要求最多的基本能力便是确定服务对象需求的能力以及沟通表达能力，这既是具体实践服务的需要，也是一个项目开发所应具备的重要技能。一位合格的项目申请者应当将此种能力作为自身的一种基本能力，通过积极倾听、探究、对话以及问题澄清等方式，不断地锻炼和提升需求捕捉与表达的能力，在服务对象众多需求中准确而快速地排列其需求的轻重缓急顺序，并根据机构和服务对象自身情况、能力以及所拥有的资源制订出相应的服务介入计划。社会工作者在撰写项目申请书的一个常见陷阱是未能足够了解服务需求或对服务对象的需求进行了错误的评估，又或是不能用正确的语言准确地表达服务对象的需求与所需资源，从而导致撰写的服务介入方案不成熟或不适宜。如此，在开展具体的实践服务时，则无法有效地满足服务对象的需求。这不仅影响了机构整体服务形象，降低了服务对象与项目服务购买方对机构的信任感，还造成了资源浪费，也损害了社会工作者自身的专业价值。因此，在撰写项目申请书之前，花费一定的时间去了解项目服务购买方在招标书中所提要求以及制订一个良好的需求调研计划，并切实执行该需求调研计划，确定拟服务对象真正的需求，采用适当的语言将服务对象、机构以及项目服务购买方的需求以及完成计划的步骤正确地表达出来，将极大地提升项目成功申请的概率。

（二）项目服务设计

一份成功的项目申请书除了需要项目申请者准确地辨识服务对象、机构、项目服务购买方的需求与优势，同样也离不开一个优秀的项目服务设计。项目申请者如何更好地设计一个项目服务计划呢？为了让项目服务设计更有条理，我们通常借用一些项目服务设计框架来帮助自己理清思路。目前在社会工作领域中采用较多的是项目逻辑发展模式（见图 2－1）。

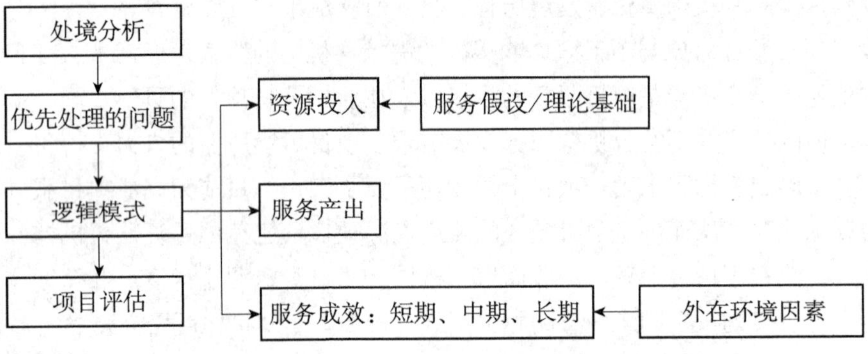

图 2－1　项目逻辑发展模式

资料来源：李昺伟，吴耀建，郭思源，等．中国贫困人群的社工服务："大爱之行"项目研究．北京：社会科学文献出版社，2016.

项目逻辑发展模式共分四大部分，分别是处境分析、优先处理的问题、逻辑模式、项目评估，其中逻辑模式又可进一步分为服务假设/理论基础、资源投入、服务产出、服务成效和外在环境因素。处境分析即服务对象的需求调研，重在了解服务对象目前拥有的资源以及评估其问题与需求。优先处理的问题指项目服务申请者与服务对象在处境分析的基础上，在众多问题与需求中一同选择目前最为紧要的问题与需求。服务假设/理论基础是项目申请者为应对服务对象问题而制定的具体应对策略背后的思量，即项目服务申请者解释为什么要制定这样的应对策略，可以简要理解为项目服务设计背后的理论支撑。但需注意，服务假设/理论基础又不仅仅是项目服务理论，其内容更为广阔，涵盖了一些能为项目服务提供指导，但却尚未形成理论体系的思想。如项目服务申请者依据自己过往的项目服务经验来设计某一项目服务内容，其过往服务经验既不归属于任何理论，又尚未发展形成某一新的服务模式，但却能够在服务对象现有处境基础上制定出应对其优先处理的问题的有效策略。由此可见，项目逻辑发展模式中的服务假设/理论基础既包含了服务理论但又不限于具体的服务指导理论。资源投入、服务产出、服务成效往往可以结合起来理解。资源投入即项目服务申请者为解决服务对象优先处理的问题而需消耗的资源，如为建成一个可供孩子放学后完成课后作业或学习课外知识的四点半课堂而需投入的课室、课外书、桌椅、社工、志愿者等；服务产出则是项目服务申请者投入相关服务资源后形成的各种有形无形成果，如四点半课堂中形成的一支辅导孩子课业的恒常性志愿服务队伍；服务成效通常对应项目服务目的，即项目服务是否真正解决了服务对象的问题，达成了项目服务目标，或带来了意外的服务收获。按服务时间长短，项目服务成效可分为短期、中期和长期成效。如四点半课堂的建立短期内缓解了孩子放学无人接送的问题，降低了双职工父母因孩子接送而产生的家庭争吵次数；两个月后，参与四点半课堂的孩子不再在放学后四处奔跑，孩子安全得到了保障，课内学业成绩也得到了提升，同时，社工站也与学校建立起初步的服务关系；半年后，学生家长增加了对学校教学服务的信任感与满意度，社工站不仅与学校建立了长期的专业服务合作关系，还提升了社区对自身服务的认可度。需注意，项目的短期、中期与长期成效具有递进性，即当短期与中期成效尚未达成时，长期成效便难以实现，项目申请者在撰写项目服务成效时应注意三者之间的区分与联系。

在成效设定上，项目申请者可采用“IRRP”原则，即“important”（重要的）、“reasonable”（合理的）、“realistic”（现实可行的）、“potentially negative factors”（潜在的负面因素）。[①]“重要的”即要求项目申请者在设定项目成效时应注意最终所设定的项目成效是否重要，服务对象与资助方是否看重或在意成效所带来的改变。“合理的”即指项目申请者应关注不同成效之间的逻辑性或成效间是否具有关联，其中一个成效的达成是否有助于其他成效的实现。“现实可行的”即要求项目申请者应基于现有服务资源、自身工作能力等条件去设定服务成效。“潜在的负面因素”类似于风险评估，即要求项目申请者在设定服务成效时也应当提前预料成效实现可能存在的阻力和负面因素，可能发生哪些意料之外的事情影响成效达成。这里需注意，在项目成效上，项目申请者应严格区分成效与满意度。尽管服务对象和利益相关者满意度也是具有成效的重要条件，但服务对象和利益相关者的满意度却并不代表成效，因为服务对象和利益相关者可能是对社会工作者的服务设计、服务态度等感到满意，而真正的成效是服务对象是否学习到某种新知识或新技能，或促成了服务对象某种态度或行为的改变，或达成了利益相关者的某种期望等。

项目服务资源投入、服务产出与服务成效紧密结合，因为有资源投入，才会有

① 李昺伟，吴耀建，郭思源，等．中国贫困人群的社工服务：“大爱之行”项目研究．北京：社会科学文献出版社，2016.

服务产出，进而形成服务成效。由此，项目申请者也可依据三者间的逻辑关系，采用“若……就……”的思路设计项目服务内容（见图 2-2）。

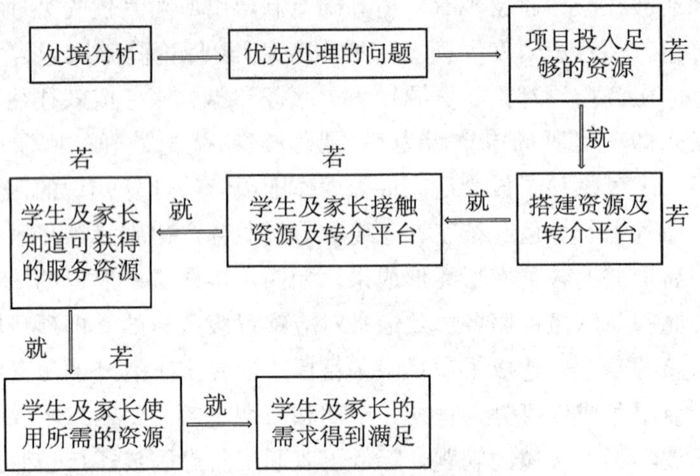

图 2-2 项目逻辑发展模式运行

资料来源：李昺伟，吴耀建，郭思源，等．中国贫困人群的社工服务：“大爱之行”项目研究．北京：社会科学文献出版社，2016.

采用“若……就……”思路设计项目内容可以帮助项目申请者更好地理清服务内容逻辑，减少服务进行过程中服务混乱情形的发生。

最后，项目逻辑发展模式中的外在环境因素对项目运行的影响贯穿始终，而其影响力大小则体现于项目最终成效的达成情况。

项目评估虽然是一个项目的终结，但评估过程却贯穿于整个项目。如在开始阶段，评估外在环境对服务对象问题与需求的影响，注意服务对象问题与需求是否随着外在环境的改变而发生相应的变化，从而依据服务对象现阶段的问题与需求动态调整相应的服务内容与设计。实施阶段则注意服务对象所处的环境中资源分布情况以及各种权力因素等对项目整体实施的作用力大小，包括哪些资源和权力作用促成项目的进行，哪些资源不足严重阻碍了项目发展，又有哪些可推动项目实施的权力因素尚未挖掘等。在结尾阶段，项目服务虽已接近尾声，但这并不意味着服务评估就此终结。结尾阶段的服务评估也会受到各种外在环境因素的影响，包括不同评估方的不同期待对评估标准与结果的综合作用、评估方与被评估方之间的角力以及评估过程中的各种伦理问题等。项目申请者在设计服务项目时，制定的项目评估方式与标准应尽量明确、全面，避免因评估方式不当而造成项目烂尾等情况出现。

在发展一个项目的过程中，除了做好项目服务设计与开发，了解几个常用的项目申请渠道也是一位合格的项目申请者所应具备的知识储备。通常情况下，每个社会工作机构均有自己稳定或常用的项目申请渠道，但需注意，撰写一份项目申请书需要花费大量的时间、精力和人力，因此，项目申请者务必审慎地选择一个项目赞助方进行项目申请，确保自己的项目申请符合赞助方赞助范围，并有较大把握获得成功。当然，在精力允许范围内，社会工作者也可以去挖掘或拓展项目资金来源，如关注全国或当地民政部门以及各类基金会、企业等的官网或微信公众号，以便及时获得相关的项目赞助信息。

四、项目申请书的撰写

当完成了前期的需求调研，做好前期项目设计以及确定了拟申请的项目赞助方后，在正式撰写项目申请书前，社会工作者还可以提前联系项目赞助方，以便提高项目申请的成功率，而提前联系时可以采取项目意向书的形式。项目意向书是一份1～2页的项目想法概要以及一份粗略的项目资金预算，其目的在于吸引项目赞助方对你提交的项目的兴趣，毕竟若是项目赞助方一开始就对你的项目策划不感兴趣，那写一份完整的项目申请书也是徒劳。

想在一份短短的项目意向书中让赞助方认识到项目的可行性，项目申请者需要学会在有限的篇幅内声明自己是谁，塑造组织的信誉，描述自己想要做什么，包括将要解决的问题、预期的服务对象、预期达成的目标，以及所策划的这个项目的重要性等。同时，最好能在意向书开头就交代清楚自己或机构对项目的想法，以便让赞助方对项目计划有一个整体的了解。当然，最好能够在意向书中解释自己选择赞助方的原因，以及让赞助方支持自己项目的理由等，以便加深赞助方对项目的印象。英国学者刘易斯（Lewis）曾对项目意向书的内容做过如下总结①：

（1）项目申请者所在机构在该服务领域的成就。例如，W 机构在 2008 年成立之初就遵循着社区为本的发展理念，扎根社区，为社区妇女提供增能服务，现今已完成几个项目，成功帮助了多少妇女走出抑郁状态等。

（2）机构目前能为该项目服务提供的人力、物力、技术等资源能力。例如，“我们现在已经培育起一支稳定的社区居家安全排查义工队伍，并对队伍开展了一系列居家安全排查技能培训，同时还链接到 G 企业为社区居家安全微改造提供技术和相关物资支持”。

（3）机构的财务和开展相关服务的合法地位。你可能需要说明机构有接受赞助资金的合法资格以及展示机构接受合法登记的凭证，甚至有时需要为机构的财务状况做相应的说明等。

完成以上步骤，并确认意向赞助机构对项目计划有一定兴趣后，便可以按照意向赞助机构发布的项目标书要求进入正式的项目申请书写作阶段。不同项目发布方对项目申请的具体内容和格式有不同要求。一般而言，在一项项目发标信息公布后，项目发布方会对项目申请书内容和格式做出明确的规定，并将申报表格式以附件的形式放在发布的项目招标信息后面。例如表 2－1 便是南昌市福彩公益金购买社会工作服务项目申报表：

---

① LEWIS H. Bids，tenders and proposals：winning business through best practice（2nd ed.）. London & Philadelphia：Kogan Page，2007.

表 2-1 南昌市福彩公益金购买社会工作服务项目申报表

项目名称			
申报单位			
通信地址			
项目开展时间			
	姓 名	手 机	电子邮箱
项目负责人			
项目联系人			
申报单位	我单位保证项目申报材料真实、合法、有效，已制定项目实施计划、方案，确保项目如期完成。将按法律、法规有关规定，接受项目监管、审计和评估，并承担相应责任。 法定代表人签字： （单位盖章） 年 月 日		
初审意见 （登记机关民政局）	经审核，该单位项目材料属实，符合申报条件。 经办人签字： （单位盖章） 年 月 日		
专家评审意见	经 年 月 日专家评审委员会评审通过，拟建议立项。		
审定意见	经审核，同意立项。立项资金为____万元。 南昌市民政局 年 月 日		
申报项目方案			
项目实施地点			
受益对象及数量			
项目绩效指标	包括但不限于以下内容： 1. 对所有社会工作服务项目设置评估指标 2. 至少进行 2 次实地评估，过程中进行督导服务 3. 对每个项目进行绩效评估和审计		
项目实施内容、步骤及预期效果 （800 字以内）			
项目实施团队情况 （300 字以内）	（包括项目实施团队人员的姓名、学历、专业、取得社会工作职业水平证书、项目职务等基本情况）		
项目预算表			
预算支出明细	支出明细	金额（元）	
	合 计		

资料来源：南昌市民政局．南昌市民政局关于征集 2019 年市级福彩公益金购买社会工作服务的公告．http：//mzj. nc. gov. cn/ncsmzj/tzgg/201911/d2fa329f926245dc9d4468b825038c13. shtml? from = groupmessage &isappinstalled=0.

当然，也有一些项目购买方并不将标书相关文件与项目发标信息一起公示在采购网上，而是要求意向项目服务者自己在给定的地址与网址上进行现场领购或线上购买。此时，项目服务方要根据项目购买方的实际要求采取行动，以免影响项目申请。

项目申请书是社会工作者明确地向项目购买方阐明自己打算开发项目的形式，内容涉及项目服务的人群或社区、满足的需求、预计达成的目的和成效、具体开展的服务内容、项目预算以及评估方式等。项目申请者在项目申请书中越清楚地传达与项目开展相关的信息，项目申请书就越有说服力，就越有可能获得积极的反馈。一般而言，从项目评审员那里获得较高分的项目申请书都有以下特点，即清晰的组织结构、明确回应招标书的内容、满足需求的新想法、阐明需求或现状的充分证据、一份清晰合理的服务预算，以及寓有感情的写作等。同时，社会工作者若是能在项目申请书中表明所在机构已将项目中涉及的问题置于机构整体发展规划，并以理论为基础，制订了一个明确的长期发展计划，则对于获得成功的项目申请更有帮助。

尽管依据不同的项目内容或是项目购买方，项目申请书的具体内容要求存在一定的差异，但总的来讲，项目申请书之间还是存在一定的共性。

（一）封面

项目评审员在接到一份项目申请书时，首先便是浏览封面。这是社会工作机构给项目评审员留下正面印象的第一次机会，因此要确保申请书封面干净、整洁和清晰。封面虽不需要隐含太多的信息内容，但至少应该包括项目名称、项目申请方、执行方、申请日期以及相关的联系方式和地址等，当然，最好能在封面的边角处添加项目购买方和社会工作机构的标志，这既能表明对项目购买方的尊重与严肃态度，又能展现社会工作机构对信息产权的维护意识。

（二）机构介绍

项目购买方在发布项目招标信息时会对项目申请者提出资格要求，只有符合相应申请资格要求的申请者才有机会参与项目投标，此时阐明机构性质就显得格外重要。除了描述机构的性质，还应特别强调机构在该项目领域中取得的突出成就、职业信誉以及相关的专业知识与能力等。展现机构成就和塑造专业形象的一个常用方法便是按照时间轴，讲述机构从创立到现在所追求的使命愿景、工作内容与经历、所获成果以及未来展望等。在描述机构发展历史时，项目申请者应注意结合该项目领域要求，有所侧重地分点讲述，着重讲述与项目相关的经历与成就，避免因内容冗杂而超出购买方字数要求限制。此外，社会工作者还应详细描述机构对于该项目实施所配备的实施团队，重点包括项目成员的相关专业能力、工作经历以及相关领域成就等，同时还可适当地加入团队成员性别、年龄以及身体状况等信息，以便展现机构项目执行团队的执行力和可持续发展能力。

最后，项目申请者还可以适当提及目前为解决项目涉及问题而合作的其他机构。若是可以，描述自己所在机构与这些机构中为解决项目所涉及问题而存在的一些正式与非正式关系，并讲述机构之间工作的异同，以及自己所在机构为解决项目所涉及问题所具备的独特能力。

（三）项目服务对象与服务需求

项目申请者在这部分主要回答为什么要选定该项目服务对象为项目干预人群。要回答此问题，项目申请者可以先界定以下几点：

- 项目服务对象是谁?
- 目前处于一种什么样的状态?
- 有哪些亟待解决的问题与需求?

同时，项目申请者还应当说明：

- 自己采取了什么样的方法了解到这一群体的问题与需求?
- 若是实地调研，采取了什么样的调研方法?
- 通过何种方式确定服务对象目前最紧要的需求?
- 需求评估方案和标准是什么?

在回答完以上问题后，项目申请者接下来需要澄清：为什么解决服务对象此时的紧急需求非常重要？这对服务对象以及社区或社会有什么意义？项目开发的目的在于解决某一社会问题或满足某一社会需求，项目申请者要让评审专家相信，自己这个项目计划是对目前项目涉及问题状况的一种回应，计划的干预将有助于消除或改善与状况相关的因素，同时应阐明这个问题的解决或缓解如何对社会有益，能如何改善社会或社区现状等。例如，在赣南客家的 Y 农村，许多女性在婚后因为没有生育出男孩而长期遭受婆家的不满和埋怨，丈夫的不理解和婆婆的刁难以及左邻右舍的闲言碎语严重影响了这些女性的生活，她们表现出自我矮化，对未来生活持悲观态度。社会工作者在社区访谈调研中发现，该地区重男轻女思想严重，除了祖辈封建思想遗留，很大一部分原因在于信息封闭。很多女性虽然在婚前会走出山区，去大城市打工，可一旦结婚便会留在农村家中待产育儿，与外界接触少，且长期被“要生男孩，不然就会被人看不起”的观点笼罩，潜移默化地觉得一定要生男孩。同时，女性婚后多半在家育儿，没有经济收入，自我效能感低，不敢轻易表达自己的想法，害怕与自己丈夫相处不好而被抛弃，由此失去生活来源。通过前期调研以及与这些女性的代表共同商议，社会工作者认为，不仅需要帮助 Y 农村村民拓宽视野，改变重男轻女思想，还需要教授婚后在家待产育儿的女性一些生产技能，使其获得一些经济收入，提升自我效能感，改善家庭地位，在提升自身生活质量的同时，也能更加独立地与丈夫平等对话，表达内心想法，及时解决处理相互间的矛盾，避免问题长期积压后爆发更为严重的家庭问题。

最后需说明的是，在收集并了解项目服务对象信息时，除了采用实地调研方法，项目申请者还可以查阅该领域的相关文献资料，包括学术论文、期刊以及各类工作报告等，以加深对该领域问题的认识和了解，从而更加精确全面地界定服务对象的问题与需求。

（四）项目实施内容与预期效果

项目的实施内容和预期效果主要是通过功能性描述告诉项目购买方你计划做什么，如何做，以及将要达成什么样的效果等一系列问题。这部分内容正好对应前期的项目设计与开发。项目申请者在撰写这一部分时首先要清楚项目实施最终要达成的目标和目的，目标和目的是对项目服务对象需求和优势的回应，当然也可以将其视作干预结果的理想状态，并将其作为实现预期结果的行动指南。好的目的和目标能清楚地陈述一个可测量终点，表达服务提供者和接受者的共同理解，并能在一个合理的时间框架内，通过一些活动或策略，如在什么地方、什么时间，配备什么样的人，做些什么事，来最终达成这个目标和目的。

确定目标与目的后，在前期的项目调研基础上，评估服务对象目前处境，分析其现有的可利用优势以及尚欠缺资源，然后在相关理论假设指引下，设计相应的项目服务内容。之前提到，项目逻辑发展模式是目前社会工作领域中一种常用的项目设计指导模式。依据前期的处境分析与已确定的目的与目标，明确优先处理的问题，然后借鉴“若……就……”的思路，确定投入哪些资源，获得哪种服务产出，以及达成哪种短期、中期与长期的服务成效。[①] 服务产出一般分为活动与参与两种形式，其中活动即社会工作者做了什么，包括举办了哪些活动、做了哪些调查、做了哪些宣传、进行了哪些训练、开展了哪些辅导工作等。参与则更多是涉及了哪些服务对象，包括服务参加者、普通民众、机构或社会团体、政府等。无论哪种形式，都是为达成最终的服务目标与目的而服务的。

此外，还需注意的是，在设定成效过程中，不仅应注意短期、中期与长期成效的区别与联系，还需考虑项目不同利益相关者对成效设定的影响。在项目服务过程中，常见的利益相关者包括社会工作者、服务对象与其他相关人士，包括赞助方、服务对象亲属等[①]。不同利益方对活动成效的期待均会作用于最终成效的设定，从而影响项目服务内容的执行。项目实施内容与预期效果连续紧密，彼此影响，项目申请者应采取整体性思维与系统性视角设定最终的项目服务内容与成效。

（五）项目绩效评估

项目绩效总体可分为两部分，一是项目申请者为达成上述目标和目的的预计产出，二是项目服务者如何衡量这些产出达成了目标和目的。社会工作实务达成预定目的和目标的常用方式是电访和探访以及个案、小组和社区活动。此时，社会工作者可借助理论来组织相关论点，即通过进行什么样的干预可以促使预定目标和目的实现。例如，在一项为城乡特殊困难长者服务的示范项目中，根据活动理论，虽然年龄的增长促使长者在生理和心理层面条件变差，但并不意味着长者应该从社会角

---

① 李昺伟，吴耀建，郭思源，等．中国贫困人群的社工服务：“大爱之行”项目研究．北京：社会科学文献出版社，2016.

色中退位，积极的活动状态不仅能够帮助长者打发空闲的时光，有效减少孤独、空巢、失能等老人的孤独感，还可以帮助其重新寻找到新的社会角色，增加自我效能感，从而获得生活满足，更好地适应社会。根据前期的调研情况，可以将城乡特殊困难长者按照身体健康以及社会支持情况分为一般性长者、轻微困境长者和严重困境长者，然后根据长者类别以及预定目的分别设计具体服务方案。针对一般性长者，可以组织一些兴趣和康乐性小组以及开展健康讲座等社区活动，从而帮助其培养或发掘自身兴趣，学习一些健康维护知识；针对轻微困境长者则主要组织一些互助性和学习性小组，以增加其社区支持网络，满足其对特定类别健康知识的需求；针对严重困境长者，则可以开展一些个案和社区探访活动，以满足其特殊需求、增加关怀感等。根据以上思路，结合机构现有资源以及项目给定资金，又可以划定探访和电访以及个案、小组和社区活动的具体数量，如在项目中期和末期，预计完成多少个恒常性探访和电访，以及多少个个案、小组和社区活动等。

完成以上步骤后，社会工作者需要设计一个完整的服务评估体系，以使项目购买方了解你设计的这些服务活动可以通过某种方式检测是否达成了预计目标和目的，达成的程度如何等。在这一部分，社会工作者首先需要围绕预定的目标和目的，制订一个完整的计划来评估服务成果和提供服务的过程。例如，将采用什么样的方式来评估社会工作者的服务手法是否恰当？服务对象满意度如何？有多大比例的服务对象发展了新兴趣，学习了新知识？衡量标准是什么？其次，社会工作者要根据评估计划，描述将要收集的信息类型以及系统性的信息收集方式和工具，并明确评估计划的时间表，说明各个方面评估的负责人等。在这一过程中，服务对象参与评估是近年来常用的一种评估方式。邀请服务对象或服务相关者参与服务评估，从服务相关者自身感受出发描述服务效果，弥补了以往服务提供者单方面评估服务的缺陷，也使得服务评估结果更加可信，深受项目购买方的欢迎。再次，社会工作者要详细描述在评估中采用的标准和规则。例如，活动签到表是否能算为活动参与率的一个证明凭证？单节小组中，出席率达到多少才算成功开组？

（六）项目预算明细

预算是执行整个计划的财政阐述。编制预算需要一定的技巧，毕竟在一个竞争性的环境中，申请者必须提出一个足够低成本的预算，以使自身的项目计划具有竞争力，同时又要确保预算中的资金足够支撑整个项目计划的运行。编制预算的另一个难题是要能准确预测项目所需的各项物资以及相应的成本价格。如果项目申请者对项目所需物资以及成本预测不准，则可能面临项目失败的风险，或者需要机构另外寻找物资来维持项目运行，从而给机构增加发展压力。因此，项目申请者在编制预算时，一定要慎之又慎。

在编制预算时，搞清楚每一个项目的直接和间接成本非常重要。直接成本是项目服务输送产生的花费；间接成本则是一些隐藏性的费用，例如与项目管理相关的基础设施成本，包括人员雇佣等。间接成本是影响一个项目财务运行的重要因素，倘若事先没有进行准确的预计，很可能使机构在执行项目时面临极大的财务负担。

编制财务预算时常用到“分项预算”，即预算中按照不同类别预估支出。社会工作项目服务中所涉及的类别支出通常包括以下几类：

（1）设备（通常依照一定价格标准）。例如项目运行用到的电脑或投影仪，申请者需要说明具体的产品型号和配置。

（2）物资。多指在某一价格标准以下的常用设备。例如活动小礼品、录音笔、笔记本等项目运行常用到的物资。在预算中，申请者需要提供这些物资成本的所有细节。

（3）差旅费。包括项目成员以及相关服务人员的工作交通费用。例如，项目成员外出探访或开会的交通费、住宿费等。

（4）其他费用。在项目执行中会产生一些不归属于任何项目类别但对于项目预算却非常重要的支出。例如，在举办一个大型会议中所需要的场地租赁和茶点费用。

此外，需格外强调的是人力成本。在社会工作服务中，人力成本是非常重要的一部分。雇用人员时，项目申请者不仅需要考虑人员的级别和类型，还要关注行业相关的福利条件。人员的级别和类型不同，相关的人力成本具有很大的差异。例如，一位志愿者和一位拥有高级技术的项目合作者的人员费用不同，甚至相差很大。同时，全职和兼职人员费用又不一样。一般而言，全职按天计算，而兼职按小时计算。因此，申请者在计算小时费用时一定要区分是全职还是兼职。最后，在福利条件上，申请者一定要了解当地法律或相关专业组织规定的人员雇佣薪酬或福利水平，并按规定严格执行。

虽然依据项目申请书的一般结构，不同项目申请书存在许多共性，但在实际撰写过程中，项目申请书的共性特点只能给申请者一定的方向指引，申请者切忌依据一般性结构特点固化项目申请书，一定要结合项目购买方需求以及项目特点合理排布项目申请书内容。以下是N大学社会工作专业学生为提升儿童和青少年性知识与性自护能力以减少G市X区儿童和青少年性侵害发生的一份项目申请书。

G市女性社会组织公益创投项目
申请书

项目名称：儿童和青少年性知识与性自护能力提升项目

申报单位：G市B社工机构

填表日期：2020年4月

G市妇女联合会

一、项目基本信息			
项目名称	儿童和青少年性知识与性自护能力提升项目	项目周期	一年
项目实施地点	B社工机构W社工站小组活动室		
项目受益人数	3 000人以上	项目总预算（万元）	6.0
项目领域	□ 妇女创业就业服务 □ 妇女儿童维权服务 □ 推进家庭文化建设 ☑ 儿童成长教育服务 □ 帮扶贫困妇女、家庭 □ ________		
二、申报单位信息			
申报单位名称	B社工机构		
单位基本情况	B社工机构是2010年6月由G市民政局批准注册具有独立法人资格的非营利性社会服务机构，服务范围覆盖珠三角及中部地区多个省份。机构秉承让每一个人都拥有平等发展权利的发展愿景，坚守以人为本、助人自助的专业使命，致力于达成一个没有社工存在的社会。目前，机构已建立起以社区家庭综合类服务为基础，各专项类服务共同发展的格局，专项类服务领域包括社区治理、社会组织孵化、居家养老、企业职工服务、司法矫正等，所承接的项目均获得合作方与服务对象的普遍认可，达成了较明显的社会效益。		
负责人姓名	李××	职　务	B社工机构理事长
手机（电话）	13×××××××××	电子邮箱	×××××××@163.com
通信地址	N市新区X路100号		
三、项目详细信息			
项目背景	据中国少年儿童文化艺术基金会女童保护专项基金和北京众一公益基金会《2020年性侵儿童案例统计及儿童防性侵教育调查报告》显示，2020年我国全年媒体公开报道的性侵儿童（18岁以下）案例332起，受害人数845人。其中，小学和初中学龄段儿童受侵害比例高，熟人作案超七成，性侵害者多次作案比例近六成。儿童和青少年性侵害问题依旧严峻。同时，根据报告统计，儿童和青少年性教育缺失、性自护能力不足是导致侵害持续发生的主要原因。性教育缺失源于家庭、学校角色缺失。受制于中国传统耻性文化，家庭和学校很少涉及性教育，或是不知如何开展性教育。性自护能力不足体现在近五成小学生不懂何为性教育，且当遭遇他人触碰感觉不舒服时，只有约18%的人选择“想办法逃脱”，而多数人选择“忍忍就过去了”或“事后告诉爸爸妈妈”。针对此种情况，B社工机构W社工站联合G市X区妇女联合会，意在X区各中小学开展系统性的性知识与性自护能力提升教育活动，以提升X区儿童和青少年性自护能力，预防或减少儿童和青少年性侵害发生。		
项目目标	项目遵循“以人为本、助人自助”的社工服务理念，在专业理论的指导下，以社区为立足点，联动家庭和学校，通过开展专业的个案辅导与咨询活动、体验式小组活动，以及专题讲座、主题演出、素质拓展等社区活动，满足不同层次群体的实际需求，帮助不同儿童和青少年群体学习性知识与提升性自护能力，为其健康成长构建家庭、同辈、学校与社区四位一体的安全网络。		
项目实施计划	一、组建服务团队。根据主要服务群体不同，将项目团队成员分为个案咨询与辅导组、团体服务组与专题活动组三个小组，明确各小组主要工作内容与目标服务群体，为有序开展项目活动奠定人力基础。		

续表

项目实施计划	二、开展体验式小组活动。联动学校和社区，在正式开展活动前，对不同年龄层次的儿童和青少年开展需求调研活动，并据调研需求设计相对应的小组活动内容。例如，针对低年级学生，可通过描绘身体地图或制作小玩偶来帮助其认识不同身体部位；而对于高年级学生，则依据其对异性的好奇心理开展性知识相关教育，并引导他们关注性道德教育等。 三、个案咨询与辅导。依据不同个案需求，分别开展咨询式和辅导式个案服务。咨询式个案服务主要帮助服务对象解决与性知识或性自护能力相关的问题或疑惑；辅导式个案服务则主要为已遭受或正在遭受性侵害的儿童和青少年提供介入式服务。 四、同伴教育。同伴教育指人们通常愿意听取年龄相仿，知识背景、兴趣爱好相近的同伴、朋友的意见和建议。项目在开展活动时营造一个宽松自由的交流平台，鼓励服务对象表达自己对性知识和性自护能力的看法，并鼓励服务对象将正确的性知识传递给他人。 五、专题讲座与知识竞赛。项目主要以授业解惑的方式，在社区以家庭为主要服务对象，为家庭提供性知识与性自护能力提升专题性讲座；在讲座结束后，则开展专项式知识竞赛活动，以巩固及验收专题知识讲座成果。 六、主题演出与素质拓展。通过鼓励服务对象参与情景剧、歌舞剧、乐器弹奏等不同方式的表演，参与手工艺品的制作、情景设定等具有一定挑战性的活动，帮助服务对象展示自我，突破自我，从而更好地接纳与认识自我。同时，在举办活动的过程中，也通过发放宣传册、播放纪录片等不同方式向观众宣传性知识。 七、社区宣传。与社区居委会等社区组织取得合作，通过举办义卖、张贴宣传海报、发放汇编手册等方式在社区进行性知识与性自护技巧宣传，以帮助社区民众了解相关知识。

项目负责人	孙×	性　别	女	年　龄	35
职　务	B社工机构专项项目社工	学历及专业	硕士，社会工作		
办公电话	020－8464××××	手　机	150××××××××		
邮　箱	×××××××@163.com	专业资质	中级社工师		

参与本项目的人员信息

姓名及职务	性别	年龄	学历及专业	职业	角色分工	联系电话
苏×	女				团体服务	138×××××××
谢×	女				团体服务	138×××××××
汪×	男				讲座竞赛	138×××××××
张×	女				讲座竞赛	138×××××××
李×	女				个案辅导	138×××××××
芮×	女				个案辅导	138×××××××
吴×	男				素质拓展	138×××××××
师×	女				专题演出	138×××××××
郑×	女				社区宣传	138×××××××

四、项目经费预算

	资金种类	金额（万元）
资金来源	申报项目资金	5.0
	自筹资金	1.0
	其他资金（如有，请注明来源）	
	合计	6.0

续表

<table>
<tr><td rowspan="6">申报资金预算支出明细</td><td>支出明细（仅列支申报资金）</td><td colspan="2">金额（万元）</td></tr>
<tr><td>服务对象困难求助或补助</td><td colspan="2">1.0</td></tr>
<tr><td>公益性活动或宣传经费</td><td colspan="2">3.5</td></tr>
<tr><td>完善场所各种设施</td><td colspan="2">0.5</td></tr>
<tr><td>人工管理费</td><td colspan="2">0.1</td></tr>
<tr><td>合计</td><td colspan="2">6.0</td></tr>
<tr><td colspan="4">五、项目审批意见</td></tr>
<tr><td>申报单位</td><td colspan="3">我单位保证项目申报材料真实、合法、有效，已制定项目实施计划、方案，确保项目如期完成。将按法律、法规有关规定，接受项目监管、审计和评估，并承担相应责任。
法定代表人签字：江×
（单位盖章）
年　月　日</td></tr>
<tr><td rowspan="2">审批意见</td><td>辖（市、区）妇联意见：
（盖章）
年　月　日</td><td colspan="2">市妇联意见：
（盖章）
年　月　日</td></tr>
<tr><td colspan="3">经评审小组评审决定：
□ 现予以批准，给予项目扶持资金______万元。
□ 不予批准。
（盖章）
年　月　日</td></tr>
</table>

备注：项目资金应当用于受益对象和社会服务活动，以受益对象和社会服务活动为基础编列预算。预算的金额和标准应符合实际，并接受社会监督。

这是一份比较简单的专项项目申请书，内容格式完全按照 G 市 X 区妇联提供的项目申请书模板撰写。从项目申请书中可以看到，无论是项目基本信息还是项目申请者所在机构信息，项目申请者只需简要概述即可，不用像综合项目申请书那样需对项目中每一项基本信息以及项目申请者机构做详细具体说明。同时，在项目的详细信息中，项目申请者也只需要交代清楚项目背景、项目目标、项目实施计划，而不必套用项目成果、评估方式等内容结构。不难看出，项目申请书的一般性格式可以给我们提供方向性的指引，但却不一定要沿用。项目申请者应注意，无论何时，都应时刻关注留意项目发布方对于项目申请书撰写格式的要求，切忌因为使用错误格式而失去项目获得机会。

五、项目申请书撰写过程中应注意的问题

在理想情况下，回应项目购买方的要求以及考虑以上提及的几点内容，社会工作者就可以完成一份完整的项目申请书。但要想成功获得项目申请，还需考虑以下

几点。

（一）申请者信誉

在与其他项目申请者的比较中，想要让项目购买方认为你是这个项目的最佳实践者，项目申请者必须先对自己所在的机构有足够的认识，并能发掘机构对于此项目独一无二的特征。在项目申请中，展现机构独一无二的特征需要注意两点，即全面综合分析机构的能力以及申请者本身的创意和才华。

前面提到，机构性质是能否参与项目竞标的前提，而机构名声与信誉则是能否竞标成功的重要影响因素。事实上，项目购买方在评估项目服务申请者时，常将申请机构的发展历史作为一个纳入标准，并优先考虑在特定领域内有良好专业服务记录的机构。SWOT分析法是全面分析内外优势与环境的一个重要模型，它由美国旧金山大学的管理学教授海因茨·韦里克（Heinz Weihrich）在20世纪80年代提出，常用于企业战略制定与竞争对手分析等，项目申请者可以以此为指导。[①] S（strengths）即优势，W（weaknesses）为劣势，O（opportunities）是机会或机遇，T（threats）则为威胁、风险或挑战。其中，S与W是内部影响因素，O与T则为外部机遇或挑战，在具体分析时，项目申请者可将内部与外部因素组成四种不同类型的组合：S-O，发挥自身优势，利用现有机会；W-O，利用现有机会，克服自身劣势；S-T，发挥自身优势，回避环境威胁；W-T，克服自身劣势，回避环境威胁。需要强调的是，在分析机构的优劣势时，项目申请者应当注意自己所在机构与其他服务提供者的状况比较，例如你的使命宣言、提供服务的独特方法以及你通过同伴支持或志愿者网络提供附加值的能力等。此外，还应考虑政策环境可能给机构带来一些独特的机会或威胁。例如，小型机构在申请需多种人力服务介入的项目时处于劣势，但若是政策规定不同机构可联合申请一个服务项目，此时小型机构可以联合起来申请，来应对这种不利处境。

评估完机构内外部的优劣势后，社会工作者需要考虑如何以一种能吸引项目评审员兴趣和目光的方式来呈现这些信息。此时，项目申请者个人的创意和才华能发挥非常重要的作用。例如，通过故事叙述的方式，立体化地展现机构发展历史要比平面叙述更加吸引人，而选用典型发展事件凸显机构使命特征要比空洞宣示让人印象更深。

最后，项目申请者应当注意避免使用诸如机构宣传单或其他一些宣传类材料，这些材料会让申请看起来像是“现成的”而非专门针对此项目而做，同时也容易让项目评审员觉得你只是在完成项目要求，而没有花心思在项目的特定目标上。

（二）注重项目购买方的预期目标

在撰写申请书时，项目申请者应该花时间去研究项目购买方的使命阐述和拟申

---

① WEIHRICH H. The SWOT matrix：a tool for situational analysis. London：Long Range Planning，1982.

请项目的具体目标。通过调查项目购买方的历史，尤其是拟申请项目的发展历史，可以对项目购买方的目的有更进一步的认识。如果这个项目已经发展了一段时间且取得了一定的成果，此时，项目申请者应当评估之前成功获得该项目申请的项目计划，以及尽可能多地了解项目活动的相关信息；倘若这是一个新启动的项目，项目申请者可以探寻项目启动的原因，并将这些原因作为申请书撰写的一个重要参考。

每一个项目的购买方，在发布项目招标信息时，都会对项目做一些要求和说明，项目申请者在撰写项目申请书时应认真分析和考虑相关说明信息，包括：

（1）项目购买方发布该项目计划的出发点和落脚点。

（2）之前哪些项目申请获得了成功，哪些被排除，成功的项目有哪些特征。

（3）项目购买方的审查标准。项目购买方会比较重视项目计划成本，但成本不是唯一决定因素，申请者也应注重自身机构业绩以及机构项目计划满足项目购买方需求的潜力。

（4）项目评审的过程。它是由项目购买方自身还是独立的第三方机构执行。

（5）项目提供的资金参数，特别是可用资金的最低和最高数额，项目的时间线，以及哪些项目更有资格获得项目资金等。

（6）自身所在组织是否有资格申请，或者是否允许联合体投标。

（7）其他行政类信息，尤其是申请书提交的截止日期、相关材料文件格式等。

（三）独一无二的卖点

回应了项目购买方的要求，并将自己所在机构定义为一个可信任的机构可以帮助项目申请者投标，但不能保证成功竞标。为了让自己的项目申请书区别于其他竞争者的申请书，同时也让项目购买方觉得项目计划是解决问题的最好方法，项目申请者可以通过考虑项目购买方的使命愿景或目前面临哪些挑战，而自己的计划对解决这些挑战又有哪些帮助，来使自己的项目计划获得独一无二的卖点。

根据美国西北大学学者雅克（Jaques）的观点，在一个具有竞争性的环境中，要想成功得标，投标书应“具备说服性、真实性和差异性”，其中的差异性，即项目计划独一无二的卖点。[①] 为此，申请者通过强调机构愿景和项目购买方愿景的相似性以及机构拥有的能力，尤其是不同于其他机构的能力，对于获得资助方的好感将非常有益。例如，申请者机构与国际上一个具有丰富实践经历的评估机构有合作或联系，能为项目成功竞标加分不少。此外，任何组织机构在发展中都会遇到各种挑战，申请者若是能够将项目计划与购买方解决目前面临的挑战联系起来，则能直接让自己的项目申请书在众多项目申请书中脱颖而出。

（四）计划的可行性

计划的可行性也是项目成功中标的一个重要影响因素。一个具有可行性的项目

---

① JAQUES E A. Winning bid：a practical guide to successful bid management. London：Kogan Page，2013.

计划不仅应该目的和目标具体可测量，还应有足够的细节性特征。例如，项目申请者的整个项目计划应当详细阐明：

（1）项目过程中的里程节点。

（2）达成里程节点的时间规划。

（3）里程节点的评估指标，例如，在一个促进亲子关系处理的小组中，评估指标可以是两周内父母与孩子愉快沟通的次数。

（4）评估信息如何收集，例如，如何收集服务使用者对服务有效性以及满意度的看法。

（五）简洁易行

一份简洁但却包括了项目购买方想了解的所有信息的项目申请书更容易给项目评审者留下良好的印象。为达成这一目标，社会工作者应当做到以下几点：

（1）确保自己完全熟知申请书中的关键信息，尤其是使命阐述和为满足项目购买方需求的预定计划。

（2）保持段落简洁，每个段落都围绕着一个中心点展开论述。

（3）确保语句通顺简明。

（4）确保行文简洁清晰、有逻辑。

一般情况下，项目评审者会结合项目购买方制定的标准进行评分。将项目所需信息与每个标准相匹配，确保审查人员可以很轻松地确定你是如何处理回应每一项项目赞助标准的，可以给项目评审员留下很好的书面印象。例如，如果购买方要求你“简要描述你的计划，列出计划目的和结果”，项目申请者可以根据以下几点展开：“该计划目的在于提升儿童和青少年性自护的知识与能力，减少性侵害的危险……结果包括：提升儿童和青少年性知识以及性自护技巧……”通过这样的方式，不仅可以方便评审者阅读，社会工作者还能有效证明自身计划符合项目各项标准。此外，需注意，项目申请者在回应项目要求时，应适当考虑每一项标准所占的评分权重。例如，如果意义和创新在项目中各占40%的比重，而团队能力仅占20%，此时要确保对项目意义和创新的描述多于团队能力。

（六）申请书的结构

项目申请者在设计申请书结构和内容时，应该严格按照项目标书的要求进行，同时有明确的行文结构和逻辑。通常情况下，项目购买方都会对申请书提出结构性的要求；若没有，社会工作者也可以根据项目标准行文，在每一部分安排一个介绍性段落，阐明自己将如何回应这些标准，在接下来的部分中，则紧紧围绕着所列的主题展开。

（七）写一封附信

在递交项目申请所需的相关资料时，也可以附上一封信件，这封信主要是表明项目申请者自身所在机构对这个项目的兴趣和期待，应简短而重点突出，内容可包括：

（1）项目计划标题。

（2）对这个项目的期待。

（3）项目购买方可能感兴趣的与项目相关的参考资料指引，如信息网址或项目名称等。

（4）联系方式。

最后，确保信中语气正式且专业，并欢迎进一步讨论。

（八）检查项目申请书

再资深的项目申请者在行文中也可能会有一些疏忽或信息遗漏。当完成一份项目申请书后，项目申请者应该认真仔细地进行全文检查，确保申请书内容和信息完整无错误。检查内容可包括：

（1）所有的要求是否都得到解决，特别是项目购买方提出的所有问题是否都得到了答复。

（2）评审者是否可以轻松地获得项目所需的关键信息，如项目计划、结果、意义和团队执行能力等。

（3）所有的图表，特别是预算信息是否都正确且符合相关规定。

（4）材料是否都按要求的格式打印，包括字体、字号、行距等，页码是否已编号，相关材料是否已校对。

（5）附件是否带有机构标识，所有的联系方式是否正确等。

六、项目申请成功后应注意的问题

递交完项目申请书后，经过一段时间等待，项目申请者可能会得到成功中标的消息，也可能会获得失标的信息。如果成功中标，会感到喜悦和放松，因为前一段时间的付出得到了回报，但成功中标并不是工作的结束，而是新一阶段工作的开始。此时，项目申请者应继续保持工作状态，与项目购买方建立起良好的关系，因为，如果与项目购买方在一定程度上建立了积极的合作伙伴关系，在下一轮竞标中再次中标的可能性会更大。同时，与项目购买方发展和保持一种良好的工作关系也有助于项目的实施。例如，项目申请者可以以更多重的身份角色向购买方提出项目中还可能存在的不可预见的困难，并在必要时寻求进一步援助或重新进行资金安排协商，以保证实现项目的最终目标。项目申请者可以通过以下几点来促进与项目购买方关系的发展：

（1）写一封感谢信，表明这个项目赞助将如何帮助自身所在机构实现服务目标和使命愿景。

（2）确保机构将会及时遵守和完成合同规定的任何要求。

（3）与负责拨款的单位取得联系，并努力保持定期联系，以寻求其对机构实践工作的理解。

（4）主动与项目购买方保持定期联系，确保其清楚地知道项目进展情况，尤其是项目取得的成果。

（5）确保自己知晓项目购买方对是否公开其身份的要求。例如，有些项目购买方希望你在项目计划的出版物中公开承认他们的资助，有些希望你在每一次活动中提到他们，极少数则希望你对他们的相关信息进行保密等。

成功中标后与项目资金交付部门取得联系非常重要。项目服务方实际收到的项目资金与申请数额经常会有一些差额，此时确定机构能收到的实际资金数额非常重要。评估实际收到的资金对项目产生的影响，例如依靠实际收到的项目资金数额，机构是否能按合同一开始的要求在规定时间内完成项目目标，如果不能，机构要么另外寻找资源达成一开始的目标，要么需要与项目购买方再次商谈，修订项目计划。

当项目申请者获得失标的信息后，不要气馁。要知道，即使是最成功的项目申请者也会有同样的失败，重要的是不要因为一个失败的申请就放弃，而是要从中获得经验，为下一次项目申请做准备。有时，项目申请者可能足够幸运地收到项目评审专家对于为何没有成功中标的反馈。倘若没有，也可以尝试询问他们是否愿意提供一些反馈，虽然项目评审专家没有这样做的义务，但倘若他们愿意花费时间提供反馈意见，则应该好好珍惜这一学习机会。如果评审专家拒绝提供反馈意见，此时，项目申请者可以咨询一些经验丰富的项目竞标者是否愿意帮忙评估自己的申请书。此外，项目申请者也可以根据项目购买方提供的项目招标要求，再次检查项目申请书，看此时是否能发现自己的申请书存在的优势与不足。尤其是应从中总结出在之后的申请书中可以做出哪些提升。例如，本次项目申请的一大不足在于项目申请团队缺乏财务方面的专业知识，如果这样，就要考虑通过招募具有财务知识的新成员加入团队，抑或通过相关培训来使成员提升相关的技能。

在一些情况下，项目申请者也可以对某一项目竞标结果提出复查，但这种情况较少发生，而且我们也建议项目申请者审慎运用这一权利。因为，一旦项目申请者运用这一权利，就意味着可能会将自己与机构置于被误认为是刻意制造事端的风险之中，毕竟项目的其他竞标者也同样认为他们的项目计划非常有意义，具有不可替代的价值，而项目购买方资源有限，只能从中选择一个项目服务方。一般情况下，对项目竞标结果提出复查的前提是项目申请者有证据表明在项目竞标过程中，评审方存在程序上的不公平，即项目申请者自身有理由表明自己的项目计划没有得到与其他竞标者同等的对待与考虑。例如，项目申请者有证据证明评审组专家给某些项目竞标者提供了额外帮助与支持，或是没有按照同等的评审标准对其他项目申请书进行审议。

第三章

服务文书写作

本章我们聚焦于个案、小组与社区服务文书写作。服务文书是对社会工作者为服务对象提供具体实践服务的一种记录。这种记录既包括具体实践服务的过程与社会工作者相应的服务反思，又包括服务最终取得的结果和成效。因此，服务文书记录也被认为是社会工作实践服务中的重要一环。社会工作服务文书类型多样，在实务领域中，直接的实践性服务文书大概可分为个案、小组与社区服务文书。个案服务文书几乎记录了社会工作者与服务对象互动的全过程，包括每个服务对象的详细信息、社会工作者采取的方法技巧以及服务对象的观点与对相关服务的反应等，不仅可以促进社会工作者对服务与自身进行反思，还可以帮助服务对象看到自身的发展变化。美国社会工作者协会就曾将个案记录称为社会工作者与特定服务对象互动、观察与实践的时间记录。不同于个案服务文书是对单个个案发展变化的详细记录过程，小组与社区服务文书更加侧重对一个活动的整体性与成效性记录，包括为什么要开展这个活动，活动将如何开展，活动需要哪些人力物力，活动最终取得了哪些结果与成效等，由此也使得小组与社区服务文书在具体形式上与个案服务文书存在一定的区别。本章我们除了讲述服务文书记录的作用，还将分别讲述个案、小组与社区服务文书的一般结构形式与要求。

一、社会工作专业服务文书的功能

服务文书是社会工作实践服务的重要组成部分，它既是对未来要发生的社会工作实践服务的规划，又是对已发生的专业服务实践的记录和总结，不仅为社会工作者的服务开展提供专业指引和规划，还为社会工作者反思性提升以及专业发展提供信息基础。具体而言，社会工作专业服务文书的功能可以体现在以下几方面：

第一，反映社会工作专业价值。哥伦比亚大学学者索尔曼蒂（M. Sormanti）很早就提到，个案记录和其他临床实践写作应该尽可能地反映出我们在与他人实践互动中对于社会工作价值和伦理的专业性承诺。① 例如，我们在服务中告知服务对象，服务中发生的一切事情均会保密，但这种保密并不是绝对性保密，在征得服务对象自身同意以及涉及生命安全和行政司法事件时，我们可能会有限度地公开一些

① SORMANTI M. Writing for and about clinical practice//GREEN W，SIMON B L. The columbia guide to social work writing. New York：Columbia University Press，2012：114－132.

信息。这是社会工作保密性的专业伦理原则，反映在文书写作中，社会工作者会将保密原则明确写在服务契约上，将相关服务文书妥善保存，当出于服务或专业发展需要，而希望将服务对象服务记录用于案例讨论时，社会工作者还必须征得服务对象同意，并就信息公开部分与公开程度与服务对象进行有效商讨，从而让服务对象对在文书写作中如何记录他们感到放心。另外，文书写作某些时候可促进专业间交流，其他非社会工作专业者在翻阅我们公开的专业文书时，应当能从中感知社会工作专业遵守的一些价值，了解这个专业的目的与原则。例如，通过阅读社区需求调研报告，分析社区长者存在身体健康维护、防诈骗、自我能力发展需求，以及由此需求设计的相应服务计划等内容，可以得知，社会工作不仅限于解危救难，还在于维护人的尊严和价值，提升人的健康与自我价值。还有，在一些跨专业团队合作中，如医务或司法社工，为更好地推进专业服务，团队成员间会互相借阅对方的服务文书记录，从文书记录中了解团队成员某个行为选择背后的专业价值思量。如在司法社会工作领域中，司法社工在撰写的服务对象社会背景调查报告中会突出服务对象家庭和社区或工作场所等生活环境对其行为的影响，强调人所处的情境。法官通过阅读社会背景调查报告可以获知服务对象行为受其生理、心理以及社会环境等诸多因素的综合交互影响，不会将服务对象偏差或越轨行为简单归结为个人道德品质问题。

此外，应当注意，社会工作是一门以人为本的实践专业，社会工作者虽是服务文书的记录者，但却不能在文书记录中仅体现社会工作者自身的观点和看法，作为服务参与者，服务对象有权也应当发出自己的声音，表达自身对于情境或问题的看法和见解。这就要求社会工作者不仅要在实践服务中尊重服务对象的意见和选择，与服务对象共同商议制订服务计划和开展服务行动，还应将此服务过程记录或体现在服务文书中。

第二，促进社会工作专业实践服务发展。我国社会工作专业人员流失率居高不下，这其中既有专业毕业学生转行问题，也有专业实践人员转行转岗问题。前者影响专业人才到岗率，后者则直接不利于专业实践发展。社会工作专业实践文书为社会工作实践发展提供了一个信息库，信息库中既记录了社会工作专业实践服务的整体性和方向性信息，如实践发展的整体规划、希望达成的愿景、已取得的一些成效（如建立了哪些骨干团队、覆盖了哪些服务人群、链接了哪些资源、给服务对象带来了哪些改变等）、尚未完成的任务（如服务对象哪些问题还没有解决、哪些资源还没有链接或挖掘、哪些服务计划还没有实施、哪些服务人群还没有覆盖等），又包括许多服务的具体性描述，如开展了哪些类型的个案、小组和社区活动，目前各类服务的具体进展状况，计划执行程度，目前服务人群的信息档案（如住址、联系方式、年龄、身体状况、家庭成员信息，服务需求等）。当社会工作者转岗或离职时，这些信息库中的信息则有助于新来的接岗社工快速地掌握目前岗位相关服务信息，包括建立起服务对象的多维立体图像、了解岗位已完成和未完成工作有哪些、掌握目前所处环境的优劣势等，从而保证社会工作实践的连续性。例如，在电访记录中，明确记录社工之前已经接触了哪些潜在服务对象，新来社工或社工实习生在新一轮电访之时，就可以避免对这类潜在服务对象重复进行接触性电访，而是可以根据电访记录中的相关信息进行更深一步的访问，既避免浪费资源，又保证了社工工作实践服务的专业性。

此外，社会工作在开展具体实践服务时也经常遇到一些面临复杂问题与困难的服务对象，为更好地为这类服务对象提供服务，帮助其解决问题和提升能力，社会工作者经常会开展多领域合作，如长者领域社工在接触一个长期受失眠困扰的个案时发现，该长者的失眠问题主要是由紧张的婆媳关系导致，要帮助该长者解决失眠问题，就必须解决紧张的婆媳关系。再进一步了解后发现，长者紧张的婆媳关系背后积累了很深的家庭矛盾问题，由此必须联合家庭领域社工一起帮助长者解决家庭问题。此时，长者领域社工先前的服务记录就是帮助家庭领域社工快速了解该长者以及长者家庭矛盾问题的最佳信息源。

第三，建立服务对象信息源。一位服务对象的服务文书记录了该服务对象接受服务时的相关信息，包括现时生活状况、之前发生的重要生活事件等。我们倡导建立一个没有社工的社会，但这目前还只是一个愿景。且社会工作服务对象多为困难群体，其中很大一部分人群所面临的问题根源于社会环境，社工的帮扶有时只能帮其暂时性地缓解问题，社会环境没有改变，这类服务对象所遭遇的问题很难真正解决。当这类服务对象再次遭遇问题前来求助，或社工遇到与这类服务对象拥有相似问题的其他服务对象时，该怎么办？针对前者，这类服务对象先前的服务文书则可以帮助社工快速了解其相关的基础性信息、重要生活事件以及已接受过的相关服务，从而尽量全面评估服务对象的资源与问题，制定更加合理的服务方案；对于后者，社工可以从先前具有相似问题的服务对象文书中借鉴相关的服务方法，了解有助于解决问题的相关资源信息。例如，随着越来越多农村孩子跟随父母到城市入学，G 市颁行了积分入学和积分入户政策，该政策一方面为外地人员及其子女能够享受与本地人员一样的生活和教育资源提供机会，另一方面也留住外地发展性人才，刺激大量外地人员为城市发展做力所能及的贡献。可以说，这项政策的出发点非常好，但在社会与教育资源紧张的现实情形下，这类政策的真正受惠人群和受惠人数均受到限制。积分入学和积分入户均与居住证和社会保险挂钩，而分数累积则受居住证办理和社会保险购买年限影响。有些带着孩子，尤其是家庭中有人患有大病的外地工人，为满足一家温饱和孩子上学已捉襟见肘，根本没有精力或途径再去办理居住证和购买社会保险。同时，受教育水平和信息渠道等多方面因素影响，很多外地工人对积分入学和积分入户政策理解并不清晰，担心子女小学毕业后因积分不够而无法进入当地公立中学上学，甚至有些家长不知道如何积累积分以入学和入户。一般来讲，这类服务对象的问题相似度都比较高，且这类问题的解决也比较依赖相关社会政策资源，社工在遇到这类求助对象时，可以参考先前处理类似问题的实践服务文书，借鉴先前社工的解决方案并寻找有助于问题解决的相关社会政策信息源。

第四，促进社会工作跨专业合作。社会工作服务文书清晰地记录了社会工作者对于问题的评估和干预，是社会工作者进行跨专业交流的重要文件。例如，社会工作者在运用心理-社会治疗模式干预解决服务对象问题时，会注重服务对象生理、心理以及社会层面的因素，并将其分析结果记录在服务文书上。此时，心理咨询师则可以参阅社会工作者的相关服务文书来理解一个人家庭、社区或相关社会情境对其问题持续性的影响。同时，心理咨询师在参阅社会工作服务文书过程中，也能够不断地了解社会工作的服务理论、方式与内容，从而增进对社会工作专业与实践的了解。

社会工作服务文书在促进跨专业交流中所面临的一大挑战是如何更好地使用相关专业团体合作的共同语言。例如，医务社会工作者在撰写服务文书时，需考虑哪些是服务团队中其他专业成员共享的专业术语。哪些是需要自己提供解释后团队中其他专业成员才能够理解的专业术语。能否正确处理这一问题，直接影响团队中不同专业成员之间的合作效果以及社会工作者服务文书的参考性程度。

第五，可以为社会工作者实践服务以及社会工作评估提供实证性材料。随着政府购买服务以及第三方评估的深入发展，我国社会工作每年必须应对来自不同方面的检查和评估。例如，就社工站每年的中期评估而言，不同领域社工一般需要向本领域评估专家解释以下问题：本年度的服务计划是什么？为什么制订这样的年度服务计划？年度服务计划的执行方案是什么？不同个案、小组和社区活动的开展类型是什么，分别采用了什么样的方法技术？在末期评估中，社工则需要向评估专家解释以下问题：本年度的个案、小组和社区完成量如何？有什么可视化产出？有什么具体的服务结果和成效？等等。要回答以上问题，需要社会工作者拿出相应的实践服务记录证明自己实践服务的合理性与有效性，如年度需求调研报告以及上一年度的自评报告可以解释本年度服务计划因何而来。不同个案、小组与社区活动服务文书不仅可以直接展示社工在本年度具体实践服务内容、服务开展手法、取得的结果和成效等，还可以为本年度个案、小组与社区完成量提供直接证明材料。与此同时，评估专家也可以通过社工站提供的服务文书以及年度自评报告等清楚地了解到社工站本年度的服务内容和服务成效，从而对本年度社工整体发展做出整体性评估。

二、社会工作专业服务文书的形式与结构

社会工作专业文书写作的一个重要挑战是写作者如何将自己所知道的复杂事件信息通过一种简洁而精确的叙述传达给他人。此时，一个好的文书形式与结构将有助于社会工作者应对这一挑战。文书写作的形式与结构多种多样，为了节省时间和精力，社会工作者也许可以结合自己的现实需求选择最适合自己的写作形式或结构。但社会工作者也需意识到，文书写作不同于田野笔记，其目的在于将文书中记录的信息传达给他人，因此，文书写作的形式与结构应考虑读者需求，而非仅仅为了写作者自己的写作方便。众所周知，不同读者对于服务文书有不同的阅读目的和

期待，有些读者可能是想了解问题背景，有些读者可能是想知道你的介入方法或采用的理论，有些读者则可能仅仅是想看看你的整个服务介入过程。另外，不同读者的阅读条件和环境不同，有些读者阅读时间紧急，需要在最短时间内找到自己想要寻找的信息，而有些读者则可能处于喧闹的候车厅，需要有各种层级标题来提示通篇结构。此时，一个结构上充满逻辑性与条理性的服务文书记录将能够极大地满足不同读者需求，帮助读者在最短时间内寻找到自己想要的信息，或是在随时中断阅读后对接下来的阅读影响极小或不造成影响。

目前，大部分社会工作机构都会拥有自己的服务文书套表。套表有固定的形式和结构，帮助社会工作者理清每个实践服务中应获得和展现的关键信息。但好的服务文书不仅需要有明确的行文结构，在具体内容表达上也还需满足一定的条件。澳大利亚昆士兰大学社会工作系凯伦·希利（Karen Healy）和琼·穆赫兰（Joan Mulholland）曾对好的社会工作服务文书总结出以下几点特征①：

（1）重点突出、实事求是且以证据为本。服务文书展现的信息不仅能够让读者在阅读之后充分了解服务对象相关情况，还能够为社会工作者就下一步服务计划提供相关建议。所谓以证据为本，即服务文书中应当包括社会工作者在服务过程中所观察到的信息，以及与专业目的、价值和团队需求相关的服务对象及服务相关者曾说的话和采取的行动记录。同时，证据展现方式应该尽可能符合读者现实条件需求。理想情况下，读者能够根据社会工作者描述的信息勾勒出服务对象所面临的多维图景。例如，我们可以这样记录："小杨说，他在过去三个多星期内都感到很难过且没有精神，晚上经常失眠，十二点多睡觉，凌晨三点就会醒过来。这学期最后两周课程他都请假没有参加。同时，自己好像丧失了所有兴趣爱好，包括过去每周都会去的游泳。小杨对社工说道：'我现在就想每天一个人待在家里，不想去上课，也不想去游泳，感觉很没有意思。'"而不是简单概括说"服务对象似乎有些抑郁"。

（2）事实或直接已知的信息应与自己或他人的观点有明显的区分，因此，让读者知道信息源非常重要。例如，如果谢阿姨告诉你，小曾有睡眠障碍，你应该如此记录："谢阿姨说：'小曾有睡眠障碍。'"而不是只写"小曾有睡眠障碍"。

（3）易理解。应当使用读者能理解的语言来清楚地描述关键信息，这包括使用读者预期的语言和一种能够让读者快速找到与他们相关信息的行文结构，如使用副标题或注释。

（4）简洁且有序。服务文书应当以简洁的语言表达出重要观点，进行恰到好处的选择和省略。例如，你可以直观且明了地提出团队合作中出现的紧急问题，并详细列举出后续相关措施来帮助团队解决这个紧急问题，而不用花费笔墨细究这个紧急问题应当由谁来承担责任或是紧急问题发生的原因与细节。记住，你的写作是为了给他人传达信息，应当牢记主要阅读者的阅读需求。

---

① HEALY K，MULHOLLAND J. Writing skills for social workers. Chennai：C&M Digitals（P）Ltd.，2019.

（5）可追踪。如果你在服务文书中记录了某一个预计行动计划，最好是能为这个行动划定一个执行时间范围，以便让后续读者评估这个计划是否在规定时间内完成。此外，限定时间也可以帮助社会工作者、服务对象和后续工作者了解某一个干预服务的进程。例如，如果社会工作者建议杨阿姨在两周内找全科医生或心理医生做一次评估，这时，社会工作者可以记录杨阿姨是否去找医生做了评估，如果没有，探索没有去的原因以及接下来的计划。

（6）符合格式要求。服务文书中规定的所有部分内容都应当完成，如果有一部分没有执行，应当注明该部分没有执行或信息缺失，而且需要说明信息缺失的原因。

（7）没有排版、语法或标点错误。写作错误可能导致信息传达错误，进而产生错误的决定。同时，写作错误也会降低专业可信度。

一般情况下，社会工作机构都会根据自身服务发展情况制定相应的工作套表。但也有一些新起步发展的社会工作机构尚未制定出一个统一的文书记录标准，此时，社会工作者可以选择记录服务对象或相关人员的一些重要信息，以备后续工作中查阅使用。哪些是服务中需要记录的关键信息呢？凯伦·希利和琼·穆赫兰也进行过总结：

（1）日期、时间、地点和会议内容。例如，会谈于2018年3月12日下午4时15分在N社区2栋502室进行，主要目的是谈论15日与欧阿姨一起去W大学协商小康抚养费问题。如果一天中有多个会谈，时间记录就变得非常重要，因为时间记录可以帮助社会工作者发现一天时间安排是否合理。例如，知道某个服务对象在一天中某个具体时间段接受服务，将有助于社会工作者合理安排会谈服务时间。此外，明确的日期、时间、地点和内容记录也有助于写作者日后追踪过往服务轨迹，明确哪些任务已完成、在何时完成，尚有哪些任务被遗漏等。

（2）参与会谈者名字，即使是那些没有在会谈中说话的人。例如，参与会谈的有社工（名字）和小曾的父母曾先生和谢阿姨。详细记录会谈参与者姓名也有助于日后信息查验。

（3）对社会工作者与服务对象或其家庭的联系，服务对象家庭环境或者家庭与社会网络结构进行简单而真实的描述，以便分析服务对象目前已有资源、尚待挖掘资源以及缺失资源等。如采用家庭图或生态图传达服务对象环境信息。

（4）社会工作者对问题的评估。这些评估可能包括服务对象社会环境以及服务对象的优势和弱势情况。从以人为本视角出发，也应当包括服务对象个人对自己情况、优点和目标的看法。

（5）干预计划和行动建议。为了有效监督计划执行情况，我们必须明确每个行动计划的负责人、行动计划执行的时间安排，以及每个人对于行动计划的赞同或不赞同程度。例如，我们可能会记录，某医院的医务社工将在24小时内联系小康的康复顾问，安排在一周内与小康和王姐会面，讨论管理美沙酮治疗的计划。

除了以上基本信息，凯伦·希利和琼·穆赫兰也提到，社会工作者还可以使用一些图形、表格来更好地传达相关服务信息。但是，由于不同的人对同一视觉图像可能存在不同解释，社会工作者必须明确每一个图表的含义，不妨对每个图表进行简单的书面解释。目前在社会工作领域中使用频率最多的图表类型就是家庭图或生态图。家庭图，也称家庭书或家庭图谱，展现了至少两代（通常是更多代）家庭关系、家庭问题和家庭动态发展。家庭图中应当展现但不限于的重要关系包括父母关系、夫妻或恋人关系、同居或分居关系等，以及怀孕、离婚或死亡等状态。家庭问题和需要考虑的家庭动力包括家庭成员间的依恋感、距离感和关系紧张程度等。当然，医务社工或长者社工也会在家庭图中加入家庭成员的健康和疾病情况。家庭图不仅直观地展示了服务对象的家庭成员信息和家庭关系现状，有助于社会工作者快速理清服务对象现有家庭支持与问题，还可以帮助社会工作者发现和探寻一些关键性的有效历史信息，从而更好地理解服务对象现实家庭关系或问题产生的历史性原因。图 3-1 是一位失独长者的家庭图。

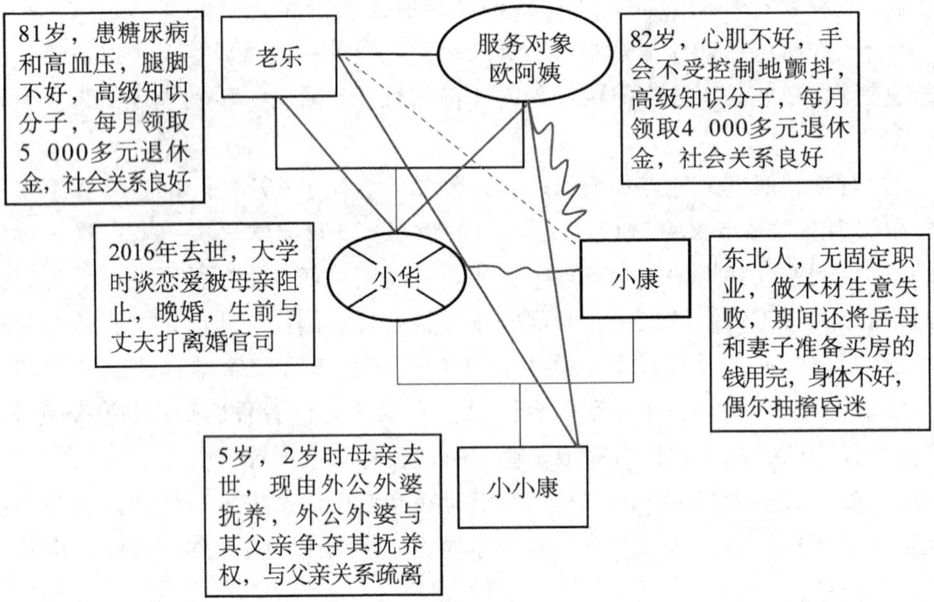

图 3-1 一位失独长者的家庭图

家庭图中的每一个标志都有其特定的含义。如图中的方框表示男性，圆圈表示女性；直线表示二者间存在关系，加粗直线表示二者间关系紧密，直线越粗，则关系越紧密；曲线表示二者间关系紧张；虚线表示二者间关系疏离；圆圈或方框内打叉则表示去世；/表示分居，//则表示离婚。一般而言，若是家庭图中结婚、出生、离婚、同居、分居等时间点比较重要，也可以用大写字母 M′（即 married 缩写，代表“已婚”）、B′（即 birth 缩写，代表“出生”）、D′（即 divorce 缩写，代表“离婚”）、S′（即 single 缩写，代笔“单身”）、C′（即 cohabitation 缩写，代表“同居”）和年份在相应图标旁边标注；若是涉及一些关键信息，也可以在旁边用文字标注说明。如本案例中，在每个重要服务相关者旁边用方框注明其重要信息。需注意，目前尚未发展形成一整套统一的家庭图图标，不同地区或机构可能会结合自己的实际情况做一些细微变更，如有些社会工作机构会采用两个圆圈或方框来代表服务对象，有些机构则直接在圆圈或方框内或外用文字注明。

生态图，有时也被称为社会家庭图，经常被社会工作者用于展示服务对象的社会环境。美国俄亥俄州博林格林州立大学米勒（Miller）等曾将生态图定义为以服务对象为中心，展现服务对象在其社会环境中的每一种关系的视觉图解。[①] 不同于家庭图只展现服务对象的家庭关系，生态图建立在生态理论基础上，是家庭图的扩展，会在家庭图基础上加入服务对象微观、中观与宏观层面各系统之间的一些资源与关系状况，清晰呈现个人、家庭及社会系统之间的相互作用和影响，将服务对象与外在环境系统的关系以图形线条的方式展现出来，说明不同或同一层面系统之间能量的流动和关系的本质，以及这些对服务对象资源满足与问题发展的影响。社会工作者从生态图中可以看到哪些是个人、家庭和群体可运用的资源，哪些资源或支持不足或不存在，从而认识服务对象个人、家庭、群体和社区与环境之间的关系本质。

生态图的绘制方法是在家庭图的基础上，将绘制好的家庭图用圆圈圈起来，然后将服务对象及其家庭的社会环境系统中的重要人、团体、组织、机构等用圆圈或方框表示出来，接着再用线条将各个圆圈或方框与包含服务对象家庭图的圆圈连接起来，线条越短表示关系越紧密，线条越长则表示关系越疏远。同时，所用线条类型代表了系统间的关系性质：实线代表关系紧密，虚线表示关系不紧密，曲线表示关系紧张，箭头方向表示二者间关系的方向性。图 3－2 是一位失独长者的生态图。

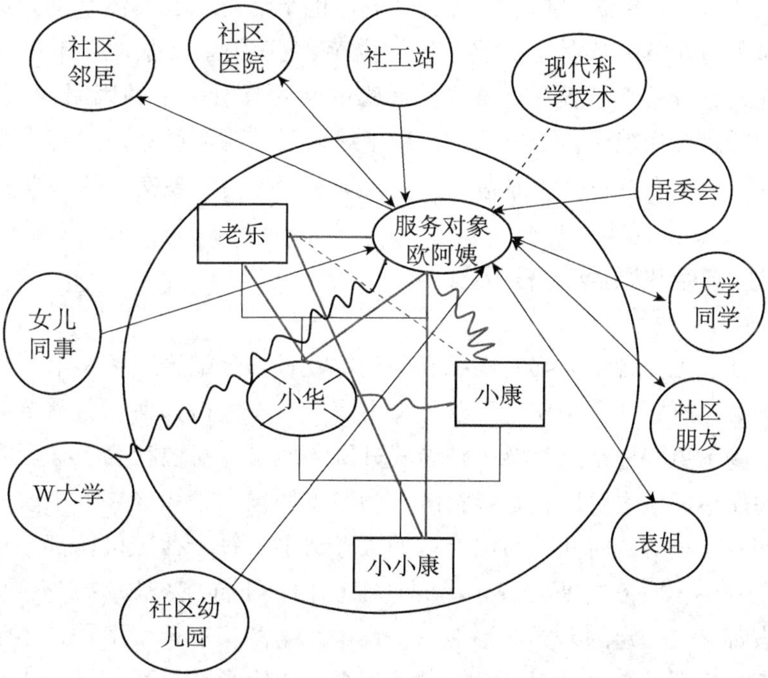

图 3－2 一位失独长者的生态图

① MILLER V，FIELDS N，ADORNO G，SMITH-OSBORNE A. Using the eco-map and ecosystemsperspective to guide skilled nursing facility discharge planning. Journal of Gerontological Social Work，2017，60（6－7）：504－518.

如图 3-2 直观显示，服务对象欧阿姨与老伴老乐、女儿小华和外孙关系紧密，与女婿小康和女儿生前工作单位 W 大学关系紧张。结合图 3-1 家庭图可知，案主高龄且患有一些老年慢性病，受教育水平较高，每月领取退休金、失独补助金等，能满足基本的生理性与安全性需求。社工站、居委会、社区医院以及女儿生前同事可以给欧阿姨提供持续性支持，服务对象与大学同学、社区朋友和表姐存在双向支持关系，而与社区邻居关系疏远，且不擅长运用现代科学技术。从生态图以及前期服务对象信息描述中，社会工作者可以推断，服务对象的物质与情感需求满足尚可，但家庭整体抗风险能力弱，亲戚和朋友虽然可以提供一些日常情感性支持，可当突发紧急情况，如老乐半夜上吐下泻且大便出血急需送医时，欧阿姨就会陷入求助无门的尴尬境地，而当老乐或欧阿姨其中一人因病住院，家庭正常的生活状态就会被打乱，孩子无人照顾，三餐无法保证等。同时，社会工作者也可以推断欧阿姨可能存在较大的家庭照顾压力。正常生活情况下，欧阿姨需要每天照顾老乐和外孙的饮食起居，当老乐生病住院时，则需要每天在家、医院和幼儿园三点之间来回奔波，分别照顾好老乐和外孙的生活，而欧阿姨自己也患有诸多老年慢性疾病。此外，从生态图中也可以看出，欧阿姨的社区正式支持资源可以发挥相应的正向支持作用，但非正式支持资源还有较大的挖掘空间。如社区居委会、社区医院以及社工站都能给予相应的正式支持，但在非正式支持方面，欧阿姨只跟社区吴阿姨关系较好，与其他邻居关系冷淡，几乎不怎么交流，也不参与社区集体活动。最后，图中显示服务对象与女婿以及女儿生前工作单位 W 大学关系紧张，社工可以进一步了解相关情况，分析是否与服务对象目前面临的问题具有一定的因果或相关性关系。此外，图中特意标注现代科学技术，且用虚线表示，说明服务对象存在学习现代科学技术需求，社工在进行介入时应适当注意满足服务对象现实性的基本需求。

三、社会工作专业服务文书示例

每一位社会工作者每天都有实践服务安排，日常分配给服务文书写作的时间较为紧凑。同时，有些社会工作者不善于文书写作，不懂得如何区分重要和非重要的服务信息。为了更好地帮助社会工作者提升服务质量，每位社会工作者必须将每节服务文书递交给领域主管以及督导批改。为节省领域主管和督导的批改时间以及帮助社会工作者在较短的时间内写出有效的服务文书，每个社工机构都会在实践服务过程中制定一整套服务文书套表。不同社工机构、不同实务领域、不同服务手法，其文书套表都存在一定的差异，不能一一详举。本章仅选择个案预估申请表、个案过程记录表、个案总结报告，小组活动策划书、小组活动过程记录、小组活动总结报告，社区活动策划书、社区活动总结报告等常用服务文书套表举例说明。

（一）个案工作服务文书套表

按照社会工作通用过程模式，每个社会工作介入过程都需要做相应的文书记录，但在实务工作过程中，经常会有一些紧急或突发状况使得社会工作者不得不灵活调整介入行动。比如，在紧急危机个案中，社会工作者往往是在对服务对象提供介入服务后，才开始进一步收集服务对象信息以及填写个案预估申请表；又或者有些服务对象因为个人原因，如工作出差或旅游，社会工作者不得不暂停一段时间的个案会谈跟进。为尽可能了解清楚服务对象信息以评估是否可以接案或需要进一步转介，或者为保证社会工作者因突发状况或一些不可控因素导致个案跟进中断而不影响后续服务，作为个案工作开始的文书记录或个案预估申请表所包含的信息要求尽可能全面而完整。表 3－1 和表 3－2 是两个不同社工机构个案预估申请表工作套表示例。

表 3－1　个案预估申请表（一）

<table>
<tr><td>个案编号</td><td colspan="3"></td></tr>
<tr><td>填写日期</td><td></td><td>接触社工</td><td></td></tr>
<tr><td>案主获知本中心服务的途径</td><td colspan="3">□ 案主主动接触（请注明）：
□ 社工主动接触（外展/探访/电访）：
□ 转介（居委会/机构）：
与案主关系：
联系电话：</td></tr>
<tr><td colspan="4">案主基本情况</td></tr>
<tr><td>案主姓名</td><td></td><td>性　　别</td><td></td></tr>
<tr><td>联系电话</td><td></td><td>联系地址</td><td></td></tr>
<tr><td>出生年月</td><td></td><td>年　　龄</td><td></td></tr>
<tr><td>籍　　贯</td><td></td><td>职　　业</td><td></td></tr>
<tr><td>语　　言</td><td colspan="3">□ 普通话　□ 粤语　□ 客家话　□ 潮汕话　□ 其他（请注明）：</td></tr>
<tr><td>婚姻状况</td><td colspan="3">□ 未婚　□ 已婚　□ 离异　□ 丧偶　□ 再婚　□ 其他（请注明）：</td></tr>
<tr><td>教育程度</td><td colspan="3">□ 文盲　□ 略识字　□ 小学　□ 初中　□ 高中　□ 中专　□ 大专
□ 本科及以上</td></tr>
<tr><td>房屋情况</td><td colspan="3">□ 租房　□ 宿舍　□ 自购房　□ 自建房　□ 其他（请注明）：</td></tr>
<tr><td>收入状况</td><td colspan="3">□ 无收入　□ 2 000 元以下　□ 2 001～3 000 元　□ 3 001～4 000 元
□ 4 001～5 000 元　□ 5 000 元以上</td></tr>
<tr><td>问题/需要
（可多选）</td><td colspan="3">（　）行为问题：
（　）学业问题：
（　）职业问题：
（　）经济问题：
（　）儿童照顾：
（　）家庭关系：
（　）人际关系：
（　）认知与情绪：
（　）复康服务：
（　）院舍住宿安排：
（　）其他（请注明：＿＿＿＿＿＿＿＿）</td></tr>
<tr><td>家庭或社会关系
（家庭图/生态图）</td><td colspan="3"></td></tr>
</table>

<table>
<tr><th colspan="3">社工评估</th></tr>
<tr><td>服务对象面临的主要问题</td><td colspan="2"></td></tr>
<tr><td rowspan="6">案主优劣势分析</td><td colspan="2">自身因素</td></tr>
<tr><td>劣势</td><td>优势</td></tr>
<tr><td></td><td></td></tr>
<tr><td colspan="2">外在因素</td></tr>
<tr><td>风险</td><td>资源</td></tr>
<tr><td></td><td></td></tr>
<tr><td>问题及需求评估</td><td colspan="2"></td></tr>
<tr><td>接触社工意见</td><td colspan="2">□ 无须跟进（请注明原因）：________
□ 转介
□ 需要跟进（个案管理或辅导/咨询服务/定期跟进）
□ 紧急服务：□ 不需要 □ 需要（请注明所需服务）：________</td></tr>
<tr><td rowspan="2">审批意见</td><td colspan="2">主任意见：
主任签署：________________ 批阅日期：________</td></tr>
<tr><td colspan="2">督导意见：
督导签署：________________ 批阅日期：________</td></tr>
</table>

表 3-2 个案评估申请表（二）

（以下资料仅用于本中心为您提供个案辅导服务之用，未经您的同意，将不会外传，请您如实提供相应资料。若您未能如实提供相应个人资料，本中心将不能处理您的服务申请，或由此带来的服务风险也将由您个人承担。）

个案来源：

主动求助：□ 中心来访 □ 电话咨询　　申请人：欧阿姨

社工发掘：☑社工走访 □ 服务发掘　　申请日期：2021 年 4 月 1 日

转介：转介单位：________________　　接待社工：张社工

转介人：________________

联系方式：________________

<table>
<tr><th colspan="7">一、个人基本信息（标 * 为必填项）</th></tr>
<tr><td>姓名 *</td><td>欧阿姨</td><td>性别 *</td><td>□ 男 ☑ 女</td><td>出生日期</td><td colspan="2">1939 年×月×日</td></tr>
<tr><td>婚姻状况</td><td colspan="6">□ 未婚 ☑ 已婚 □ 离婚 □ 丧偶 □ 分居 □ 独居</td></tr>
<tr><td>掌握语言 *</td><td colspan="6">☑ 普通话 ☑ 粤语 □ 客家话 □ 潮汕话 □ 其他（请注明）：</td></tr>
<tr><td>教育程度 *</td><td colspan="6">□ 小学或以下 □ 初中 □ 高中 □ 职中 □ 大专 ☑ 本科
□ 本科以上</td></tr>
<tr><td>收入来源 *</td><td colspan="6">□ 工资 ☑ 退休金 □ 社会保险 □ 家庭支持 □ 政府补助
□ 其他（请注明）：</td></tr>
<tr><td>职业/单位</td><td>W 研究所</td><td>联系地址 *</td><td colspan="4">G 市 T 区 D 路 10 号×栋×单元××房</td></tr>
<tr><td>住房情况</td><td colspan="6">（2）房（1）厅 □ 商品房 □ 自建房 ☑ 单位福利房 □ 租房
□ 寄住 □ 其他（请注明）：________________</td></tr>
<tr><td>联系电话 *</td><td>××××××××</td><td>紧急联络人 *</td><td>老乐</td><td>电话 *</td><td colspan="2">139××××××××</td></tr>
</table>

来访对象身体状况	☐ 健康　☑ 高血压　☐ 糖尿病　☑ 高血脂　☑ 冠心病　☐ 慢性阻塞性肺疾病　☐ 中风　☐ 结核病　☐ 传染类疾病　☐ 恶性肿瘤　☐ 脑卒中　☐ 残疾：________　☐ 其他：手会不受控制地颤抖
来访对象精神状况	☑ 正常 ☐ 有精神疾病或症状：________ ☐ 曾患精神疾病：________
来访对象情绪状况（最近一月内状况）	☐ 情绪稳定　☐ 不确定　☐ 焦虑紧张（如有，另附量表） ☐ 抑郁（如有，另附量表）　☑ 起伏不定　☐ 多疑 ☐ 愤怒　☐ 兴奋　☐ 悲痛　☐ 恐惧　☐ 其他（请补充）________

二、家庭/社交情况

（一）家庭成员/重要他人

姓名	与来访者关系	年龄	所在单位	经济情况	与来访者关系情况
老乐	夫妻	82	W 研究所	领取退休金	关系紧密
小康	女婿	36	无	无固定收入	关系紧张
小小康	外孙	5	W 幼儿园	无	关系紧密

（二）家庭关系图

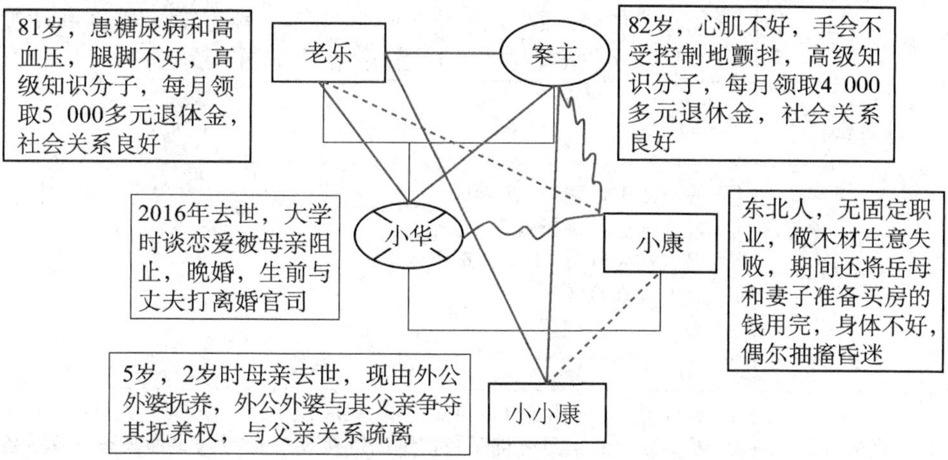

（三）社交情况

来访对象社交状况（最近一月内状况）	☑ 与邻里/☐ 同事/☐ 同学/☐ 朋友相处融洽 ☐ 与邻里/☐ 同事/☐ 同学/☐ 朋友存在冲突 ☐ 与邻里/☐ 同事/☐ 同学/☐ 朋友关系冷漠 ☑ 有两个或两个以上关系好的朋友 ☐ 仅有一位关系好的朋友 ☐ 没有关系较好的朋友

三、社工评估

求助目的/申请事由 *	外孙抚养与照顾问题。女儿去世，女婿无抚养能力，担心自己和老伴去世后，外孙无人照顾。女儿生前在 A 省 G 市 W 大学工作，国家相关政策规定，事业单位职工去世，单位有责任为职工未成年子女以及亲属提供一笔抚养费，但目前 W 大学拒绝支付。为此，欧阿姨想请社工帮忙一起解决这个问题，同时，若必须走法律途径时，想知道需要准备什么材料、办理什么手续。

问题分析及需求评估	1. 服务对象的问题：外孙抚养与照顾问题。 2. 服务对象问题产生的原因：独生女儿去世，女婿无经济能力抚养孩子；自身与老伴高龄且患有多种老年慢性疾病，照顾外孙压力大，更担心自身与老伴去世后，外孙因没有足够的生活费而受苦。 3. 服务对象曾经做出的努力：要求女婿去女儿生前工作单位寻求支付外孙抚养费；去街道办与社区居委会询问事业单位支付去世职工子女生活费的相关政策；与女儿生前单位同事保持联系，询问女儿生前工作单位关于支付抚养费的态度。 4. 服务对象的需求：协助获得女儿生前单位应当向外孙支付的抚养费。
来访对象已有资源评估	1. 内在资源。 (1) 高级知识分子，理解能力较强；(2) 抗逆力强，有改变的意愿，后续行动力强；(3) 虽患有多种老年疾病，但思维清晰。 2. 外在资源。 (1) 人力资源：女儿同事、朋友、社区居委会和街道办支持。 (2) 物力资源：有安全住房。 (3) 资金资源：领取退休金。 (4) 场地资源：________ (5) 政策资源：失独补助金。
过往服务接受情况	□ 无接受任何政府/医院/机构服务　☑ 曾接受政府/医院/机构服务（请注明）：2年前社工站与社区居委会提供情绪支持服务
可接受社工服务的时间段	不限定
是否跟进	□ 无须跟进，请注明原因：________ □ 紧急跟进：危机处理 ☑ 提供辅导服务/个案管理服务 □ 提供咨询服务 □ 提供即时咨询服务 □ 社工定期跟进
建议跟进计划及注意事项	1. 给欧阿姨和老乐叔叔及时的情绪支持。 2. 提供即时的信息咨询服务，帮助链接相关资源（律师服务、政策咨询服务）。 3. 潜在陪同就医服务，如挂号服务。
四、主任/督导评估及建议	
是否跟进	□ 无须跟进，请注明原因：________ □ 紧急跟进：危机处理 ☑ 一级跟进：提供辅导服务/个案管理服务 □ 二级跟进：提供咨询服务 □ 三级跟进：提供即时咨询服务 □ 四级跟进：社工定期跟进
审批意见	主任意见： 此个案可跟进，但社工需要协助服务对象厘清服务对象需要解决哪些问题；另外，服务对象期望社工能做些什么样的协助，需要具体。 主任签署：L姐　日期：2021年8月3日

审批意见	督导意见： 案主需求方面，因为涉及法律条款，并非社工专长，建议先拿到文件，向律师咨询为佳。 督导签署：W 督导 日期：2021 年 8 月 3 日
社工回应	好的，会在下一次会谈中与案主进一步聚焦需求，同时会联系工会律师咨询相关事宜。 社工签署：张社工 日期：2021 年 8 月 3 日

由个案预估申请表的表格内容可以看出，表 3－1 内容相对较为简单，且关注点更加聚焦于服务对象个人，如采用 SWOT 分析服务对象自身优劣势。表 3－2 内容信息则较为丰富，不仅较为详细地记录了服务对象个人基本信息、目前所拥有的资源等，还较为具体地探讨了服务对象自身家庭与社会支持情况等。这是因为表 3－1 来自一个新兴社工机构，无论是社工机构自身建设还是对于项目点社区，还处于探寻摸索阶段。同时，该项目点社区为新工业园社区，社区内住户多为工业园工厂工人，这些工人虽多为外来流动人口，但在地缘和业缘文化影响下，社区住户同质性较高，社会工作者只需要抓住该群体几点关键的基础性信息即可。表 3－2 则来自一个资深社会工作机构，其项目点也已进行至第五年，无论是社工机构还是社工站，其本身发展都较为成熟。此外，表 3－2 社工站位于市中心且又是服务于单位型社区，社区内既有高知人士，也有一般工作人员，社区人员背景较为复杂，其本身的社会支持资源相差也较为悬殊。因此，社会工作者在开展服务时，需要尽可能多地了解服务对象信息，以为其提供更合适贴切的服务。由以上也可知，虽然我们倡导社会工作者服务文书套表要尽可能详尽记录服务对象信息，但也应该结合社工机构、社工站以及服务社区特点做灵活调整，切忌生硬死板，造成不必要的人力与物力资源浪费，毕竟适合自己实际服务开展的文书套表，才是真正好的套表。

撰写完成个案预估申请表后，社会工作者在个案跟进过程中最常用到的便是个案过程记录表。个案过程记录表反映的是单节个案发生过程，其目的在于将整个单节个案过程发生的相关重要信息记录下来，以便后续查阅。个案过程记录表最好的记录效果是，未参与会谈的人也可以通过个案过程记录表了解到整个单节个案服务过程发生的重要信息，并大致勾勒出服务对象自身优劣势、目前发生了什么事、处于什么状况、拥有哪些资源以及面临哪些困难和问题等多维立体化信息图景。由此，个案过程记录表应当包括以下内容：

- 会谈次数、会谈日期和时间；
- 会谈跟进社工与参与人员；
- 会谈方式与会谈地点；
- 本次服务目标和具体服务内容；
- 社工对本次会谈的分析和反思；
- 进一步服务跟进计划；

● 主任与督导对本节和下节服务方法与计划的建议等。

表 3－3 是某社工机构的个案过程记录表示例。

表 3－3 个案过程记录表

<table>
<tr><td colspan="2">个案编号：</td><td>跟进社工：张社工</td></tr>
<tr><td colspan="2">服务日期与时间：2021 年 4 月 6 日 9：30—11：30</td><td>第 2 次面谈</td></tr>
<tr><td colspan="3">参与人员：张社工、谢社工、欧阿姨、老乐叔叔</td></tr>
<tr><td colspan="3">服务方式：☑ 面谈，面谈地点：欧阿姨家（D 路 10 号×栋×单元××房）
☐ 电话/微信
☐ 参与活动，活动名称：
☐ 其他：</td></tr>
<tr><td>本节会谈服务目标</td><td colspan="2">1. 进一步巩固与服务对象关系
2. 对焦服务对象问题
3. 向服务对象反馈上次询问的信息</td></tr>
<tr><td rowspan="2">本节服务记录</td><td colspan="2">会谈内容及过程</td></tr>
<tr><td colspan="2">1. 向欧阿姨和老乐叔叔反馈有关事业单位支付死亡职工家属抚养费的相关法律政策信息。
社工在上次会谈结束后，向公益刘律师咨询了解到，国家有政策明文规定事业单位应当给予死亡职工家属一定的抚养费，若是单位拒绝履行，家属可以通过法律途径要求单位补偿。但这也有一定的时效问题，即不能超过三年，倘若超过了法律规定的时间，单位可以拒绝给予补偿。同时，若是其间死亡职工家属接受过单位一些补偿，则单位也可以拒绝再给予补偿。针对以上问题，社工询问欧阿姨以及老乐叔叔其间是否一直有要求 W 大学给予补偿，同时是否曾接受过 W 大学的一些金钱或是其他物质上的补偿。欧阿姨和老乐叔叔均给予了否定回答。欧阿姨说："那个 W 大学从来就没有给过我们任何补偿，只是小华一些关系好的同事偶尔在节假日来看看我们，给我们送一些东西。"
2. 询问欧阿姨以及老乐叔叔下一步打算。
社工进一步询问，是否需要走法律途径。欧阿姨和老乐叔叔给予了否定回答。理由是自己年纪大了，经不起折腾。针对此，社工告知其若是需要帮助，社工会给予一定的协助，但老乐叔叔和欧阿姨还是拒绝走法律途径。为此，社工进一步探寻老乐叔叔、欧阿姨拒绝走法律途径的原因，发现一方面老乐叔叔、欧阿姨身体不好，担心走法律途径太奔波，自己身体无法承受；另一方面是想将女婿户口迁出，希望 W 大学能够作为户口接收单位，故不想与 W 大学撕破脸。同时老乐叔叔也直言道："打官司不一定打得赢，毕竟 W 大学力量比我们大。我们现在也退休了，就领取一些退休金，打官司又要花钱，就怕自己花了钱，最终官司又没打赢。"
3. 与欧阿姨和老乐叔叔商议拒绝走法律途径后的下一步打算。
欧阿姨告诉社工，目前先打算去 W 大学寻得明确的答复，之后再根据他们给的答复做下一步打算。欧阿姨说："若是 W 大学能按规定给予我们补偿最好，要是他们不同意，那我就去省人事厅、省财政厅，还有省政府上访，问问他们，这些政策颁布是不是就是摆来看的。要是这样都不行，那我就去告他们。"社工尊重叔叔阿姨的决定，并告诉他们，在寻求 W 大学答复过程中，若是需要社工协助，可随时联系社工站。其间，欧阿姨又询问社工是否可以陪她一起去省政府上访。社工回应她，这个决定需要社工向社工站主任上报才可以做回复。同时，也再次向欧阿姨阐述了社工服务站的性质以及服务工作的范围，并与欧阿姨和老乐叔叔分析上访可能带来的后果，以及上访解决问题的可能性大小。欧阿姨与老乐叔叔听后表示理解，并最终决定先走法律途径，若是不行再去上访。</td></tr>
</table>

<table>
<tr><td rowspan="4">本节服务记录</td><td>会谈内容及过程</td></tr>
<tr><td>4. 聚焦欧阿姨最紧迫的问题。
针对欧阿姨和老乐叔叔目前已表达的诸多需求和问题，社工觉得需要聚焦最重要和最紧迫的问题。经过解释与沟通，欧阿姨和老乐叔叔一致同意将获得 W 大学支付孩子抚养费问题作为最紧迫和最重要问题，其次是女婿户口迁出问题，目前将精力主要放在最紧迫的问题上。社工在此过程中主要扮演同行陪伴和信息提供者角色，如为欧阿姨提供一些必要的出行陪同和情绪支持服务，以及提供必要的政策和法律信息。
5. 确定欧阿姨和老乐叔叔接下来的任务以及为完成任务所要采取的行动。
确定最紧迫问题后，社工又再一次询问欧阿姨和老乐叔叔关于最紧迫问题解决的计划和打算。欧阿姨和老乐叔叔告诉社工接下来的行程安排，考虑到 4 月中旬还要去医院看病（社工在此询问是否需要协助，叔叔阿姨回应说有需要会电话通知社工），去 W 大学最终确认是否会给予抚养费的事情暂定在 4 月 20 日进行，若是 W 大学拒绝支付，则再去省财政厅和人事厅询问。其间若是需要社工协同，将会再次联系社工；若不需要，自己得到了答复也会及时联系社工告知答复。</td></tr>
<tr><td>社工分析与反思</td></tr>
<tr><td>1. 在反馈事业单位给予死亡职工家属抚养费相关政策和法律的信息后，社工观察到，欧阿姨和老乐叔叔对于这些信息似乎早就知道，他们更关心的似乎是社工能否帮助他们找到能够免费帮助他们打官司的律师。社工向他们解释公益律师费用收取问题后，欧阿姨和老乐叔叔立刻否决了走法律途径这条路。社工察觉，欧阿姨和老乐叔叔虽然说了多个不走法律途径的理由，但是真正的原因还是律师费用问题，由此判定欧阿姨和老乐叔叔虽然能凭借各自退休金满足基本生活需求，但依旧存在一定的资金运转困难。
2. 在与欧阿姨和老乐叔叔的进一步接触中，社工发现，欧阿姨和老乐叔叔虽然经历了较大的创伤，但是自我意识还比较清晰。尽管欧阿姨每次在谈及女婿时情绪会比较激动，说一些带有情绪的语言，如“都是他给我们小华那么大的压力，才害死了小华”“他就是个骗子，说是在老家有好几套房产，其实什么都没有，我要告他骗婚”等，但发泄完后，欧阿姨也能很快平复情绪，并与社工商议自己接下来的计划。
3. 考虑到欧阿姨和老乐叔叔都是高级知识分子，社工秉持服务对象是最了解自己情况和问题的人以及服务对象自决的原则，决定让欧阿姨和老乐叔叔自己做出下一步的打算，社工只是一边引导以及提供他们所需要的一些建议和信息。
4. 考虑到欧阿姨和老乐叔叔女儿已经去世三年，若是最后需要走法律途径，存在一个时效性问题，社工决定用任务中心的模式介入，尽量在较短时间内解决服务对象面临的相关问题。</td></tr>
<tr><td>本次会谈评估</td><td>1. 服务目标达成情况。
（1）向服务对象反馈上次询问的信息并确定服务对象进一步计划目标达成。
欧阿姨和老乐叔叔认真听取社工的反馈，并根据社工反馈的信息做出先不走法律途径的决定。
（2）进一步巩固与服务对象关系目标达成。
在本节会谈中，老乐叔叔没有再录音，并在最后会谈结束时，告诉社工无论这次结果怎么样，都会电话通知社工，告诉社工结果。
（3）对焦服务对象问题目标达成。
欧阿姨和老乐叔叔在自己表达的众多需求和问题中，最终确定将解决 W 大学支付外孙抚养费的问题作为最先解决和最紧迫的问题。</td></tr>
</table>

<table>
<tr><td>本次会谈评估</td><td>2. 服务会谈成效分析。
(1) 欧阿姨和老乐叔叔虽然在晚年经历了失独和生活水平直线下降等生活创伤性事件，但他们并没有就此颓靡不振或者将自己与外界隔绝。相反，他们为了外孙在自己离世后也能够保持基本的生活水平，抱病奔波，各处托关系找人解决问题。由此可以判断，欧阿姨和老乐叔叔的抗逆力较强。
(2) 不同于第一次会谈中老乐叔叔将与社工的社会空间距离拉到陌生人之间的距离，在第二次会谈中，老乐叔叔坐在社工隔壁的凳子上，面向社工，身体也一直保持前倾状态，将社会空间距离控制在了熟人距离的范围内。由此可以断定，社工与欧阿姨和老乐叔叔的关系进一步拉近。
(3) 社工多次强调服务对象和社工的角色，并重复告知服务对象自己才是解决自己的问题的人，社工只是协助者后，欧阿姨和老乐叔叔在第二次会谈中减少了诉苦次数，更多的是跟社工讨论解决问题的办法和打算。由此可以看出，欧阿姨和老乐叔叔本身是有足够的潜力去解决自己所面对的问题的，社工需要根据问题情况的发展，再进一步激发他们的潜能。</td></tr>
<tr><td>下一步跟进计划</td><td>1. 持续跟进欧阿姨和老乐叔叔与 W 大学就是否支付外孙抚养费问题的完成进度以及最终结果。
2. 持续关注欧阿姨和老乐叔叔的身体状况，了解是否有陪同就医需求。</td></tr>
<tr><td rowspan="2">意见审批</td><td>主任意见：
社工需进一步确定案主自身对于 W 大学的规定理解是否正确，以及想根据政策规定维护自身哪些合法权益。是只想要求支付外孙抚养费，还是也想要求支付两位老人赡养费等？这些问题都涉及专业法律知识，建议专业事情交由专业人士跟进。

主任签署：　　　　　　　　　　　　日期：</td></tr>
<tr><td>督导意见：
个案比较敏感，社工在此过程中应注意关系建立和维护。后面涉及较多法律方面的内容和知识，G 市总工会有免费公益律师，但是因为 W 大学为省属单位，加上案主夫妻对是否请律师有很多考虑，此点待跟服务对象夫妇接触后再做定夺。

督导签署：　　　　　　　　　　　　日期：</td></tr>
<tr><td>社工回应</td><td>好的，已经联系工会律师，并计划电话咨询服务对象是否愿意接受工会律师服务。

社工签署：　　　　　　　　　　　　日期：</td></tr>
</table>

需强调的是，个案单节过程介入与单节心理咨询存在很大的区别。在社会工作实践过程中，个案介入具体形式并不限于面对面会谈，社会工作者应当结合服务对象具体现实情况或本节服务目标采取多种形式，如让服务对象参与小组工作可以为其拓展交友网络提供一个很好的实践机会，陪同服务对象外出就医不仅可以促进专业关系建立，还有助于其现实问题的解决等。此外，在记录单节过程的具体内容时，虽然要尽可能地传达出个案服务介入的全过程信息，但这并不意味着我们要用文字详尽记录全过程，因为太多文字会让阅读者感到疲劳或是产生抵触心理。为此，社会工作者在记录具体服务内容时，应当对信息进行筛选，如记录与本节服务

目标或服务对象表达出的与服务相关的其他重要信息，并采取一些书写技巧，如加序号分点记叙，或在每个重要信息前加入一个小标题，或给字体加粗等。

除了个案预估申请表和个案过程记录表，个案总结报告也是个案服务过程中需经常接触的服务文书套表之一。整体而言，个案总结报告注重对社会工作者服务干预效果的呈现，即服务对象在社会工作者介入前后的变化，因此，个案总结报告应包含个案问题描述与需求分析、个案服务目标、社工介入与服务对象转变、目标达成情况、结案原因以及社工反思等几项重点内容。具体如表 3－4 所示。

表 3－4　个案总结报告

<table>
<tr><td>个案编号</td><td></td><td>跟进社工</td><td>张社工</td></tr>
<tr><td>开案日期</td><td>2021 年 4 月 1 日</td><td>结案日期</td><td>2021 年 8 月 14 日</td></tr>
<tr><td>个案服务类型</td><td colspan="3">□ 面谈 8 次；□ 电话会谈 15 次；□ 参加小组 0 次；
□ 参加活动 1 次；□ 其他： 陪同案主前往 W 大学，与 W 大学管理人员协商外孙抚养费相关事宜</td></tr>
<tr><td>个案问题描述与需求分析</td><td colspan="3">问题：
根据 A 省相关政策规定，事业单位职工因病去世，单位应给职工未成年孩子支付抚养费直至孩子 18 岁成年，但服务对象女儿生前单位 A 省 W 大学拒绝支付该笔抚养费。
需求：
服务对象与老伴年迈且多病，女婿无固定职业与收入，服务对象担心自己和老伴走后外孙基本生活无法保障，故希望社工能协助自己，要求 A 省 W 大学按政策规定，每月支付外孙相应的抚养费。</td></tr>
<tr><td>个案服务目标</td><td colspan="3">协助服务对象获得 G 省 W 大学应支付外孙的抚养费。</td></tr>
<tr><td rowspan="4">案主在社工介入前后变化</td><td>个案介入前</td><td>社工介入服务</td><td>个案介入后</td></tr>
<tr><td>服务对象情绪不稳定，每天忧心外孙日后生活照顾问题。</td><td>为个案服务对象链接律师资源；
协助服务对象前往 W 大学协商抚养费支付问题。</td><td>服务对象取得 W 大学愿意支付外孙抚养费的承诺。W 大学表示，从 2021 年 8 月起，会每月按政策规定支付外孙抚养费。</td></tr>
<tr><td>服务对象经常忍不住流泪回忆女儿。</td><td>倾听服务对象心声，为服务对象提供情绪支持和辅导。</td><td>服务对象在与人谈起女儿时，情绪波动起伏减小，也不再将女儿的去世完全归咎于女婿，能较为理性地看待女儿病故事实。</td></tr>
<tr><td>服务对象沉浸在女儿去世那段时间的回忆中，忽略当前生活。</td><td>引导服务对象将精力放在眼前，如外孙兴趣发展与自身养老规划。</td><td>服务对象考虑外孙兴趣培养，带外孙去学习游泳，并考虑寻找保姆，协助自己照顾外孙和老伴，减轻当前生活照顾压力。</td></tr>
<tr><td>个案目标达成情况</td><td colspan="3">目标达成，W 大学承诺会按政策规定每月给服务对象外孙支付抚养费，8 月 12 日案主已收到第一笔抚养费。</td></tr>
</table>

<table>
<tr><td>个案结案原因</td><td colspan="2">☑ 目标达成
☐ 服务对象自行终止或要求终止服务
☐ 转介，请说明：____________
☐ 其他，请说明：____________</td></tr>
<tr><td>社工总结与反思</td><td colspan="2">本次个案中，服务对象自始至终都表现出较强的抗逆力去应对困难，因此，社工更多扮演陪伴者、支持者角色，发挥陪伴、支持以及情绪辅导的作用。从优势视角出发，每一个身处逆境的人都有资源与优势去应对困难，社工在面对服务对象时，不要因为服务对象身处逆境就着急去介入，相反，社工更应该先评估服务对象，看到服务对象本身的优势与资源，从优势视角出发，培养服务对象的自主性、独立性，从而营造一个可持续性的、没有社工的社会。</td></tr>
<tr><td rowspan="3">个案审核</td><td>主任意见</td><td>同意结案，后续可以转介家庭组恒常服务，后续跟进其外孙的兴趣拓展服务。

主任签署：　　　　　　签署日期：</td></tr>
<tr><td>督导意见</td><td>服务对象情况比较复杂，服务需求点多，社工能够找准一个需求，扮演陪伴者的角色，与服务对象走完整个过程，也算是一种另类的服务介入，值得鼓励。

督导签署：　　　　　　签署日期：</td></tr>
<tr><td>社工回应</td><td>我会定期跟进，并将其转介至家庭组恒常服务。

社工签署：　　　　　　签署日期：</td></tr>
</table>

首先，表 3－4 中交代了服务对象的问题与需求。在此应注意，个案总结报告中的问题与需求应与个案评估申请表中确定的问题与需求保持一致，若是在服务过程中服务对象需求发生改变，社会工作者则应当在个案评估申请表中做相应的说明。其次，在社工介入与服务对象转变中，社会工作者应分点交代清楚服务对象接受服务前的情况、社会工作者针对服务对象该情况采取的措施，以及服务对象在接受社会工作者服务措施后的相应改变，以展现服务对象在接受社会工作者服务干预的前后变化。再次，在个案总结报告中，社会工作者可以针对个案中运用的技巧、社工角色、与服务对象专业关系或个案总体发展变化等进行总结反思，以为后续开展个案服务积累相关经验。

（二）小组工作服务文书套表

我们知道在个案工作中，每位服务对象的背景、生活状况和需求是不一样的，在一对一的个案服务中，社会工作者需要详尽地记录每一位服务对象的信息，而且，每个社工站的服务思路又存在较大差异，因此，不同社工站或社工机构的个案文书套表具有较大的差异性特征。小组工作是为具有相同特质的一群人服务的，服务过程中，社会工作者不必细细追究每一位组员各方面的具体信息，只需掌握小组成员群体特征信息即可，因此，虽然在不同类别服务对象和服务目标上存在较大的差异，但因为组员拥有共同的目标并共享一个群体文化，小组工作特别强调遵循小组工作流程，而小组工作流程大同小异。表 3－5 和表 3－6 是小组活动策划书和小组活动过程记录的示例。

表 3-5 “耆”学习防诈骗小组活动策划书

<table>
<tr><th colspan="4">一、小组基本情况</th></tr>
<tr><td>小组编号</td><td></td><td>小组名称</td><td>“耆”学习防诈骗小组活动</td></tr>
<tr><td>小组日期</td><td>2021 年 5 月 7 日、16 日、23 日、30 日，6 月 6 日、14 日</td><td>小组时间</td><td>15：00—16：00</td></tr>
<tr><td>小组人数</td><td>6～10 人</td><td>开展地点</td><td>W 社区老人活动中心</td></tr>
<tr><td>小组对象</td><td>社区内有学习防诈骗知识意愿的长者</td><td>小组节数</td><td>6 节</td></tr>
<tr><td>小组类型</td><td colspan="3">☑ 预防小组 □ 发展小组 □ 治疗小组 □ 教育小组
□ 自助小组 ☑ 互助小组 □ 其他________</td></tr>
<tr><td>负责社工</td><td>张社工</td><td>协助社工/志愿者</td><td>李社工</td></tr>
<tr><td rowspan="3">小组招募与组员筛选</td><td colspan="3">1. 招募方式
(1) 现场派发传单招募；(2) 微信群发布活动信息招募；(3) 电话招募；(4) 公告栏张贴宣传单招募；(5) 入户招募。</td></tr>
<tr><td colspan="3">2. 组员筛选方式
□ 小组见面会
☑ 小组前个别面谈</td></tr>
<tr><td colspan="3">3. 组员筛选标准
(1) 对防诈骗危害认识情况；(2) 对防诈骗感兴趣程度；(3) 是否能准时参加小组；(4) 是否愿意遵守小组规则。</td></tr>
<tr><th colspan="4">二、小组设计</th></tr>
<tr><td>小组背景/需求评估描述</td><td colspan="3">W 社区是 G 市高校和科研单位聚集地之一，职工福利较好，单位一般会给退休职工及其家属提供养老保障房。据 W 社工站社工走访调研发现，该社区户籍长者就达 14 380 人，人口老龄化程度较高。同时，该地区老人多为高级知识分子，有稳定的退休金收入，经济条件较好，且由于该地区老人的孩子多忙于工作，平时较少时间陪伴老人，老人们也受限于自身身体条件等诸多因素，日常活动范围多局限在社区，与社会接触较少，无法及时跟上快速的社会发展步伐，对于近年来层出不穷的诈骗手段，缺乏辨别能力与意识，故该地区老人便成为诈骗分子的主要诈骗对象。
社工在与 W 社区街道办、派出所沟通与社区走访中发现，W 社区中遭遇到诈骗情况的老人相比街道其他社区要多。诈骗分子发展出一整套诈骗方案，很多老人因为缺乏有效的防诈骗意识和技巧，甚至遭受到二次、三次诈骗。社区尽管开展过一些防诈骗宣传活动，或者是在社区显眼处悬挂防诈骗横幅，但是收效甚微。在日常交谈中，老人们虽然表达出对于诈骗分子的厌恶，但在实际生活中，依旧有一些老人因无法有效辨识诈骗，或者是经受不住诈骗分子的诱说而上当受骗。为此，W 社区居委会与 W 社工站合作，在 W 社区开展防诈骗小组活动，动员居民参与小组，通过针对性的防诈骗教育，帮助小组成员提升防诈骗意识，学习防诈骗技巧。前期，社工站社工开展防诈骗小组介入，主要是介绍不同种类的诈骗形式，帮助居民初步了解诈骗的形式与种类。随着小组成员对于诈骗认识程度加深，社工站在原来小组的基础上，招募一些新组员，通过团体动力、同辈辅导等形式，进一步扩大防诈骗知识学习成员数量。同时，在小组中发掘义工队伍种子，以小组成员为核心，以 W 社区为扩散地点，通过熟人效应，在社区范围内传播相关的防诈骗知识，从而有效减少社区诈骗现象。</td></tr>
</table>

理论基础	防诈骗可以从社会学习理论视角出发寻找解决办法。社会学习理论由班杜拉提出，该理论认为个人行为是后天习得的。行为的习得既受遗传因素和生理因素的作用，又受到后天经验环境的影响，而且先天性的因素和后天经验的影响交织在一起，难以清晰地分开。行为习得有两种模式：一种是通过直接经验获得行为反应模式的过程（班杜拉把这种行为习得过程称为“通过反应的结果所进行的学习”），即大家常说的直接经验的学习；另一种是通过观察示范者的行为而习得行为的过程（班杜拉将它称为“通过示范所进行的学习”），即所谓的间接经验的学习。 居民对于诈骗的认知，既可以通过直接经验的学习，也可以通过间接经验的学习获得。在防诈骗学习中，直接经验的学习往往是在老人经受了诈骗之后获得。但直接的诈骗经历不仅会使老人遭受金钱损失，降低对社会和他人的信任感，还会对老人心理和精神产生损害。与之相较，间接经验的学习，更多的是强调在他人的示范和经验传授过程中学习相关经验知识，而他人在传授经验时，往往是经过一次次的总结筛选，知识的深度、广度都较直接经验学习更为深刻，知识的传播性也较之更为广阔。这不仅有利于老人学习和接受知识，还有助于其记忆和进一步向外传播知识。此外，间接经验的学习帮助学习者避免或是减轻了学习的经济和精力等成本，同时也帮助老人消耗了一些空闲时间，减少了精神上的孤寂感，从而也有助于老人主观生活质量的提升。因此，相比于老人经历诈骗从直接经验中获得防诈骗知识，通过间接经验的学习更有助于老人学习防诈骗知识。 社会学习理论强调的间接经验学习，注重知识传授者的经验知识示范，以及学习者对知识的理解和运用练习。在防诈骗小组中，结合老人学习能力退化，眼、耳、腿脚等身体功能的减弱，我们主要采取一些具有趣味性的方式，如情景模拟、视频播放、讲故事等形式，在愉悦老人的同时帮助老人学习有关防诈骗的知识。同时，为了让老人将学习到的防诈骗知识内化，并运用到日常生活中，我们在每节小组活动结束后，给老人布置一些家庭作业，尽可能让老人将所学习到的知识融入日常生活，从而加深老人对所学防诈骗知识的印象与理解。
小组目标	1. 总目标：通过小组中组员间的共同学习，帮助老人提升防诈骗意识，增强辨识诈骗手段的能力以及学习防诈骗的技巧。 2. 分目标： (1) 100%老人学习到了常见的几种诈骗形式。 (2) 80%的老人提升了防诈骗意识。 (3) 70%的老人学习到了至少四种防诈骗技巧。 (4) 50%的老人向周围他人传播了防诈骗知识。

小组进程	序号	日期	工作内容	负责人	备注
	1	2021年4月27日	撰写小组计划书及提交主任审批	张社工	
	2	2021年4月28日至30日	组员招募与甄选，小组场地借用	张社工	
	3	2021年5月5日	小组物资准备	张社工	
	4	2021年5月6日	通知组员参加小组	张社工	
	5	2021年5月7日至6月11日（逢周二下午3：00—4：00）	开展小组，撰写单节小组过程记录	张社工	
	6	2021年6月12日	撰写总结报告和通讯稿	张社工	

<table>
<tr><td rowspan="5">小组评估</td><td>评估内容</td><td>评估方式</td><td>评估时间</td></tr>
<tr><td>小组成员对单节小组活动的满意程度、知识掌握程度</td><td>现场观察法、访谈法、问卷法</td><td>单节小组活动开展后</td></tr>
<tr><td>社工单节小组目标的完成度、专业方法的运用、对小组的掌控程度</td><td>自填式问卷法</td><td>单节小组活动开展后</td></tr>
<tr><td>小组目标的完成情况、小组成员表现如何、成效如何</td><td>访谈法、问卷法、座谈法</td><td>第六节小组活动后</td></tr>
<tr><td>小组相关方对小组的满意度（W社区居委会、小组成员家庭等）</td><td>访谈法</td><td>单节小组活动开展后/第六节小组活动开展后</td></tr>
<tr><td rowspan="6">预计困难与应对策略</td><td>预计困难</td><td colspan="2">应对策略</td></tr>
<tr><td>组员招募不到/不足</td><td colspan="2">提前招募组员；多方式招募组员，包括邀请社区居委会、长者日托等合作伙伴协助招募</td></tr>
<tr><td>组员期望与小组目标发生冲突</td><td colspan="2">社工不断澄清小组以及自身角色</td></tr>
<tr><td>小组中产生次小组并对抗社工</td><td colspan="2">及时处理好小组成员的不同情绪，单节小组活动后做好小组成员关系评估与处理</td></tr>
<tr><td>组员参与小组活动热情不高，后续参与力度不足</td><td colspan="2">结合小组活动开展情况，评估组员需求，并依据需求及时调整小组计划</td></tr>
<tr><td>天气恶劣，影响小组活动正常开展</td><td colspan="2">提前关注天气预报，根据天气情况做好相应的调整</td></tr>
</table>

三、单节小组活动计划

<table>
<tr><td>小组节次</td><td>本节小组活动目标</td><td colspan="3">1. 澄清组员对小组的期待，组员与社工双方的角色
2. 组员间相互认识
3. 订立小组规范
4. 认识常见的几种诈骗形式</td></tr>
<tr><td rowspan="5">第一节</td><td colspan="2">小组活动实际开展日期与时间</td><td colspan="2">2021年5月7日15：00—16：00</td></tr>
<tr><td colspan="2">小组活动实际开展地点</td><td colspan="2">W社区老人活动中心</td></tr>
<tr><td>小组活动环节</td><td>环节目的</td><td>环节详细内容</td><td>所需物资</td></tr>
<tr><td>我们的小组（10分钟）</td><td>向组员介绍小组情况</td><td>1. 组员签到
2. 由一个有关诈骗的情景剧引入（两名志愿者和协助社工分别扮演一个角色）
3. 社工做自我介绍，同时介绍小组情况，包括小组的性质、目的、活动安排以及组员与社工双方应承担的角色</td><td>签到表，防诈骗剧本，碳素笔</td></tr>
<tr><td>我们一起来相识（15分钟）</td><td>1. 帮助组员互相认识
2. 建立小组</td><td>1. 通过游戏帮助组员互相认识（游戏介绍：将组员平均分为两组，分别报数，然后序号相同的两个组员为搭档，搭档之间有两分钟的时间介绍自己，两分钟后，搭档则在小组中互相介绍对方）
2. 社工引导组员，与组员共同商议小组名称</td><td>A4纸、碳素笔若干，大白纸，吸铁石，马克笔若干</td></tr>
</table>

	小组活动环节	环节目的	环节详细内容	所需物资
第一节	我们一起来约定 （10 分钟）	订立小组规范	1. 社工将组员注意力引入小组规范，向组员介绍小组规范的重要性，包括小组规范的作用、意义、施行方式等 2. 组员与社工共同讨论制定出小组规范 3. 组员对工作规范进行宣誓 注：过程中，社工仔细观察小组成员的不同表现，发现不同组员在小组中扮演的不同角色	大白纸两张，马克笔若干，小黑板一个
	我们一起看诈骗 （15 分钟）	已参加过防诈骗相关小组或活动的组员帮助新组员学习常见的几种诈骗形式	1. 组员分组，每个小组里面必须至少有一名组员之前已参加过防诈骗相关活动，或对防诈骗已有一定了解；然后在分小组中讨论有哪些常见的诈骗形式，后在大组里面分享 2. 社工进行总结，组员可以补充 3. 组员共同讨论哪种诈骗形式最常见，最想了解哪种诈骗形式，想通过何种方式学习，自己对小组的期待，最想在小组里面学习、体验到什么	大白纸两张，马克笔两支，防诈骗宣传单，A4 纸，碳素笔若干
	我们一起来总结 （10 分钟）	1. 结束本节小组活动 2. 评估本次小组活动效果 3. 介绍下次小组活动	1. 社工总结本次活动 2. 组员现场对此次活动的感受进行分享（活动举办的时间、地点、内容安排、社工表现等） 3. 组员对本节活动所学内容进行总结、提议 4. 社工给组员布置家庭作业（回家收集身边的诈骗案例，并分析是属于哪种诈骗），告知下次活动举办的时间、地点、主题等 5. 清理场地	大白纸一张，马克笔若干
小组节次	本节小组活动目标		1. 增进小组成员关系 2. 帮助组员了解常见的几种最新诈骗手段 3. 提升小组成员防诈骗意识	
第二节	小组活动实际开展日期与时间		2021 年 5 月 18 日 15：00—16：00	
	小组活动实际开展地点		W 社区老人活动中心	
	小组活动环节	环节目的	环节详细内容	所需物资
	我们一起来回顾 （5 分钟）	回顾上节小组活动内容	1. 组员签到 2. 先由组员说出上节学习过的防诈骗形式，后由社工进行补充	签到表，横幅，写有几种常见诈骗形式的大白纸

	小组活动环节	环节目的	环节详细内容	所需物资
第二节	我们一起来挑选（5 分钟）	增加组员对小组的归属感	社工总结上节小组活动中组员商议得出的几个小组名称，组员投票选出最终的小组名称	大白纸，马克笔若干
	我们一起来认识（15 分钟）	帮助组员认识诈骗形式，并意识到诈骗无所不在，从而提升防诈骗意识	1. 以视频案例的形式，向组员展示诈骗的由来、套路，以及应该怎么应对等 2. 邀请组员分享他们收集到或者经历过的有关诈骗的故事（家庭作业成果展示）	小黑板，大白纸两张，马克笔若干，笔记本电脑一台
	我们一起来表演（15 分钟）	1. 布置家庭作业，进一步提升组员对于防诈骗的意识 2. 提升小组动力	1. 依据组员展示的家庭作业，选择其中一个具有代表性的诈骗事例，让组员现场表演 2. 给组员几个防诈骗案例场景，组员自行组队并挑选其中一个场景。要求组员在小组结束后将挑选的场景进行排演，并将最终的排演结果录制成视频	
	我们一起来总结（10 分钟）	1. 结束本节小组活动 2. 评估本节小组活动效果 3. 介绍下次小组活动	1. 社工总结本次活动 2. 组员现场对此次活动进行点评（活动举办的时间、地点、内容安排、社工表现等） 3. 组员对本节活动所学内容进行总结、提议 4. 社工告知下次活动举办的时间、地点和活动主题 5. 清理场地	大白纸，马克笔若干
小组节次	本节小组活动目标		1. 巩固组员之间的联系 2. 帮助组员学习防诈骗技巧	
第三节	小组活动实际开展日期与时间		2021 年 5 月 23 日 15：00—16：00	
	小组活动实际开展地点		W 社区老人活动中心	
	小组活动环节	环节目的	环节详细内容	所需物资
	我们一起来回顾（5 分钟）	回顾上一节活动内容	1. 组员签到 2. 社工带领组员一起回顾上节活动内容 3. 检查组员家庭作业完成情况	大白纸一张，马克笔若干

	小组活动环节	环节目的	环节详细内容	所需物资
第三节	我们一起来学习 （20分钟）	依据上节活动中学习的几种最新诈骗形式，带领组员共同学习应当如何应对这几种诈骗形式	1. 社工先邀请已参加过防诈骗相关活动的组员分享自己学习到的与防诈骗相关的知识与技巧 2. 社工将前期学习的防诈骗应对方式在组内与小组成员分享，同时根据上节小组活动经验（组员经常遇到保健品诈骗），着重讲述保健品与药品、食品的区别，保健品诈骗的类型、手段以及应对的方法	大白纸，马克笔若干
	我们一起来下载 （10分钟）	帮助组员学习抖音视频录制	社工和义工协助组员下载抖音App，同时帮助组员学习录制抖音小视频	
	我们一起来录制 （15分钟）	组员在录制防诈骗小视频过程中，进一步巩固所学相关防诈骗知识	社工提前准备好几个防诈骗技巧提升的小剧本，或者根据组员分享的事例引导组员进行现场情景录制，并将录制成的抖音小视频分享到W社区服务大群中	
	我们一起来总结 （10分钟）	1. 结束本节小组活动 2. 评估本节小组活动效果 3. 介绍下次小组活动	1. 社工总结本次活动 2. 组员现场对此次活动进行点评（活动举办的时间、地点、内容安排、社工表现等） 3. 组员对本节活动所学内容进行总结、提议 4. 社工告知下次活动举办的时间、地点、活动主题并布置家庭作业（与自己的搭档共同商讨应当如何应对诈骗） 5. 清理场地	大白纸，马克笔若干，小黑板
小组节次	本节小组活动目标		1. 增进组员之间的合作感 2. 帮助组员进一步巩固所学防诈骗相关知识 3. 为第五节小组活动做准备	
第四节	小组活动实际开展日期与时间		2021年5月30日15：00—16：00	
	小组活动实际开展地点		W社区老人活动中心	
	小组活动环节	环节目的	环节详细内容	所需物资
	我们一起来回顾 （15分钟）	回顾上节以及之前学习过的内容，分类归纳和整理防诈骗知识	1. 组员签到 2. 社工带领组员一起回忆和整理之前学习过的不同种类的防诈骗知识	大白纸，小黑板，马克笔若干

<table>
<tr><td rowspan="3">第四节</td><td>小组活动环节</td><td>环节目的</td><td>环节详细内容</td><td>所需物资</td></tr>
<tr><td>我们一起来制作（35 分钟）</td><td>1. 帮助组员进一步梳理以及巩固学习到的防诈骗技巧
2. 为下节活动准备所需物资</td><td>1. 组员根据社工提供的手工材料制作端午节小灯笼，并将一些防诈骗知识附在小灯笼上
2. 组员利用社工提供的驱蚊草和香包袋，以及防诈骗知识卡片，共同制作端午驱蚊香包</td><td>小灯笼手工品材料，防诈骗知识卡片，驱蚊香包，打孔机</td></tr>
<tr><td>我们一起来总结（10 分钟）</td><td>1. 结束本节小组活动
2. 评估本节小组活动效果
3. 介绍下次小组活动</td><td>1. 社工总结本次活动
2. 组员现场对此次活动进行点评（活动举办的时间、地点、内容安排、社工表现等）
3. 组员对本节活动所学内容进行总结、提议
4. 社工告知下次活动举办的时间、地点、活动主题并布置家庭作业（与自己的搭档共同商讨如何在社区开展宣传防诈骗知识的活动）
5. 清理场地</td><td>大白纸，马克笔若干</td></tr>
<tr><td>小组节次</td><td colspan="2">本节小组活动目标</td><td colspan="2">1. 在社区传播防诈骗知识
2. 增强组员社区活动参与感，以进一步提升组员自我效能感
3. 增强组员充当社区志愿者的意识</td></tr>
<tr><td rowspan="5">第五节</td><td colspan="2">小组活动实际开展日期与时间</td><td colspan="2">2021 年 6 月 6 日 15：00—16：30</td></tr>
<tr><td colspan="2">小组活动实际开展地点</td><td colspan="2">W 社区健身广场</td></tr>
<tr><td>小组活动环节</td><td>环节目的</td><td>环节详细内容</td><td>所需物资</td></tr>
<tr><td>我们一起来培训（10 分钟）</td><td>1. 确定参与人数
2. 排查可能存在的危险因素</td><td>1. 组员签到
2. 工作者对组员进行简短的活动培训</td><td>签到表，笔记本，碳素笔若干</td></tr>
<tr><td>我们一起来准备（10 分钟）</td><td>确保活动正常有序开展</td><td>1. 现场由组员挑选一名队长，队长负责本次宣传活动的人员分工
2. 分发社区义工服以及组员所需的相关物资
3. 带领组员走出活动室，开展活动</td><td>义工服，社工站环保袋，防诈骗宣传单，机构宣传册，附有防诈骗知识卡片的小灯笼和驱蚊艾草香包，透明胶，双面胶，塑料袋</td></tr>
</table>

	小组活动环节	环节目的	环节详细内容	所需物资
第五节	我们一起来提升 （50 分钟）	1. 提升组员自我效能感，帮助组员发觉自我优势，为组员增权 2. 增强组员社工志愿者意识	社工与组员分享几个社区防诈骗知识宣传方法，同时告知组员本次社区活动宣传场地范围与时间，最后鼓励组员自行商议决定具体宣传形式以及实施社区防诈骗知识宣传活动	A4 纸，碳素笔若干，文件夹板，义工服，社工站环保袋，防诈骗宣传单，机构宣传册，附有防诈骗知识卡片的小灯笼和驱蚊艾草香包，透明胶，双面胶，塑料袋
	我们一起来总结 （20 分钟）	1. 结束本节小组活动 2. 评估本节小组活动效果 3. 介绍下次小组活动	1. 活动结束，组员收拾活动场地，回到活动室签到，并分享本次活动的经历 2. 社工总结本次活动 3. 组员现场对此次活动进行点评（活动举办的时间、地点、内容安排、社工表现等） 4. 社工告知下次活动举办的时间、地点和活动主题 5. 清理场地	大白纸，马克笔若干
小组节次	本节小组活动目标		1. 回顾整个小组活动 2. 处理小组结束的相关事宜 3. 再一次巩固组员所学知识	
第六节	小组活动实际开展日期与时间		2021 年 6 月 13 日 15：00—16：00	
	小组活动实际开展地点		W 社区老人活动中心	
	小组活动环节	环节目的	环节详细内容	所需物资
	我们一起来布置 （10 分钟）	布置活动场地	1. 组员签到 2. 场地布置	签到表，饼干，水果，凉茶，蚊怕水，横幅
	我们一起来回忆 （15 分钟）	1. 巩固小组所学知识 2. 带领组员重温小组活动过程，制作记忆册	1. 与组员一起分享每节活动的照片，同时回顾每节活动所学知识 2. 与组员一起共同制作照片集	照片，卡纸，剪刀，双面胶，透明胶，彩笔，铅笔，碳素笔，橡皮，小刀
	我们一起来动手 （15 分钟）	冲散离别情绪，活跃小组气氛	与组员一起制作水果沙拉	水果，果盘，水果刀，沙拉酱

	小组活动环节	环节目的	环节详细内容	所需物资
第六节	我们一起来评估（10分钟）	评估本次小组	组员对于本次小组的期望是否满足，目的是否达成，满意度如何，有何意见	大白纸，小黑板，签到表
	我们一起开展望（10分钟）	处理好小组离别情绪，帮助组员寻找新的生活兴趣点	处理好组员离别情绪，与组员共同展望近期规划	

小组物资

序号	物资名称	数量	单价（元）	总价（元）	物资来源
1	大白纸	若干			站点已有
2	马克笔	若干			站点已有
3	签到表	2张			站点已有
4	碳素笔	两支			站点已有
5	小黑板	一个			站点已有
6	卡纸	若干			站点已有
7	剪刀	三把			站点已有
8	彩笔、铅笔	若干			站点已有
9	双面胶	三卷			站点已有
10	透明胶	两卷			站点已有
11	茶点	若干			站点已有
12	照片	若干			站点已有
13	横幅	一幅			站点已有
14	打孔机	一个			站点已有
15	水果	10斤	10.00	100.00	活动另购
16	沙拉酱	1瓶	20.00	20.00	活动另购
17	平安荷包艾草防虫香囊	50	0.87	42.63	活动另购
18	户外防水防晒大红小灯笼	50	0.54	27.00	活动另购
19	鱼线	1卷	1.96	1.96	活动另购

活动预计总支出 191.59 元，其中对外获得赞助收入共 0 元，项目（机构）自承 191.59 元

注：物资来源一项请写明“站点已有”“活动另购”或物资提供的单位；赞助所得，请注明数量，单价、总价不明的可不填

四、小组审核

主任意见：

☐ 同意正常开展小组
☑ 对小组计划进行调整
☐ 不同意开展

<table>
<tr><td>主任意见：</td><td colspan="2">具体建议：
建议依照W社区的居民特点，对防诈骗宣传有兴趣的长者开展小组活动，可以联动W社区的防诈骗宣传队伍进行相关的小组工作。另外，由于已经开展了一个防诈骗小组活动，那这次的小组活动与上次的区别是什么？是参与人群不同还是深度方面有所区别呢？社工可以先思考好定位，再进行相应的程序设计。

主任签署：　　　　　　　　　　　　日期：</td></tr>
<tr><td rowspan="2">督导意见</td><td colspan="2">□ 同意正常开展小组
☑ 对小组计划进行调整
□ 不同意开展</td></tr>
<tr><td colspan="2">具体建议：
小组活动还是很有意义的，社工也进行了精心的设计，注意对组员的招募和选择。

督导签署：　　　　　　　　　　　　日期：</td></tr>
<tr><td>社工回应</td><td colspan="2">已和社工站日托联系，在充值返卡时，去饭堂招募组员。本次防诈骗小组活动不局限在宣传知识，还培育防诈骗知识宣传义工队伍的意识。

社工签署：　　　　　　　　　　　　日期：</td></tr>
</table>

上面我们用一个防诈骗小组的例子展示了如何填写社工机构内部的小组活动策划书（不同机构的小组活动策划书具体内容与格式大同小异）。社会工作者在撰写小组活动策划书时更应注意小组活动开展背景、采用理论、小组活动的目的与目标、具体执行计划，以及评估方式等。

背景是整个小组活动开展的前因，社会工作者在撰写小组活动开展背景时，可以围绕为什么要开展这个小组活动而展开，在论述为什么的问题时，社会工作者最好能够描述一些突出现状，摆出一些现实案例，或加入一些数据描述，从而使背景更加真实可信，让阅读者感到这个现象或问题真实存在，且急需做出一些行动或干预加以改变。

在论述逻辑上，可以是由现象到现象背后原因再到现象应对方法，也可以按照由宏观到微观的顺序展开。如表3-5中，先描述W社区整个老龄化程度以及长者受骗问题，然后由街道引出W社区，讲述为何要选择在W社区开展防诈骗小组活动，即W社区长者受诈骗人数最多且最为严重，开展防诈骗小组活动的需求最大也最迫切。

理论不仅可以做解释，还可发挥引导作用。其解释功能在于阐述背景中所描述的现象或问题，引出为什么选择开展这种性质的小组活动？小组对于解决该现象或问题能起什么样的作用？引导功能则体现在指引每节小组活动目标去不断靠近小组总目标，从而使每节小组活动的目标相互关联，起到横向或纵向的逻辑作用，从而使整个活动策划具有结构与逻辑性，并体现社会工作专业性特征。此外，从理论的引导功能可知，一个小组策划一般来说使用一个理论足矣，至多不超过两个。在实务工作中，有些社会工作者为了体现专业性，可能会使用多个理论，但若所使用的理论不能发挥解释或引导作用，则不免有画蛇添足之嫌，反而不利于专业性发挥。

小组活动策划中应严格区分目标与目的。目标是小组工作最终要达成的总目的，一般结合小组工作的背景和服务对象需求撰写，常用表达方式可以是“通过××形式，达到××状态”。目的则是目标的细化，也是具体检测指标，制定时可遵循SMART五大原则，即specific（确实的），符合实际需求；measurable（可量度的），目标清楚，可以测量和评估；attainable（可达到的），目标要适合小组组员的实际能力；relevant（有关联的），具体目标之间具有相容性，不能相互冲突；time-limited（有时限性的），要有明确的时间限定，以便小组成员清楚在什么时间完成什么目标。具体设置形式可为，一定数量的活动参加者认识到正向教养的重要性或一定数量的活动参加者掌握了某种正向沟通技巧等。在此，需强调，无论是目标还是目的，都需要结合现实情况、机构服务范围以及社会工作者自身能力而定，切不可一味展望，制定一些远大空泛、不可测量或远远超出社会工作者自身能力的目的或目标。

小组活动策划的具体内容设计不仅要紧密结合服务领域年度计划，还应当时刻考虑小组成员特点，制定符合小组成员现实条件的活动策划，如表3-5中的服务对象是长者，且不区分高龄还是低龄长者，社会工作者在设计活动时，便应该综合考虑高龄与低龄长者的一些实际情况。例如，长者腿脚不便，应避免选取涉及大幅度或激烈行动的游戏；高龄长者脑力与行动力退化较低龄长者严重，小组活动的开展具体节奏应以高龄长者接受能力为参考指标等。当然，社会工作者也应该时刻牢记，开展一个小组活动需要人力和物力的投入。因此，在设计具体活动时，社工应当考虑机构实际资源能力，如机构场地、财力与人力资源等，避免出现策划很完美但却没有相应执行能力的尴尬情况。

下面的表3-6节选了一节小组活动过程记录。小组活动过程记录重在体现单节小组活动具体执行情况。与个案过程记录一样，其目的也在于使阅读者通过阅读小组过程记录了解单节小组活动开展的具体情况，包括时间、地点、参与人员、各组员表现、活动开展具体情况、活动目的达成情况以及社工对活动的反思等。

表3-6 “耆”学习防诈骗小组第3节过程记录

<table>
<tr><td colspan="2">小组名称</td><td colspan="3">“耆”学习防诈骗小组</td></tr>
<tr><td colspan="2">活动编号</td><td></td><td>小组节次</td><td>第3节</td></tr>
<tr><td colspan="2">小组日期</td><td>2021年5月23日</td><td>小组时间</td><td>15：00—16：00</td></tr>
<tr><td colspan="2">负责社工</td><td>张社工</td><td>协助人员</td><td>李社工</td></tr>
<tr><td colspan="2">预计人数</td><td>8</td><td>实际人数</td><td>10</td></tr>
<tr><td colspan="2">本节小组目标</td><td colspan="3">1. 巩固组员之间的联系
2. 帮助组员学习防诈骗技巧</td></tr>
<tr><td colspan="5">过程记录</td></tr>
<tr><td>环节</td><td>目的/目标</td><td colspan="3">小组执行情况描述</td></tr>
<tr><td>1</td><td>带领组员回顾上一节小组活动</td><td colspan="3">组员签到完成后，社工引导组员回顾上节小组活动学习的内容。社工在抛出上节小组活动学习了什么知识的问题后，只有少数几个组员断断续续地讲述一些内容。为了引导组员参与小组，社工将记录上节小组活动知识框架的大白纸展示在组员面前，组员在纸上框架的引导下，陆陆续续回忆起上节小组活动学习内容。</td></tr>
</table>

环节	目的/目标	小组执行情况描述
2	了解最新的几种诈骗形式，以及相关应对技巧，着重了解保健品诈骗	社工带领组员一起了解 2021 年最新的几种诈骗形式，以及相关的技巧。 依据前期调查结果，社工着重讲述保健品与药品、食品的区别，保健品诈骗的类型、手段以及应对的方法。过程中，章阿姨反驳社工，认为保健品不都是诈骗，有些保健品吃着很有效，社工则邀请章阿姨分享相关的经验和看法。章阿姨告诉大家，保健品虽然没有像销售人员讲得那么好，但自己感觉之前买的一款安神保健品吃了还是有些用的，晚上睡得更好些，然后分享了自己购买保健品的心得，就是一定要去正规大型医院购买，同时认准保健品“小蓝帽”标志。社工和组员一起听完章阿姨分享后，赞美章阿姨的机智和乐于分享，之后又根据章阿姨的分享再次提醒各位组员，购买保健品一定要在正规的场所和通过正规的途径，适量购买，不可盲目和人云亦云。 邀请组员分享自己对于保健品或者其他几种新型诈骗手段的知识与见闻，以及应对的方法。
3	帮助组员学习抖音录制防诈骗小视频	社工和义工引导组员下载抖音 App，同时帮助组员学习录制小视频。过程中出现两个极端：有些组员展现出极大的兴趣；有些组员则表现出畏难情绪，觉得自己什么都不会，做不好。对此，社工先鼓励已经会用抖音的王阿姨和郭阿姨教那些想学抖音且较熟练运用手机的组员，自己则与义工手把手教那些对抖音小视频录制感兴趣但又完全不知道怎么联网、下载和录制视频的组员。
4	帮助组员在录制防诈骗小视频过程中了解相关防诈骗知识	由于上一环节活动占用小组较多时间，考虑大部分组员需要准时去社区幼儿园接孙子孙女放学，社工便将本环节小组活动内容以小组任务形式，让组员选择一个防诈骗技巧学习的剧本素材，提出希望组员能在家中用抖音将剧本素材里的内容录制成抖音小视频。同时，鼓励那些尚未完全学会用抖音录制小视频的组员能够在小组结束后主动向已经学会用抖音录制小视频的组员学习。
5	结束本节小组活动，评估本次活动效果，介绍下节小组活动内容	社工收集组员对于下节小组活动的意见。有些组员表示，自己用的是老年机，并不能下载和录制抖音小视频。社工回应说，下次会准备一些手工活动，大家都能够参与进来。 社工再次向组员强调小组的性质，询问组员是否愿意在接下来的小组活动中与社工一起走进社区，将自己在小组中学习到的知识传播到社区。组员提出，在社区传播知识那么辛苦，是否有小礼物赠送。社工回应说，日后会将这个小组建设成为一个稳定的社区义工团队，届时会给参加义工服务的队员发放证书以及相应的纪念品。

组员表现记录

组员	行为描述	社工干预
兰阿姨	提前到达小组，帮助布置场地，遵守小组契约	社工给予赞赏，并鼓励其积极参与小组互动
李阿姨	提前到达小组，帮助布置场地，遵守契约且积极参与小组	社工给予赞赏
章阿姨	积极参与小组活动的每一个环节，但有时会与郭阿姨发生观点争论	社工给予赞赏和引导
许叔叔	积极遵守小组契约，但较少发言	社工鼓励其积极参与小组活动

组员	行为描述	社工干预
王阿姨	准时到达小组，积极参与小组讨论，协助其他组员学习抖音视频运用	社工给予鼓励和赞赏
李阿姨	遵守小组契约，但较少发言	社工鼓励其参与小组讨论
郭阿姨	遵守小组契约，积极发表意见，在社工鼓励下与王阿姨共同帮助其他组员学习抖音视频录制	社工给予鼓励和赞赏
林阿姨	提前到达小组，帮忙布置场地，遵守小组契约	社工给予鼓励和赞赏
徐阿姨	准时到达小组，遵守小组契约，积极参与小组，且在小组结束后对社工提出自己对小组的意见	社工给予鼓励和赞赏，并认真听取其对小组的建议
凌阿姨	准时到达小组，积极参与小组，认真聆听他人发言	社工给予鼓励和赞赏

小组评估

	评估项目	达成效果（在相应方框内画“√”）				
		5	4	3	2	1
小组整体性评估	组员自我揭露		√			
	人际互动回馈	√				
	小组气氛与动力		√			
	组员反馈	√				

小组成效评估	目标达成情况描述： 1. 回顾上节小组活动内容的目标完全达成 2. 学习最新的几种诈骗形式及相关应对技巧的目标完全达成 3. 学习防保健品诈骗相关知识的目标完全达成 4. 学习抖音视频下载与使用的目标部分达成 5. 抖音视频录制的目标未达成。
	目标未达成之原因描述： 有些组员的手机是老年机，并不能够下载抖音 App，也有些组员对于电子产品的使用较少，学习速度较慢，需要多次教学才能够真正掌握，但因为小组活动时间有限，同时也需要照顾其他组需求，工作者不能够在小组中多次教学。因此，有些组员掌握了抖音 App 下载，而有些组员没有。 抖音视频录制既需要时间也需要组员配合。学习抖音视频下载和使用环节花费了较多时间，致使抖音视频录制时间不够。此外，因为组员之前还未发过抖音视频，当听说抖音视频发布出去大家都可以看到时，组员们有点担心自己录制得不好，因而拒绝现场录制视频。社工最终尊重了组员的选择。
	社工反思： 1. 针对小组活动场所条件限制（没有投影仪、场地较小等），社工提前准备好小组活动所需资料，并将重点内容写在大白纸上，方便组员阅读，从而可以在小组活动正式开始时节省时间，同时也让小组活动进行得更有条理性 2. 小组活动开展过程中，面对组员的质疑，社工需要虚心地听取组员的看法和意见，并给予及时的回应，从而有效避免负面冲突
	下一步跟进计划： 接下来，社工会根据组员提出的意见，如开展一些户外活动，以及个别组员的现实情况，如没有智能手机等，做出相应的小组计划调整，从而更好地满足组员需求。

<table>
<tr><th colspan="2">小组审批</th></tr>
<tr><td rowspan="2">主任审批</td><td>主任意见：
☑ 按计划开展下节小组
☐ 调整小组计划
☐ 对××组员进行个别跟进
☐ 中止本次小组工作</td></tr>
<tr><td>具体说明：
发展志愿团体的过程中请留意需要依照组员的情况来进行，切勿太着急。目前小组活动并未开展到组员可以主动关心社区事务以及回馈社区的阶段，需要循序渐进。
主任签署： 日期：</td></tr>
<tr><td rowspan="2">督导审批</td><td>主任意见：
☑ 按计划开展下节小组
☐ 调整小组计划
☐ 对××组员进行个别跟进
☐ 中止本次小组工作</td></tr>
<tr><td>具体说明：
社工推进小组活动稍微有点着急了，建议节奏稍微放缓。现在是培育小组，尽可能先满足防诈骗知识的学习和运用此目的。
督导签署： 日期：</td></tr>
<tr><td>社工回应</td><td>已修改，在后续小组中将放缓节奏。
社工签署： 日期：</td></tr>
</table>

这里需注意的是，除了满足个案过程记录的要求之外，小组工作是一个团体性活动，社会工作者不仅要记录单个组员在活动中的表现，还应注意观察和总结小组成员的总体表现与特征，总结经验教训，结合组员特点与现时性需求，灵活调整后续的行动计划，设计和开展更切合组员期望的活动。同时，小组有自己的生命发展周期，小组不同阶段的主要任务不同，例如在小组前期主要是促进组员之间的相互认识和对小组的认同，小组中期应处理组员间以及组员与社工间的张力，小组后期则是进一步促进组员间的关系以及升华小组等。在记录单节小组过程时，小组的生命周期性要有所体现，以展示小组发展的完整性。最后，小组工作是一个团体性活动，组员之间的关系不仅直接影响小组最终目标的达成程度，还可以反映小组的进行与发展状态，社会工作者在撰写小组过程记录时，应当格外注重体现小组组员关系的发展，展示组员之间的互动状况。

与个案服务一样，当社会工作者结束一个小组活动时，也需要撰写小组活动总结报告。不同于个案总结报告注重社工介入前后服务对象变化情况、服务对象问题解决程度，以及社工在服务对象变化过程中扮演的角色等，小组活动总结报告更看重整体性，即不仅关注小组目标完成情况、影响小组目标达成的因素，还注重小组整体成效性。表 3-7 是小组活动总结报告的示例。

表 3-7　“耆”学习防诈骗小组活动总结报告

<table>
<tr><td colspan="8">小组基本资料</td></tr>
<tr><td>小组编号</td><td colspan="3"></td><td colspan="2">小组名称</td><td colspan="2">“耆”学习防诈骗小组</td></tr>
<tr><td>负责社工</td><td colspan="3">张社工</td><td colspan="2">协助社工</td><td colspan="2">李社工</td></tr>
<tr><td>小组地点</td><td colspan="3">W 社区居委会</td><td colspan="2">小组节数</td><td colspan="2">6</td></tr>
<tr><td rowspan="4">出席情况</td><td>节数</td><td>1</td><td>2</td><td>3</td><td>4</td><td>5</td><td>6</td></tr>
<tr><td>应出勤人数</td><td>—</td><td>—</td><td>—</td><td>—</td><td>—</td><td>—</td></tr>
<tr><td>实际出勤人数</td><td>8</td><td>14</td><td>10</td><td>11</td><td>6</td><td>8</td></tr>
<tr><td>出勤率</td><td>—</td><td>—</td><td>—</td><td>—</td><td>—</td><td>—</td></tr>
<tr><td colspan="8">小组具体目标完成情况</td></tr>
<tr><td>小组目标</td><td colspan="7">完成情况</td></tr>
<tr><td rowspan="3">100%的老人学习到了几种常见的诈骗形式</td><td colspan="7">目标完全达成。在小组中，根据每一种常见的诈骗形式，组员都能够举出相应的例子，同时在最后一节小组测试中，当问及“您是否了解了 2021 年几种最新诈骗形式”时，100%的组员选择“我已了解”。</td></tr>
<tr><td colspan="7">完成/未完成原因分析</td></tr>
<tr><td colspan="7">在遴选组员时，对防诈骗知识是否感兴趣是一大选择标准，此小组活动中，组员学习防诈骗相关知识的共同目的较为明确，对于最新诈骗形式知识也较为感兴趣。同时，小组采取“以旧带新”方式，因将近一半小组成员之前已了解过相关防诈骗知识，整体学习过程较为顺畅，故社工在带领小组时比较注重小组动力，充分引导组员间相互分享知识，从而使另一半尚未接触防诈骗相关知识的组员也能较好地掌握相关知识。</td></tr>
<tr><td rowspan="4">80%的老人提升了防诈骗意识</td><td colspan="7">完成情况</td></tr>
<tr><td colspan="7">目标完全达成。例如，在第二节小组活动后，徐阿姨和李阿姨私下对社工说，参加这样的防诈骗小组很好，自己在平时遇到保健品推销之时，会更加小心，不会轻易上当。在第三节小组活动后，100%的组员认为，当遇到有人推销保健品或者是打电话、发短信要求自己汇款、转账之时，应当先询问家人或者是拨打官网电话求证。</td></tr>
<tr><td colspan="7">完成/未完成原因分析</td></tr>
<tr><td colspan="7">为提升小组动力，社工多次引导组员在组内分享自身了解的与诈骗相关的真实案例，让组员慢慢意识到诈骗并不是那么遥远，也许就在自己身边，从而提升防诈骗意识。同时，社工采用情景剧的方式，并让组员参演其中，让组员了解更多更丰富的诈骗形式以及相应的应对方法。</td></tr>
<tr><td rowspan="2">70%的老人学习到了至少四种防诈骗技巧</td><td colspan="7">完成情况</td></tr>
<tr><td colspan="7">目标部分达成。在第五节小组活动中，组员王阿姨在小组中主动分享自己朋友在街头遭遇迷烟诈骗的经历，并就该如何辨识以及如何预防和应对展开积极的讨论。在讨论过程中，将近一半组员表示，虽然自己了解了诈骗形式，但当真的遇到诈骗时，自己并不知道该如何应对。同时，在最后一节小组测试中，当问及“现实生活中遇到诈骗时，你该如何应对”时，将近一半的组员选择“不完全知道”。</td></tr>
</table>

<table>
<tr><td rowspan="2">70%的老人学习到了至少四种防诈骗技巧</td><td>完成/未完成原因分析</td></tr>
<tr><td>首先，因为衰老，组员各项生理功能退化，学习和接受能力也相应减弱，因而学习单个诈骗种类以及相应的防诈骗知识与技巧的时间远远超出社工预计时间，由此也导致小组学习防诈骗技巧实践整体被压缩。
其次，为了丰富组员学习方式，社工设计了拍抖音小视频环节，此举目的是让组员在拍视频的过程中学习防诈骗知识。然而社工却忽略了有些组员不会使用智能手机或不好意思在众人面前拍摄视频，从而使得部分组员未能有效参与到防诈骗技巧学习环节中。
最后，尽管后期社工又加入了手工制作环节，想让组员在做手工的过程中学习防诈骗知识，但在此过程中，小组成员注意力都放在了手工制作上，忽略了防诈骗知识学习，由此使得小组环节成效大打折扣。</td></tr>
<tr><td rowspan="4">50%的老人向周围他人传播了防诈骗知识</td><td>完成情况</td></tr>
<tr><td>目标完全达成。社工有意在小组中培育义工队伍，故将第五节小组活动设计为进入社区宣传防诈骗知识。组员和社工一起走进社区，在社区健身广场开办了防诈骗知识宣传活动，向社区居民传播了自己在小组中学习到的防诈骗知识。</td></tr>
<tr><td>完成/未完成缘由分析</td></tr>
<tr><td>社工将第五节小组活动设计为“鼓励组员走进社区，勇当社区防诈骗宣传志愿者”环节，组员在扮演社区志愿者的过程中，直接向参与社区活动的居民宣传防诈骗知识。同时，部分组员通过抖音录制视频，并将录好的防诈骗视频转发到社区微信群中，从而也将自身所学的防诈骗知识传播给了他人。</td></tr>
<tr><td colspan="2">小组过程反思</td></tr>
<tr><td>小组设计反思</td><td>1. 为促进组员参与小组活动，社工在第一节小组活动中设计一个情景剧引入主题，并邀请组员参演。但第一节小组活动中，组员彼此间尚不熟悉，还在互相试探与认识，因而对情景剧参与率也非常低，社工最后只能在义工协助下完成情景剧表演，而这与一开始希望组员参与小组活动的意愿相去甚远。由此，社工反思，在小组活动初期，社工应设计一些组员相互认识的环节，增加组员之间的信任感，而不应设计一些应当建立在组员充分认识基础上的游戏互动。
2. 考虑到社工站之前在W社区已经开展过防诈骗小组活动和讲座，社工与同工商量将抖音录制和防诈骗学习相结合，这样一方面可以帮助组员学习新技能，另外一方面也是想引导组员将所学的防诈骗知识录制成抖音视频，在社区微信群等传播，扩大受益群体。但社工却没有考虑到，有些老人用的是老年机，不能下载抖音App，而且在传统思想束缚下，大多数老人即使学会了抖音视频录制，也未必会将自己录制进视频或者录制后发布出去。由此，社工运用的小组手法一定要充分考虑组员群体特征，而非单纯关注小组成效。
3. 社工从以往W社区文书档案记录中发现，组员觉得小组游戏很无趣，希望社工能将小组游戏删除，因此，社工在设计小组活动时，没有设计小组游戏环节。但在小组活动后期，部分组员提议是否在小组中加入一些游戏环节，以活跃小组气氛。由此也可反思，社工不能仅参考过往同工文书就轻易做小组决定，而应与自己的小组成员共同商议再做决定。
4. 为了培育义工队伍，同时也为帮助组员巩固所学的知识，社工将第五节小组活动设计为进入社区宣传防诈骗知识。为实现组员的增权，社工一开始将进入社区宣传防诈骗知识的活动形式完全交给组员。但是在前几节小组活动中，社工发现，W社区居民虽然有一定的主动性，但却不敢在众人面前表达自己的想法，或者即使是在私底下，组员也并不能很好地将自己的想法告诉社工。为保证小组活动按时进行，社工改变一开始由组员自行商议社区宣传方式的决定，而事先将社区活动宣传方案设计好，之后再与组员商讨确定最终的宣传形式，从而保证了第五节小组活动的顺利进行。由此可反思，小组策划并不是一成不变的，社工应当结合组员特征与需求，及时更改策划，以便更好地服务小组。</td></tr>
</table>

小组执行反思	1. 按照原定设计，社工先带领组员认识几种常见的诈骗形式，提升防诈骗意识，然后学习防诈骗技巧。但在小组活动开展过程中，组员更倾向于学习防诈骗技巧，认为学习和认识诈骗的内容没有提升防诈骗技巧意义大。因此，社工在具体开展活动时，将较多时间用于防诈骗技巧学习。由此可反思，当与小组成员建立一定关系后，社工可再次与组员商议小组内容设计，此时组员因与社工建立了彼此信任关系而更愿意表达自己的想法，社工也能及时调整小组内容使之更符合组员需求。 2. 在组员学习抖音视频录制环节中，社工发现，部分组员因为没有智能手机或对抖音没有兴趣而不参与小组活动。因此，社工在抖音视频录制环节之后，又加入防诈骗小灯笼手工制作环节，以便让更多组员能参与小组活动。由此反思，社工应当结合小组实际开展情况，及时调整小组环节设计，从而让更多组员参与小组活动。 3. 第四节小组活动主要是手工制作防诈骗知识小灯笼，制作方法主要是将防诈骗知识卡片系到小灯笼和防蚊艾草香包上。考虑组员视力等因素，社工事先将防诈骗知识卡片裁剪好，组员只需将每组对应知识彩纸片组合在一起，然后系在灯笼上即可。但在实际操作过程中，由于社工一次将所有防诈骗知识卡片到手工桌子上，而组员急于将小灯笼做好，故把卡片弄得很乱，增加了手工制作难度，导致很少有组员能够真的将每种防诈骗知识归类好后正确地系在灯笼上。由此反思，在设计方案时，社工一定要从服务对象角度出发，考虑到他们生理、心理等诸多因素；在执行过程中，也应当时刻注意现场组员的实际情况，灵活应对。 4. 在第五节走进社区宣传防诈骗知识活动中，社工一开始担心活动设计和天气因素影响组员参与或是小组开展效果，但在实际过程中却发现，细节往往才是最终影响一个活动开展效果的真正因素。W 社区植被多，蚊子不仅多还毒，社工提醒组员做好了防晒工作，但却忽视了防蚊工作。在开展活动时，因为蚊虫太多，组员被蚊虫叮咬较为严重，加上天气炎热等因素，使得组员耐心丧失，无法认真投入活动，影响了活动效果。
社工表现反思	1. 在第一节小组活动中，义工直接挑战社工的权威，并试图掌控小组，虽然在后半节社工重新完全掌控了局面，但在小组初期出现这样的情况，对社工小组领导角色确立非常不利。社工反思，出现这样的情况，一方面是社工带领小组经验不足，缺乏控场能力和灵活应对能力；另外一方面则是在小组活动正式开始前，社工没有和义工订立协议，明确双方的角色和任务，从而出现后来社工与义工角色不清，义工想直接取代社工角色的情况出现。 2. 社工希望在小组中营造民主参与氛围，在带领小组时，倾向于把小组权力交给组员。这样做虽然有利于拉近社工和组员的距离，促进组员在小组中的自我表达，但却也容易在小组前期就削弱社工在小组中的权威，不利于社工把控小组的整体方向。比如在参与率上，有些组员会觉得社工“好说话”，在不请假的情况下就缺席小组，或者是在小组活动中经常跟社工讨价还价。由此可见，社工在初期一定要与组员订立契约，采取相应的奖惩措施，规范组员行为。
小组成效评估	
开始时期	1. 组员进行自我介绍，相互间可以融洽相处，交流次数较多，如表达自己对诈骗的看法。 2. 组员一起订立小组契约，大部分组员可以遵守小组契约，小部分组员迟到。 3. 组员能够在小组自由表达意见。

<table>
<tr><td>转换时期</td><td colspan="3">1. 针对防诈骗学习内容和方式，组员能够达成一致意见。
2. 组员间能够在交流中互相分享自己的经验和故事。
3. 大部分组员会在小组中发表自己的意见。</td></tr>
<tr><td>成熟时期</td><td colspan="3">1. 组员能够明确提出自己在防诈骗小组中的需求，即学习防诈骗技巧。
2. 在小组之外，组员能够将自己在生活中看到的防诈骗相关知识在组员间分享。</td></tr>
<tr><td>结束时期</td><td colspan="3">1. 组员会为了小组能够更好地开展活动而提出自己的想法和意见。
2. 组员间能够互相帮助，合作完成一件事。
3. 组员间交流互动增多，会针对一种防诈骗技巧分享自己的经验，提出自己的见解。</td></tr>
<tr><td colspan="4">小组支出决算</td></tr>
<tr><td>预算支出</td><td>200.00 元</td><td>实际支出</td><td>191.59 元</td></tr>
<tr><td>超支</td><td></td><td>剩余</td><td>8.41 元</td></tr>
<tr><td colspan="4">小组审批</td></tr>
<tr><td>主任意见</td><td colspan="3">小组的成效较好，社工也要在小组活动的过程中尝试组建防诈骗志愿者队伍，后续社工有哪些跟进，需要思考。

主任签署：　　　　　　　　　　日期：</td></tr>
<tr><td>督导意见</td><td colspan="3">该小组是新手社工的第一个小组，有很多值得肯定的地方，也有许多待雕琢的地方。社工的自我分析较好，较到位，最终还是达成了小组目标。希望社工进一步反思，增强小组带领技巧和本领，积累经验。

督导签署：　　　　　　　　　　日期：</td></tr>
<tr><td>社工回应</td><td colspan="3">后续，社工将动员组员成为社区防诈骗知识宣传活动的义工，并与党建组合作，成立 W 社区义工队伍。

社工签署：　　　　　　　　　　日期：</td></tr>
</table>

小组总结报告中，小组出席率为单节小组出席人数除以小组确定报名人数的商，表 3-7 中的防诈骗小组为开放性小组，故不计算单节小组出席率。

小组目标完成情况体现小组开展的结果与成效，一般根据小组策划书中的评估方式评估小组具体开展情况，从而确定小组目标实际达成情况，并进一步分析达成和未达成目标的原因。

小组的设计与执行情况反映小组过程评估，包括单节小组设计与执行情况的反思，以及社会工作者实际带领小组过程角色与技巧反思等。如表 3-7 的防诈骗小组总结报告中，社工反思自身在第一节小组中，因未事先与义工签订协议，明确双方角色，导致小组实际开展过程中出现义工与社工争夺领导权问题。

小组互动分析反映小组组员间以及组员与社工间的关系，具体体现为小组中是否出现次小组或产生小组冲突？若出现次小组或产生小组冲突，社会工作者如何解决？这促进还是阻碍了小组发展？除此之外，小组的决策模式以及沟通模式也能很好地反映组员间以及组员与社工间的关系。例如，若是垄断的决策模式，需进一步探寻是谁垄断决策。若是社会工作者，说明社工与组员之间沟通不强；若是某一个或几个组员，则可能是小组中存在某些组员权利被剥夺或是被压迫的情况。

小组的成效评估可以细分为开始、发展、成熟与结束四个阶段，每个阶段的发展任务不同，评估侧重点也不一样。例如，开始阶段主要是组员对小组的认同情况、组员间以及组员与社会工作者之间关系的发展情况等；小组的发展阶段主要关注小组目标达成情况、组员间关系情况、是否出现次小组或小组冲突等；在小组后期成熟阶段，不仅需要关注小组目标的完成情况，还需注意小组目标是否进一步升华，是否出现新的小组目标，组员各自发挥怎样的角色，小组权力如何分配，前一阶段的小组冲突或是次小组问题是否得到有效解决等；结束阶段是小组活动的尾声，主要关注小组整体目标的达成情况、组员间以及组员与社工间关系发展等。

最后，开展小组活动会有一些经费支出，社会工作者在总结报告中一定要详细列明小组开支明细，确保财务收入与支出透明。

（三）社区工作服务文书套表

社区工作归属于宏观社会工作实践范畴，其服务群体更大于小组工作，经常包含了个案与小组社会工作。因此，社区工作实践服务文书也更体现出社区群体性需求与活动给社区带来哪些影响与改变。依据上文的防诈骗活动，我们做了一份社区活动策划书样本（见表3-8）。

表3-8　社区活动策划书

活动基本信息			
活动名称	“耆”齐行动——社区防诈骗知识宣传活动		
活动编号			
活动类型	□ 座谈会　□ 比赛　□ 团队建设　☑ 社区倡导　□ 公益摊位 □ 历奇体验　□ 工作坊　☑ 游园　□ 其他________		
活动宣传方式	□ 外展宣传招募　□ 社区张贴宣传单　☑ 通过电话/微信等宣传招募 ☑ 邀请服务对象/合作方协助宣传招募　□ 其他（请填写）________		
活动地点	W社区健身广场		
活动日期	2021年6月26日	活动时间	8：30—10：30
活动对象	W社区居民	预估人数	100人
负责社工	张社工	协助社工	李社工
协助志愿者	王阿姨、凌阿姨、牛阿姨、徐阿姨、郭阿姨、孙阿姨		
活动设计			
活动背景	据W社工站社工前期在W社区的走访调研和服务反馈发现，W社区存在较多的诈骗现象，且涉案金额大，记录在案的最高诈骗金额达45万之多。 W社区住户多为高知家庭，有稳定的工作收入，且住户老人年轻时多在事业单位工作，国家承担其大部分养老费用，家庭养老负担小，每户家庭有较多的金钱储蓄。同时，W社区居住的多为家庭长者，子女多在外购房工作，平时并不在社区。长者因为年迈、身体功能退化等诸多原因，接受与学习新事物较慢，对新发生事情反应也较慢，从而对社会发展了解也较慢。此外，因子女平时		

<table>
<tr><td>活动背景</td><td colspan="3">多不在身边，社区长者受身体条件限制，能够接触外界的机会则更少。诈骗分子利用这一点，采用层出不穷的手段对W社区居民实施诈骗，且诈骗形式又多与新技术相结合，使得社区长者居民更加防不胜防。
前期，W社工站在W社区开展了防诈骗小组和知识讲座，但是每次受益群体有限，防诈骗知识更多的是在固定人群中传播。为了打破这种僵局，同时也为将前期参加防诈骗小组成员培育成社区义工，在为组员增权和增加其社区归属感的同时，也让社区更多居民接触了解到防诈骗知识，W社工站和W社区居委会决定在社区公共场所开展社区防诈骗知识宣传活动；在社区宣传防诈骗知识的同时，也介绍W社工站，让W社区更多的居民认识W社工站，扩大社工站服务的受益人群规模。</td></tr>
<tr><td>活动目标</td><td colspan="3">总目标：
通过在社区开展防诈骗知识的宣传活动，协助W社区居民学习防诈骗知识，增强W社区居民防诈骗意识，以及增强W社区居民对W社工站的认识。
分目标：
(1) 至少有60位居民了解2021年几种最新诈骗方式。
(2) 至少有50位居民提升了防诈骗意识。
(3) 至少有30位居民掌握一般性防诈骗技能。
(4) 至少新增50位居民认识或了解W社工站。</td></tr>
<tr><td rowspan="9">活动进程</td><td>完成日期</td><td>工作内容</td><td>负责人</td></tr>
<tr><td>2021年6月22日</td><td>完成活动策划</td><td>张社工</td></tr>
<tr><td>2021年6月23日</td><td>联系活动场地</td><td>张社工</td></tr>
<tr><td>2021年6月24日</td><td>活动招募</td><td>张社工</td></tr>
<tr><td>2021年6月24日</td><td>招募社区防诈骗知识活动义工</td><td>张社工</td></tr>
<tr><td>2021年6月25日</td><td>准备活动物资</td><td>张社工/李社工</td></tr>
<tr><td>2021年6月25日</td><td>做好人员分工以及风险评估</td><td>张社工</td></tr>
<tr><td>2021年6月26日</td><td>开展活动</td><td>张社工/李社工</td></tr>
<tr><td>2021年6月27日</td><td>完成活动通讯稿和总结报告</td><td>张社工</td></tr>
<tr><td rowspan="6">预期困难与应变措施</td><td colspan="2">预期困难</td><td>应变措施</td></tr>
<tr><td colspan="2">暴雨天气导致活动无法开展</td><td>提前看好天气预报</td></tr>
<tr><td colspan="2">社区志愿者时间和活动时间相冲突，无法按时参与</td><td>提前打电话通知，确定当天有空闲时间参与活动的社区志愿者人数</td></tr>
<tr><td colspan="2">活动参与人数不足</td><td>提前做好宣传，走入社区发放宣传单</td></tr>
<tr><td colspan="2">活动场面混乱</td><td>安排专门维持现场秩序的志愿者</td></tr>
<tr><td colspan="2">天气炎热或者蚊虫多，导致活动参与者参与动力不足</td><td>提醒社区志愿者做好防晒工作，同时做好防蚊工作</td></tr>
<tr><td rowspan="5">评估方式</td><td>活动目标</td><td>评估方式/工具</td><td>评估时间</td></tr>
<tr><td>至少有60位居民了解2021年几种最新诈骗方式</td><td>活动签到表以及活动反馈表</td><td>活动现场调查</td></tr>
<tr><td>至少有50位居民提升了防诈骗意识</td><td>活动反馈表</td><td>活动现场调查</td></tr>
<tr><td>至少有30位居民掌握一般性防诈骗技能</td><td>现场访谈法和活动反馈表</td><td>活动现场调查</td></tr>
<tr><td>至少新增50位居民认识或了解W社工站</td><td>现场访谈法和活动反馈表</td><td>活动现场调查</td></tr>
</table>

活动具体环节			
活动环节	活动内容	活动物资	负责人
活动准备 15 分钟	活动参与人员集合、签到，布置活动场地	签到表	李社工
开展活动 100 分钟	我问你找：参与者在一个纸箱子里抽取一个防诈骗知识题目，然后去灯笼区内，在系有防诈骗知识的灯笼群中寻找相应的防诈骗知识答案，规定时间（10 分钟）内找到正确答案并念出来者获得一个印花	系有防诈骗知识的小灯笼，印章，防诈骗知识题纸（附有答案），塑料带，剪刀，透明胶，计时器	社区志愿者（王阿姨/凌阿姨）
	我问你答：社区志愿者给出与防诈骗知识有关的三道题目，参与者选择其中一题，并在给定的防诈骗知识卡片中寻找到相对应的题目答案，然后将知识卡片贴在相应的题目答题区内，回答正确者获得一个印花	防诈骗知识题卡和答案，双面胶，KT 板，防诈骗知识答案，剪刀，印章，计时器	社区志愿者（牛阿姨、徐阿姨）
	我吹你爆：社区志愿者先将与防诈骗相关的知识纸片放进吹好的气球里，并将气球一起悬挂起来，参与者选定其中一个气球，并在规定之间内戳爆气球后，将里面的防诈骗知识念出来，规定时间（3 分钟）内完成任务者获得一个印花	气球，防诈骗知识纸片，充气筒，塑料带，剪刀，透明胶，印章，计时器	社区义工（郭阿姨、张社工）
	兑奖区：参与者先在兑奖区签到，拿到印花券，在获得三个印花后，就可兑奖。三个印花获得一把小扇子，四个及以上印花获得一个防蚊艾草香包或是一个小灯笼。获得礼品后，参与者签礼品领取表	印花券（60 张），签到表，小扇子，防蚊艾草香包，小灯笼，机构宣传册，防诈骗宣传单，礼品签领表，一张桌子，两把椅子	孙社工、李阿姨
打扫场地 15 分钟	清扫场地	扫把，垃圾铲，垃圾袋	社区义工和社工
活动总结 20 分钟	志愿者/参与者反馈本次活动参与感受	笔记本，碳素笔	全体活动参与成员

活动物资清单及预算					
序号	物资名称	数量	单价（元）	总价（元）	来源
1	小灯笼	若干	—	—	站点已有
2	气球	若干	—	—	站点已有
3	打气筒	若干	—	—	站点已有
4	小扇子	若干	—	—	站点已有
5	防蚊艾草香包	若干	—	—	站点已有
6	剪刀	若干	—	—	站点已有
7	双面胶	1	—	—	站点已有

序号	物资名称	数量	单价（元）	总价（元）	来源
8	透明胶	1	—	—	站点已有
9	塑料带	1	—	—	站点已有
10	站点宣传单	若干	—	—	站点已有
11	小风扇	若干	—	—	站点已有
12	横幅	一幅	—	—	站点已有
总计	收入：0　元　　支出：0 元				结余：

注：来源一项请写明“站点已有”或“活动另购”；若是其他单位赞助，则写明具体赞助单位。赞助物资需注明数量，若单价或总价不明则可不填。

活动现场布置图

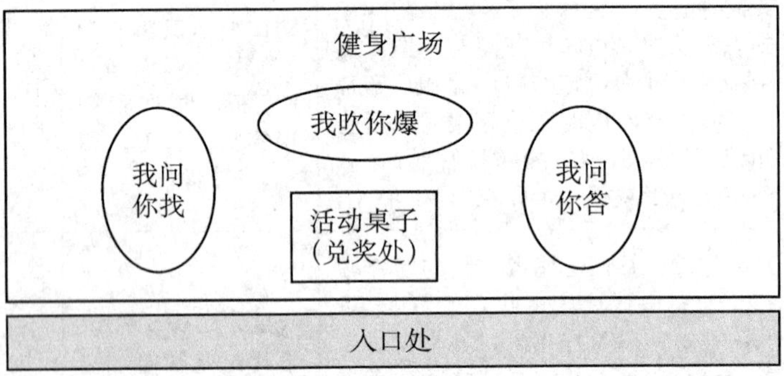

活动审核

主任意见	主任意见： ☑ 同意按计划开展活动 □ 对活动计划进行调整后再开展 □ 不同意活动计划开展
	具体说明： 由于活动在室外，天气炎热，来参加的多是长者，要准备一点应急药物，同时也要注意秩序的维护。此次防诈骗宣传活动能够面向更多的社区居民，同时又能宣传社工站，不错。 主任签署：　　　　日期：
督导意见	督导意见： ☑ 同意按计划开展活动 □ 对活动计划进行调整后再开展 □ 不同意活动计划开展
	具体说明： 活动人数较多，注意秩序维持。另外，可能会有义工参加，如果时间来得及，尽量做岗前培训。 督导签署：　　　　日期：
社工回应	好的，会在实际社区活动中调整。 社工签署：　　　　日期：

社区活动策划书撰写要求与小组活动策划书注意要点相似，但需强调的是相较于小组活动策划更注重小组成员改变情况。社区活动面向社区，无论是整体活动还是活动中的单个游戏，其受众对象都不可能完全准确预计。为了使活动有序开展并保证相关参与者安全，社会工作者在撰写活动策划时，对活动现场布置、现场游戏安排以及人员分工都应尽可能详细具体地描述，最好是阅读者在看完活动策划时，就能够大致了解活动安排，不用咨询策划者就可直接参与活动。此时，社会工作者也可综合运用多种方式，帮助阅读者了解策划内容，如插入活动现场布置图，让阅读者快速在脑海中建立起活动场面图，或者制定详细的人员分工表，让协助者心中明白活动大致有哪些地方需要人员帮助。

社区活动总结报告与小组活动总结报告类似，但不同于小组活动总结报告注重小组过程中社工角色、技巧、程序以及组员关系和权力分析，社区活动总结报告更侧重于活动发展的整体结果与成效，以及社工对社区活动的总体反思等。下面我们以上文的防诈骗社区活动为例说明（见表 3－9）。

表 3－9　社区活动总结报告

活动名称	“耆”齐行动——社区防诈骗知识宣传活动		
活动编号		活动对象	W 社区居民
活动地点	W 社区健身广场	活动参与人数	80 人
活动日期	2021 年 7 月 19 日	活动时间	9：00—10：30
负责社工	张社工	协助社工	彭社工
志愿者	林阿姨、刘阿姨、李阿姨、徐阿姨、王阿姨、郭阿姨、凌阿姨		
合作方	W 社区居委会		
过程评估			

1. 宣传及招募

本次活动主要通过在社区微信群中转发宣传单方式进行宣传，参与人数共 60 多人，活动预期 80 人，宣传效果没有完全达到社工预期。社工分析，一方面由于天气原因，活动一再推迟，降低了居民参与积极性；同时，活动当天居民比预期时间更早到达了活动现场，社工尚未准备好活动摊位，而当天邀请的活动志愿者又是第一次参与志愿活动，活动经验不足，面对一些突发情况，如参与者不按游戏规则进行游戏，不知道如何应对，从而导致一开始活动现场较为混乱，使得一些在旁观望居民失去了参与兴趣；另一方面则是现场有很多其他摊位，如人寿保险摊位为吸引居民，采取发放礼品方式，吸引了许多居民参与，而这些居民在参与完人寿保险摊位活动后，又着急赶去菜市场买菜以及回家做饭，从而选择放弃参与现场其他摊位活动。

经过本次活动可总结出以下经验：一是在开展社区活动时，若是没有准备小礼品，则应尽量避免与商家摊位共同开展活动，当无法避免与商家摊位共同开展活动时，可以设计一些更加有趣的活动环节，以吸引居民参与。二是在一些中大型活动中，尽量招募一些有经验的志愿者，或是提前对活动志愿者开展岗前培训，以充分发挥活动志愿者的作用。

2. 活动气氛与参与度

（1）义工反馈：本次活动挺热闹的，就是自己和一些居民太熟悉了，那些人就会打熟人牌，不按照规则办事，搞得游戏规则都被破坏了。（李阿姨）

（2）协助者反馈：我们人手不够，社工照看不过来，游戏摊位只能让志愿者照看，但是志愿者经验又不足。

此外，活动提前开始，我们都没有足够的时间准备，这些居民太热情了。（彭社工）

（3）参与者反馈：你们这个活动挺有意思的，感觉也很实用，现在诈骗很多，就是你们这个游戏规则都不说清楚，我们都不知道怎么玩，下次你们一定要提前把规则说清楚。

（4）总体气氛和参与度：虽然本次活动实际人数未达到社工预期人数，但由于现场还有多个其他摊位，如W社区日托宣传摊位、中国人寿保险摊位和W社区党建宣传摊位等，现场人数较多，气氛比较热闹，居民也很积极地参与。然而，由于现场摊位较多，现场社工和志愿者人数不够，而居民又提前到达现场，导致活动实际开展时间又整体提前，义工培训时间不够，一定程度上影响了居民活动参与。

---

3. 活动分工

（1）活动前分工：

游戏摊位负责：

我问你找：社区义工（王阿姨、凌阿姨）

我问你答：社区义工（李阿姨、徐阿姨）

我吹你爆：社区义工（郭阿姨、林阿姨）

兑奖区和签到区：张社工，彭社工

活动场地布置：张社工、彭社工、全体社区义工

（2）实际分工：

游戏摊位负责：

我问你找：社区义工（徐阿姨）

我问你答：社区义工（李阿姨）

我吹你爆：社区义工（林阿姨）

签到区：彭社工、刘阿姨

兑奖区：张社工

活动场地布置：张社工、刘阿姨、彭社工

（3）改进建议：

条件允许情况下，尽量在兑奖区和签到区放置一张桌子，这样可以直接告诉参与者，想要参与游戏，首先可以找谁。同时，活动物资也应该尽量系好，单独放置在一个地方，避免被参与者和其他同工误拿。

对于一些志愿活动经验较少的社区居民志愿者，在一个游戏摊位上，最好能够安排两名志愿者，从而更好地应对突发情况。此外，在招募志愿者时，尽量不要招募原本就住在活动举办地的社区志愿者；当不可避免地招募了居住在活动举办地的社区志愿者时，则可安排这类志愿者去现场招募居民参与活动，而非负责活动游戏摊位。

---

4. 场地布置

（1）本次活动和社区居委会合作，故场地直接由居委会安排解决，活动社工提前与社区居委会对接即可。

（2）本次活动场地物资条件较为简陋，活动现场没有任何桌椅，但由于社工之前在W社区开展过防诈骗小组活动，与W社区已经建立起一定的关系，在社区居委会与小组成员帮助下，从社区活动室搬来了桌椅，解决了桌椅问题。

（3）活动现场挂了一些红灯笼和气球作为活动现场游戏道具，但红灯笼和气球意外吸引了一些居民和孩子前来参与活动，因而活动现场宣传效果较好。

（4）考虑活动现场场地较为狭窄，社工选择在广场出口摆放活动摊位，活动现场的主通道与广场旁边马路相接，活动较容易分流人群。

结果评估
1. 目标达成情况 （1）至少60位居民了解2021年几种最新诈骗方式目标达成。根据活动签到表和印花券回收数，参与本次活动游戏的人数有60多人。社工现场随机抽取参与者进行无结构式访谈，参与者几乎都能说出2021年几种最新诈骗方式。 （2）至少有50位居民提升了防诈骗意识目标达成。社工随机对现场活动参与者进行半结构式访谈，访谈对象几乎都能够对防诈骗说出一些自己的心得和体会。 （3）至少有30位居民掌握一般性防诈骗技能目标部分达成。社工现场随机抽取居民参与者进行诈骗情景提问，部分居民虽然知道这是诈骗，但表示自己不知该如何更好地应对。 （4）至少新增50位居民认识或了解W社工站目标达成。采用现场半结构式访谈以及参与式观察法，社工与参与者进行交流，本次活动参与者以及旁观者均对社工站所在地方、提供的服务内容有了一定的认识。同时，根据活动签到表以及现场发放的印花券回收数量约有60多份，除去签到表中原本已经享受过社工站服务的居民，还有约50位新的服务覆盖者。
2. 合作方反馈 （1）W社区日托：你们这次活动参与人数多，社工人手和义工都不够，下次要多准备点人手。 （2）W社区居委会：有些居民就是喜欢热闹，你们这次活动的游戏设计很符合居民喜好。
3. 参与者反馈 （1）部分参与者口头反馈，活动现场有些混乱，自己想参加活动，但不知道怎么参加，找穿马褂的社工询问，发现社工好忙。 （2）部分参与者口头反馈，活动的礼品种类少。
4. 志愿者反馈 （1）志愿者口头反馈：自己和这些活动参与者都太熟了，很多时候就会忽视规则。 （2）志愿者口头反馈：活动社工人手不够，自己遇到一些突发情况，想找社工解决都找不到，活动中两个社工都太忙了。
总结与建议
1. 本次活动在宣传时，链接社区居委会资源以及利用社工之前在W社区已经建立起的居民关系网，在微信群上传播本次活动的宣传海报。在活动开办时间上，考虑到是夏天，天气比较炎热，以及居民上午11：00左右要买菜或回家做饭，故将活动开办时间定为上午9：00—10：30，地点定在靠近社区饭堂的幼儿园门口操场，居民结束晨练就可以来参加活动，参加完活动就可以直接去菜市场买菜或者回家做饭，从而活动参与人数较多。 2. 本次活动设计了三个摊位游戏，受活动场地限制，三个摊位游戏之间间隔较小，同时本次活动社工人手不够，邀请的义工阿姨们经验也不足，故导致整个活动现场有些混乱。为此，在以后的社区宣传活动中，最好能够在活动前一天提前去观察活动场地，根据活动场地决定活动游戏摊位。此外，在招募志愿者时，若参与活动的志愿者均经验较少，则无论活动大小，活动开展前一定要对志愿者们进行简短的培训。

财务报告

序号	物资名称	单价（元）	数量	物资来源	小计（元）
1	小灯笼	—	若干	站点已有	—
2	气球	—	若干	站点已有	—
3	打气筒	—	若干	站点已有	—
4	小扇子	—	若干	站点已有	—
5	艾草防蚊香包	—	若干	站点已有	—
6	剪刀	—	若干	站点已有	—

序号	物资名称	单价（元）	数量	物资来源	小计（元）
7	双面胶	2	1	站点已有	2
8	透明胶	5	1	站点已有	5
9	塑料带	—	1	站点已有	—
总计	收入：	支出：			结余：

活动审批	
主任意见	本次活动前期能做好宣传，开展时能通过生动有趣的游戏摊位对防诈骗知识进行宣传，且能面向广大社区居民，有利于更好地普及防诈骗知识，建议表述中能更多体现社工的工作内容。 主任签署： 签署日期：
督导意见	活动效果还是不错的。但也反映出义工使用、服务秩序方面有进一步提升空间，要进一步反思。 督导签署： 签署日期：
社工回应	好的，会在下次活动中根据本次活动反思改进。 社工签署： 签署日期：

不同于个案或小组活动中注重个人的改变，社区活动目的在于给社区带来影响或是促进社区改变，因而更注重对社区活动整体成效的描述。成效如何展现？除了访谈表和评估表，社会工作者还应注重对社区活动过程与结果的评估描述。

过程评估注重的是技巧与方法，一般包括：

- 活动宣传和招募怎么进行？
- 采取了哪些方式？
- 这些方式具体执行效果怎么样？
- 对以后社区活动有何经验教训？
- 活动开展过程中气氛如何？
- 哪些技巧促成了活动？
- 有哪些设计存在不足尚需改进？

以上问题都需要社会工作者结合活动实际开展情况，进行有效的反思记录。结果评估中关注的是社区活动总体开展效果如何，一般需考虑：

- 社区活动目标达成情况，哪些分目标达成了，哪些分目标没有达成？
- 达成与未达成目标的原因又是什么？
- 有哪些可视化成果产出？
- 相关参与方对于活动感受如何？
- 活动是否达到了预期？

社会工作者在记录以上问题时，最好可以分点描述，尤其是涉及不同相关方时，以避免观点混乱。

最后，我们要特别强调，无论是个案、小组还是社区活动服务文书（计划书或总结报告），都应将项目的财务信息交代清楚，因为这直接影响社会工作机构以及专业本身的公信力，而机构公信力的大小，直接影响其本身的生存状况。社会工作机构的公信力指其获得政府、社会和公众信任的能力，即要求社会工作机构能根据社会福利的多元交代特质，主动、积极和负责地向社会提供机构的经费使用情况以及服务成效评估资料等，以证明机构履行了社会职责、满足了服务对象需要。社会工作机构公信力包括以下几个测量维度：财政交代，主要向提供或赞助服务经费的政府、基金会、捐款人提供财务报告，证明资金使用的适当性和效益；政治交代，主要向立法和权力机构、社会媒体交代机构履行社会责任和义务的情况；专业交代，证明机构聘用的社会工作者在实践服务中遵守了社会工作守则、坚守了专业价值操守，并达到了良好的专业水平服务；服务交代，证明为服务对象提供了满意的服务，并反映问题解决程度，还需说明服务是在机构内部严谨的行政监督和专业督导下提供的；行政交代，主要说明机构内部管理制度和程序的正常运行，包括董事会、管理人员和一线工作者的说明。在评估机构公信力时，资金的合理使用和运作以及财务与信息的透明化是两个重要的评估方面。其一，政府、基金会和捐助者是社会服务项目主要赞助方，赞助方一般都希望将经费大部分用于实际服务，鉴于此，社会工作机构必须说明经费是否被合理运用于服务项目。因此，社工要在活动策划书和总结报告中详细列明财务报告项，如活动预估支出多少，实际支出多少，实际支出明细及金额、结余多少等。其二，社会工作机构资金主要来源于政府、基金会、一般捐赠和服务收费，政府除了给予财政支持，有时也会通过社会政策给予某些服务费用减免的待遇，社会工作机构必须定期公开财务报告和服务评估报告，以便主要赞助者、服务使用者和社会公众了解机构的整体运行，实行监督。

第四章
项目报告写作

社会工作者除了需要撰写不同类型的实践服务文书，在日常工作中，还需要接触不同类型的社会工作报告。相较于实践服务文书，社会工作报告内容更为综合与广泛，也需要社会工作者掌握一定的研究技术。常见的社会工作报告包括需求评估报告、服务对象满意度调查报告、服务干预评估报告、项目结果评估报告、评审结果报告和服务总结报告等。这些报告类型不同，作用不一，如需求评估报告侧重于提供个人和家庭、社区或者环境交互作用的信息，为社会工作者服务计划制订提供指导作用；服务干预评估和项目结果评估报告则侧重于展示项目服务开展方式、情况与结果，从而告知相关资助方其资助给社会工作机构的资源已被如何使用、使用是否恰当等。当然，除了以上一般性的项目和实践评估，宏观社会工作者也会专门研究某一社会问题，并就这一问题形成专门的研究报告，通过数据或典型案例让决策者意识到该问题的重要性，了解问题解决的相关建议，从而影响与服务对象或社会工作机构相关的政策制定与发展。

一、报告资料的收集与分析

无论是哪种报告，在正式写作前都需要进行相应的资料收集与分析。社会工作报告类型多样，其所涉及的资料与数据内容也丰富而多元，但按方法论划分，也可将其总体划分为定量与定性两大类，前者多用数字、图表、比例尺等数据信息，后者多以文字和图像的形式展示信息。

定量与定性数据内容、形式不同，收集方式也存在一定的差异。定量数据多采用问卷方式进行资料收集，社会工作者可在开展服务时将问卷交给服务对象填写，或者利用现代科学技术，在一些网站或 App 上制作问卷，点击发送给相关人员填写，这样可以极大地节省时间与精力。需注意，问卷的信息获得量与问卷题数和题目难度成正比，有些研究者可能会在一份问卷中设计很多道题目或者题目设置较难，甚至超出服务对象理解能力范围，服务对象在填写问卷时因为问卷题目太多而不耐烦或是不理解题目，常常在填写到一半时弃卷或留有大量空白问题没填，从而产生大量废卷。为此，社会工作者在设计问卷时，应当结合服务对象特点，站在服务对象角度设定问卷题数与题目难度，如长者年纪大，视力、精力与理解能力等下降，长者领域社工应当尽量减少问卷题目数量，就过往经验而言，一般在 15～20

道最佳；在题目内容设置上，也尽量减少能力自评类或开放题，而多一些选择题。当然，除用问卷收集数据，在一些临床社会工作服务中，社会工作者也可以通过量表记录服务对象干预前后的变化，获得服务治疗对比数据，从而进行服务效果研究。

不同于学术论文，社会工作研究报告对定量数据的运用较为简单，在大多数情况下，频数（或百分比）分布表（或图）就能满足需求。频数分布表将一组数据分为不同变量，例如性别、年龄、婚姻状况、教育程度或社会服务满意度等，并计算各个变量下不同取值的数量和占比，如表 4－1。当然，根据实际情况需要，也可以增加平均数、中位数、众数或标准差去描述该组数据，如表 4－2。

表 4－1　样本婚姻状况频数分布表

		频数	百分比	有效百分比	累计百分比
有效	未婚	7	2.1	2.3	2.3
	已婚	206	60.6	69.1	71.5
	离婚	2	0.6	0.7	72.1
	丧偶	82	24.1	27.5	99.7
	其他	1	0.3	0.4	100.0
	总计	298	87.6	100.0	
缺失	系统	42	12.4		
总计		340	100.0		

表 4－2　样本年龄统计表

个案数	有效	340
	缺失	0
平均数	72.24	
中位数	72.24	
众数	70.00	
标准差	5.59	
总和	28 642.22	

频数分布表或统计表将同一变量不同取值信息组合在同一表格中，极大地方便了社会工作者报告的编写，也让读者对各变量信息一目了然。表 4－1、表 4－2 是 W 社工站对 W 社区 2019—2020 年的长者需求调查中婚姻状况频数分布表和年龄统计表，数据录入 SPSS 25 中进行分析。从表 4－1 中我们可以很直观地看到，参与本次调查共有 340 人，其中未婚 7 人，有效占比 2.3%；已婚 206 人，有效占比 69.1%；离婚 2 人，有效占比 0.7%；丧偶 82 人，有效占比 27.5%；其他婚姻类型 1 人，有效占比 0.4%；另有 42 人在调查中未填写婚姻状况选项。在数据分析中，平均数、中位数和众数分别代表一组数据的平均线、中位点和出现次数最多的数值，这三者都描述一组数据的集中趋势。当然，在研究报告中，我们有时还要包括一些离散度信息，如标准差显示一组数据中每个个体离平均值有多远（平均状态），标准差越大，个体数值就越远离平均值（平均状态下），样本整体而言则越互

相离散。社会工作者在报告中加入一些离散型数值，可以帮助读者更好更全面地理解样本数据。从表 4－2 可以看到，平均数和中位数都为 72.24，众数为 70.00，标准差为 5.59，意味着年龄较大的有 77.83 岁（72.24＋5.59），较小的有 66.65 岁（72.24－5.59），虽然这并非真实最年长者和最小者年龄（仅就平均状态而言），但说明样本总体数值集中稳定，离散性小，参与本次需求调研的长者多为高龄长者。

社会工作定性资料收集多采用访谈法，一般在社会工作者上门探访或服务活动结束后与服务对象面谈时进行。使用定性方法来获得服务对象对某一问题的看法，优点在于可帮助社会工作者增强对服务对象的感知与情况了解，或者获得一些社会工作者事先可能没有想到要询问的相关信息；缺点则在于获得访谈信息后，需要对收集到的信息进行编码和分析才能获得真正想要的精确结果，而这对信息分析者个人能力要求较高。

定性资料收集方式多样，在社会工作领域中，除了一对一访谈，运用较多的资料收集方式便是焦点小组。焦点小组是一个半结构化的讨论过程，由主持人引导一个探究性的对话，鼓励参与者相互回应，记录员记录小组成员反应，并将小组讨论信息按类别进行归类记录。当人手不够时，也可用录音记录信息；因小组成员讨论时表情反映了部分信息，条件允许时，采用录像记录效果更好。需注意，无论是录音、录像还是记录者现场记录，都应以取得服务对象同意为前提。焦点小组多运用于讨论一个非常微妙、具有争议性和复杂的话题，通过互动与讨论，成员可以不断清晰自己的想法，更深程度地表达自己，并由其他成员观点激发自己内心深处隐藏的想法。相较于一对一的访谈，焦点小组能够获得更多更难得的数据。

定量与定性数据各有优缺点。定量数据建立在概率抽样和一定的样本数量基础上，得出的结论更具有概括性和推论性，但囿于问卷篇幅，信息涵盖范围较为浅层；定性数据能够就一个话题进行深入探究与分析，注重问题的独特性和事物发展的机制与逻辑性，但由此得出的结论不具有概括性。无论是定性还是定量数据，在撰写社会工作报告时，都应当尽量客观不带偏见，避免热情地拥护某一数据或观点。但这也并不是说我们在研究中不应该表现出明确的立场或主动去寻求某一观点发展，更确切地说，我们应该基于客观立场和可信的数据而非情感来倡导某一行动，即让读者通过阅读报告中的数据、讨论或结论，能够意识到某一问题，或赞同某一观点，并由此做出一些行动或改变。

二、报告撰写注意事项

不同类型社会工作报告作用不一，受众群体也存在较大差异，因此在具体撰写报告时注意要点也有所不同。总的来讲，以下几点是不同类型社会工作报告都应注意的事项：

1. 社会工作报告写作表达应较为精确

首先，无论是哪种社会工作报告，都是对某一服务、现象或问题进行总结概述，报告一旦完成提交或向公众公布，对报告撰写者本人和报告中所涉及的个人或群体都有重要影响。报告撰写者本人需要对报告中提供的信息、观点、结论等负责，信息是否精确、观点与结论是否可证并经得起推敲，直接影响社会工作者本人及其所在机构的专业性和信誉。同时，就报告中所涉及的相关个人或群体而言，报告所提供的与之相关的信息详略或信息是否真实可信直接影响相关责任机构或公众对其态度与舆论，并对其生活产生直接影响。如在司法社会工作中，法官为尽可能公正地对服务对象行为进行判决，需要参阅司法社工关于服务对象的庭前报告。庭前报告包含服务对象个人健康、职业、教育和过往社会史信息，以及服务对象家庭和社区背景信息等，法官通过社会工作者的庭前报告了解服务对象过去生活和社会参与情况，并由此酌情判理。其次，无论是否会对公众公开，社会工作报告完成后，都需要交给他人参阅，特别是在政府购买服务后的中期与末期评估中，社会工作自评报告需要向评估方交代本项目年开展了哪些服务，如具体开展了多少个个案、小组与社区活动，进行了多少次电访与探访，相关记录信息是什么等。在回答为什么要开展这些服务时，社会工作者需要解释服务对象这些服务需求从何而来、调研方案如何设计与执行等；而在回答服务开展的最终效果如何等专家提问时，社会工作者除了说明服务覆盖人数与内容，还需要展示一些服务可视化产出。针对以上问题，社会工作报告提供的信息越精确，则越能使评估专家信服。再次，社会工作报告内容是否精确也直接影响社会工作者接下来的实践服务。如在对受性侵害儿童和青少年调查的研究报告中，目前受性侵害儿童和青少年的数量、年龄特征、发展趋势、施害者类型以及性侵后对受害者影响等信息阐述得越精确，越能得到相关部门的重视，从而对相关服务开展越有利。

2. 社会工作报告写作要符合证据为本原则

这意味着社会工作者在撰写报告时，提出的每一个观点或得出的每一个结论都要有与之相对应的证据支撑。证据为本原则可被印证于证据为本的社工实践，而所谓证据为本的社工实践即要求社会工作者在开展日常服务工作时，以往的工作经验固然重要，但对服务对象的精神、心理等各方面的分析依旧不可缺少，在此基础上选择最适合的介入方式和治疗手段，设计出一套符合服务对象自身期望且最合适的方案，做到治疗方案“私人订制”，且在治疗过程中视情况做出相应的调整。即使在理论研究方面，也要求社会工作者既要注重各种介入方式的成效且对过往的相关研究给予高度重视，又要对这些研究以一种客观态度进行评估。①

证据为本的社工实践需要遵循三个原则，即实践或研究者需要对实践后总结的经验加以论述和利用，遵循科学理论进行研究以及将实践总结出的结论记录下来让更多人知晓。② 在实证之上的社工实践中，社会工作报告撰写是一个将实践结论记录下来的过程。需注意，在实证之上的社工实践中，证据也有层级之分，并不是在

① 陆雅婷．实证为本的社工实践探析．中国市场，2017（14）：243，248.
② 蒋馥蔚．实证为本的实践和研究．新西部（理论版），2016（7）：18－19.

社会工作实践过程中产生的或以往被记录下来的相关实践干预都可成为证据。社工实践在证据选择中讲究最佳证据的选择，即证据应最贴合问题，具有最强的可采性。如论述一个社区微治理项目是否有效时，社区居民的讲述固然重要，但社区治理前后的照片展示将更有说服力，毕竟社区居民也可能是出于礼貌而有选择地或迎合性地回答社工询问。

3. 社会工作报告应考虑写作语言的正确使用

社会工作报告的受众范围很广，尤其是在一些跨专业合作团队中，社会工作报告需要供不同专业背景的人查阅，如司法社工的庭前报告或服务对象社会背景报告的主要查阅者是法官，而社工站中期与末期的自评报告查阅者也包括会计专业背景的评估专家等。为了使不同专业背景的读者都能轻松地读懂社会工作报告，报告撰写者应当尽量使用一些大众可接受的语言，而避免采用一些行业术语，即使是在必须使用行业术语时，也要对该术语做一些解释。同时，在具体行文中，也应当多用一些简单句、陈述句而少用复杂句或疑问句，语句尽量简短而切中要害，减少行文篇幅。例如，若撰写的报告主题是与流动人口社会融入相关的社会政策，此时就应该避免提及相关的政治或经济政策（虽然与社会政策有一些相关性）。有些社会工作者为凸显行业专业性或自身知识储备，在行文中可能会无意识地使用大量行业术语或将大量与报告沾边但相关性不大的知识也纳入其中，增加了报告阅读难度，反而降低了报告的接受度。

4. 社会工作报告撰写中要充分考虑信息的特征

信息大致可分为事实性信息和旁听信息。前者指直接发生的事件或行动信息；后者可能是一些不怎么可信，从他人口中得到的旁听观点。① 社会工作者在日常实践服务中和不同的人打交道，会接触到很多传闻性信息，而为了更好地提升服务，我们也需要多方了解服务对象和相关他人对问题的观点和看法，但在这个过程中，也应注意辨别信息的真实性。例如，某社区需求调查报告中写道："据 W 社区保安说，去年王阿姨被诈骗分子骗了 50 万，虽然报了案，但是并没有追回被骗的钱财。为此，王阿姨不但和女儿吵架，没有来往了，她自己也变得很自闭，几乎不和社区其他人来往了。"保安每天守着社区，对社区发生的事情也比较了解，但应注意，保安并不一定亲眼见证了这一事情的发生，他也许也是听他人讲述的。因此，社会工作者最好再去询问社区居委会或者上门探访王阿姨，了解具体情况，验证事情真伪。若是社区居委会对王阿姨被诈骗 50 万的事情给予了肯定，而王阿姨自己也承认因为被骗了 50 万，觉得女儿也不是真的关心自己，就是为了继承自己现在居住的这套房子，所以不再和女儿经常来往，被骗的钱也追不回来，感觉自己被大家遗弃了，此时我们就可以将这一信息确定为真实性信息。辨别是事实性信息还是旁听信息一直是社会工作者在实践与写作中必须面对的问题。同样一件事，不同人

---

① HEALY K，MULHOLLAND J. Writing skills for social workers. Chennai：C&M Digitals（P）Ltd.，2019.

因经历和价值观等差异会产生不一样的看法。同时，信息传递者也会根据信息接收者不同而有选择地传达信息，由此更增加了获取真实性信息的难度。辨别信息真伪需要花费一定的时间和精力，但社会工作者不应节省这一信息获取成本，毕竟只有真实的信息才算得上是有价值的信息。对于一些暂时无法完全确认而又非常有必要展现在报告中的旁听信息，社会工作者也应注明相应的信息来源，以便后期取证。

5. 社会工作报告应反映服务对象观点

为了应对社会工作专业发展过程中出现的官僚化或家长制弊病，同时也为激发服务对象自身潜能，“服务对象参与制”逐渐兴起并得到发展。所谓服务对象参与，即服务对象不仅有权了解与自己利益相关的问题，还应当参与到解决问题过程中。服务对象参与一般有三个层次：第一，服务对象参与问题解决的讨论与行动过程；第二，服务对象进入机构管理或决策层，参与机构发展；第三，服务对象自己组织起来，建立解决涉及自身利益的某一问题的组织或机构。服务对象参与制的发展就是为了在解决问题时，尽可能使服务对象以及利益相关者都可以为自己发声，而这也与社会工作价值理念相一致。社会工作报告中体现服务对象声音不仅是对实践发展的记录，也是对相关国际公约的遵守，如根据《联合国儿童权利公约》第十二条规定，“儿童特别应有机会在影响到儿童的任何司法和政策诉讼中，以符合国家法律的诉讼规则的方式，直接或通过代表或适当机构陈述意见”。同时需注意，报告不仅要反映服务对象声音，也应包括其他利益相关者的想法。如社会工作者在撰写如何提升儿童和青少年预防性侵害的自护能力时，社会工作者不仅应该咨询儿童和青少年，还应当了解家长、同辈群体、学校老师以及社区居委会等的想法与意见。

6. 社会工作报告撰写者应时刻考虑自身的社会角色

社会工作报告撰写者的角色并非一成不变，它会随着社会工作报告类型或报告要求者而发生改变。例如，在司法社会工作中，法官会参阅社会工作者的庭前报告或社会背景报告，因为司法社工与服务对象或服务对象相关的重要他人有过接触，对服务对象实际的社会与生活情况比较了解。但当法院需要一份有关服务对象的独立社会背景报告时，法官可能需要社会工作者事前与服务对象或服务对象相关的重要他人无任何接触。

就社会工作报告要求者而言，倘若是项目评估方要求一份具体服务领域的项目总结报告，此时撰写者应该是一个对该领域项目具体实施情况特别了解的专业实践社工；而倘若是要求一份总体的项目发展报告，则要求报告撰写者对项目各个具体服务领域都很熟悉，但却并不一定要有每个领域的具体实践服务经验。

此外，需注意，社会工作者在撰写报告时应确定与报告相关的服务对象是否同意。社会工作的核心价值是尊重服务对象权利，如参与权和自我决定权，这要求社会工作者尽可能知会服务对象相关信息，即使在服务对象不同意你撰写与之相关的报告时，社会工作者也应该询问清楚服务对象的顾虑，并设法了解这些顾虑是否能够得到解决。但根据报告性质，社会工作者也可能在没有获得服务对象同意的前提下被要求提供一份报告，如法院可能强制要求司法社工提供一份有关服务对象的社会背景报告，此时，社会工作者则应当在报告中注明是否获得了服务对象同意。

三、社会工作报告的特征

据凯伦・希利和琼・穆赫兰总结，一份有效的报告应当具备以下几点特征，即信息清晰、具备逻辑顺序、相关的信息资源充足、简洁。[①]

（一）信息清晰

就像对某一件事情的叙述一样，无论哪种类型的报告都需要事实与观点的结合。在撰写报告时，我们必须将观点与事实分开，阐述事实时避免掺杂个人情感观点，而讨论观点时则将相关的支撑材料罗列出来。这种区分对于精确且明晰地向读者传达我们对某一事件或问题的了解以及与之相关的专业评估和建议等信息非常重要。在这里，事实即指我们能够确定的反映事件原本面貌的信息，通常来源于我们直接或从可靠的来源了解到的该事件或现象信息。社会工作专业实践中的事实信息可以包括服务对象及其相关者参与个案会谈或者参加小组或社区活动的次数及内容，服务对象就医信息或相关残疾证明等。观点不仅包括社会工作者对事实的专业评估与论述，还包括服务对象和其他利益相关者自己的观点与看法。如社会工作项目总结报告中，项目的成效与不足除了专业社工进行总结与论述，还应当邀请项目服务对象或服务对象的重要他人开展焦点小组或进行面对面访谈，以了解他们对于该项目开展的满意度如何并寻求相关发展建议。

事实具有可被证实性，因此报告撰写者需要考虑如何去证实自己报告中出现的相关事实。如果你已经尽自己所能检查了事实的真实性，此时就可以将那些尚未完全确定的事实或观点单列出来，并说明未被完全证实的相关缘由。此外，倘若你不确定是否要将某一问题记录在报告中，则可以在报告中这样写："我记录这个问题的原因是……"同样地，如果你觉得读者可能会对报告中的某些行文处理产生疑问，也可以对此做出解释，如对长者照护情况的描述做出解释："以往研究表明，亲属与保姆对长者情感需求满足不同，应该将二者的照护情况分开表述，但就长者日常生活满足角度而言，二者差距很小，且问题主要是探究长者居家安全满足，故将保姆和亲属照护统归在一起。"对于报告中出现的任何不确定性信息，都应当进行说明，而不应为了报告简洁而将其隐瞒。问题的详细陈述也许会加大报告篇幅，但对于提升报告可信度却有很大的帮助。

除了可被证实性，报告撰写者也应当保证事实的全面客观性。这一点可能非常

---

① HEALY K，MULHOLLAND J. Writing skills for social workers. Chennai：C&M Digitals（P）Ltd.，2019.

难做到，尤其是对社会工作实践者而言。社会工作者与服务对象以及服务对象所处的社会环境紧密接触且频繁互动，如此，不可避免地会在与服务对象进行交谈或倾听时产生一些情绪反应。这样的情绪反应有时在特定情境下可能让社会工作者对将来要发生的事情产生一些预感，但社会工作者必须在形成事实和观点之前，将自己对现实的情感反应同现实情况分开，从而为报告提供有效信息。正如在完成一段写作后检查是否存在写作问题一样，对自己的情感反应进行反思也非常重要，这能够确保情感反应不会真的影响报告写作。在报告写作中，以一种冷静和客观的方式将自己所经历或目睹的事件与观察纳入其中非常重要，而对这些事件与观点的解释不仅能帮助阐明写作者的观点，也有助于读者接受该报告结论。

此外，对事实的表述方式也应关注。正如在报告撰写注意事项中提到的语言使用问题，报告对事实的阐述也应当尽可能以一种读者能够理解的方式来描述事件、行动或问题的性质，这样可以有效降低事实被误解的概率。美国学者西摩（C. Seymour）在谈到事实描述时说道，站在他人，尤其是那些可能对你所阐述的事实和观点提出质疑的人的立场上来考虑你的信息。① 如此可以更容易发现事实信息哪里描述不足，哪里可能超出了自己所了解到的事实范围，从而极大地提升你所陈述事实的被接受程度。例如，将已知事实和支撑这些事实的相关证据同观点区分开来非常重要，这也是一份优秀专业报告应具备的特征。那如何做到这一点呢？首先，我们应该写明报告中的观点是自己观察得来还是旁听他人得来的。社会工作报告撰写者必须确保自己的意见与他人所说观点相区分。例如，如果服务对象邻居告诉你服务对象有在家堆积垃圾的习惯，你应当写明这是服务对象邻居的阐述，而非你已经确定的事实。当然，你也可以为这个邻居的陈述提供一些支持性证据，如服务对象的家人也说，服务对象的确有在家堆积垃圾的习惯，但此时，你必须在报告中说明，是服务对象的邻居和家人告诉你这一信息，而并非你自己亲眼所见。其次，始终对你尚未了解到的任何事实提供信息来源。例如，不要说“谢叔叔在 8 月 10 日晚上不但拉肚子还大便出血”，而应该说，据谢叔叔老伴说，谢叔叔在 8 月 10 日晚上开始不停地拉肚子，还大便出血。再次，如果之前有机构同工处理过与你现在面对的相关或相类似的问题，你可以借阅相关文书记录作为参考。

（二）具备逻辑顺序

一份报告一定要有逻辑顺序，它的结构顺序可能是预先设定的也可能是遵从报告要求者给定的格式。在写报告前，你需要在心中勾画出报告的大致轮廓，不同材料大致放在哪一部分，只有作者自己对报告的结构顺序排列清晰，读者才有可能顺畅阅读和理解报告内容。以下是对如何撰写一份逻辑清晰的报告的几点建议。

首先，报告开始的部分应当为整篇报告做一个概述，主要包括报告主题和相关结论。如在撰写长者需求调研报告时，可以在主体部分开始前这样交代：

---

① SEYMOUR C，SEYMOUR R. Courtroom skills for social workers. Exeter：Learning Matters，2007.

W社工站即将进入第二个服务期，为进一步了解社区长者需求以及可用资源情况，以便对社工站长者领域制定未来一年服务规划提供指导，W社工站长者领域同事对W街13个社区开展了需求调研活动。根据调研以及总结以往服务年度情况得出，W街长者退休前多在事业单位上班，退休后不仅有一定的退休金作为生活保障，原工作单位还为退休职工配备一定的文娱康乐资源，生理与安全需求得到满足。按照年龄、自理情况以及社会支持程度，可将W街长者分为一般性长者和困境长者。其中困境长者多为高龄且独居、孤寡或患有重大疾病，这部分长者因社会支持网薄弱，存在外出就医和居家照顾困难的情况。一般性长者是指除困境长者之外的长者，该部分长者在健康管理知识方面的需求较大。

其次，结合报告具体类型，为报告主体部分订立分项标题。如在需求调研报告中应当包括调研背景、调研目的及意义、调研对象、调研方法、调研内容、调研结果分析、服务需求小结以及服务建议，每个分项标题下面结合具体需呈现的信息内容又分别订立分点标题，如此顺延，将所有信息囊括。而且各级标题之间需有逻辑性，如从宏观到微观、从背景到现实、从行为到心理等。

再次，将报告涉及的相关材料信息以附件形式放在最后，以便读者翻阅。依旧以需求调研报告为例，社会工作需求调研不仅包括服务对象填写的问卷与访谈提纲，还包括利益相关者访谈大纲以及访谈对象名单（可半匿名化，如不写全名，只写李阿姨）等，将此类与报告相关信息一并在报告中呈现，将极大地增强报告的可信度。

（三）相关的信息资源充足

报告中展示的所有信息都应当与你关注问题的专业目的相关。为确保信息收集方向不发生偏差以及信息收集范围足够广泛，社会工作者先要了解自己所撰写报告的类型以及所要涉及的领域范围和主要受众对象。例如，之前提到的需求调研报告主要探讨某一街道、社区或群体的需求，收集信息的直接方式就是接触该群体或群体的利益相关者。除了直接的信息交流，社会工作者还可以借助相关文献以及服务文书等，以间接的方式了解该群体的相关信息。同时，为确保信息收集方向以及信息收集界限正确，调查者在信息收集前最好向报告要求者了解清楚相关需求，包括报告内容主题或侧重点、报告长度以及用途等。

在资料收集完成后，报告撰写者将面临一个信息筛选的过程，因为并不是所有搜集到的资料都需要写进报告。这是报告撰写的一个挑战，信息筛选是否合理恰当，直接影响了后续的报告写作。此时，写作者需要结合报告表达的重点、读者阅读的目的，以及主要受众对象对此方面信息的知晓程度等综合考虑来决定信息的去留。此外，需注意，虽然我们强调报告简洁，尽量省略一些不必要信息，但报告覆盖所有与问题相关的材料信息也一样重要，尤其是对某一尚有争议的观点或问题进行解释时。尽管这样做可能会增加报告篇幅，但却有利于展现专业性与严谨性，提升报告的可信度。

（四）简洁

简洁的报告比冗长或详细的报告更能吸引读者阅读。报告阅读者在文化背景和知识程度上都存在较大的差异，如前面提到的社工站的自评报告读者可能会是拥有几十年专业实践背景的专业社会工作实践者，也可能会是一些只了解基本社工知识的赞助方，又或者是一些会计、财务或金融知识背景的评估专家代表。为了帮读者更好地读懂报告，写作者可以利用一些图表、副标题或脚注等，帮助阅读者找到自己想阅读的内容或理解一些可能不怎么懂的专业知识。

报告完成后可检查是否有多余或重复的语言，进行修改，从而使我们的报告更加简洁。

为达成以上各项要求，可参考以下清单进行检查：

（1）对可能产生误解的信息进行解释。

（2）对他人可能有不同理解的信息进行定义。

（3）对你选择将某一信息纳入标准进行说明。

（4）对你认为有争议的问题定义进行解释。

（5）对信息进行分类和标记，以便将相似的信息尽可能地组合在一起，且便于查询。

（6）将涉及问题的不同人群进行区分，例如服务对象、不同利益相关者。

（7）把你的注意力集中在所选信息的最显著的特点上。

（8）检查是否遗漏任何重要信息。

（9）考虑读者是否能够充分理解你提供的案例。

（10）检查报告提供的信息前后是否一致。

（11）检查报告语言是否足够简洁。

（12）检查报告用词是否足够精确。

（13）检查行文方式是否便于读者理解。

四、社会工作报告实例

社会工作者在职业生涯中会接触很多种不同类型的社会工作报告，在这里我们主要介绍需求调研报告和项目服务总结报告。目前，我国多采取项目制形式，购买方向社会工作机构购买一周期项目服务，并签订协议；社会工作机构则按照购买方要求对某一群体或在某一社区开展相应的服务。在项目服务开展前，社会工作机构需要先对服务对象群体开展需求调研，并结合购买方要求制订一年度服务计划，再按计划开展服务。在开展需求调研工作后，社会工作者需要结合调研情况撰写需求调研报告，以下是一份垃圾分类需求调研报告。

G市X街社工服务站垃圾分类项目调研报告

近年来，由于城市聚居人口数量的增加，城市规模不断扩大，城市生活垃圾的产生量和清运量也在不断增加，城市垃圾治理问题已然成为影响城市人居环境质量的重要因素。2019年7月，G市开始计划实现生活垃圾分类全覆盖工作，启动了《G市深化生活垃圾分类处理三年行动计划（2019—2021年）》，并预计在2021年12月实现全市城乡生活垃圾分类全覆盖的目标。由此，G市开始了一场倡导全民参与垃圾分类活动。X街位于Z区，Z区则是某重要CBD的主要组成部分，备受瞩目。X街居民践行垃圾分类对全市垃圾分类活动的推进具有很好的示范效应。然而，根据X街社工服务站社工前期走访及开展的垃圾分类活动经验发现，尽管X街居民几乎都知道垃圾分类，但在日常生活中却很少有人会真正践行垃圾分类，大部分居民都停留于意识层面而鲜少付诸行动。为更全面了解X街居民垃圾分类现状以及更好地了解影响X街居民进行垃圾分类的因素，从而更深一层促进居民在日常生活中践行垃圾分类，X街社工服务站社工开展了本次调研活动。

开头部分先介绍开展本次调研的背景。背景介绍则可采取宏观—中观—微观层级顺序进行。宏观层面主要是交代与本次调研活动相关的政策规划或是社会大事件等，目的在于引入本次调研主题，如例文中交代因为城市规模不断扩大，城市生活垃圾的产生量和清运量也在不断增加，城市垃圾治理问题已然成为影响城市人居环境质量的重要因素。中观层面则主要交代本市有关于垃圾分类的实施程度与情况，目的在于引入本次调研的适应性，即G市积极响应国家垃圾分类倡导活动，要求在2021年12月实现全市城乡生活垃圾分类全覆盖的目标。注意，宏观与中观层面背景交代主要在于说清楚开展本次调研的整体适应性，或是阐明背后的社会发展性意义，通常用一两句话概括说明即可，不用耗费太多笔墨。背景交代的落脚点应立于微观层面，即在街道或社区层面上开展本次调研活动的重要性或合理性，如例文中说明，X街开展垃圾分类在G市具有天然的示范效应，而X街居民垃圾分类实施情况却不容乐观，为探究影响X街居民垃圾分类因素，以提升X街居民垃圾分类践行水平，X街社工站开展了本次垃圾分类调研活动。

一、调研目的

了解X街居民垃圾分类实施现状、社区相关方对垃圾分类实施的期待，以及影响居民践行垃圾分类的影响因素，以更具有针对性的设计来开展垃圾分类服务活动，倡导居民在日常生活中践行垃圾分类，从而更好地促进X街垃圾分类整体发展。

二、调研方法

本次调研主要采取问卷法、访谈法以及文献分析法。问卷法主要对X街七个社区分区发放问卷，以了解街道社区垃圾分类的一般现状；访谈法则主要选取街道社区中不同相关方代表进行半结构式访谈，以了解社区不同相关方的期待；文献分析法对与垃圾分类相关的政策、宣传以及文献研究等进行汇总、编码与分析，以了解影响居民践行垃圾分类的一般性因素。

三、调研时间

2020年11月—2021年1月

四、调研地点

X街辖区内社区

五、调研对象

1. X街辖区内社区居民

通过对X街辖区内七个社区发放问卷，了解街道社区居民垃圾分类实施现状以及对垃圾分类活动的期待。

2. X街街道办、社区居委会、物业、社区组织等

通过选取相关方代表进行访谈，深一步了解街道办、社区居委会、物业、社区组织等相关方对垃圾分类活动的期待。

3. 垃圾分类相关文献资料

通过对垃圾分类相关政策、宣传与文献资料进行分析研究，综合了解影响居民垃圾分类活动的一般性因素，从而为服务设计与开展提供方向指引。

六、调研进程安排表

第一阶段：

调研方案设计与准备。2020年11月1日—2020年11月20日，撰写调研方案，设计调研问卷和访谈提纲。

第二阶段：

实施调研。2020年11月20日—2020年12月31日，对X街道辖区内七个社区发放问卷；走访街道办、社区居委会、社区物业、社区组织、社区骨干居民等相关方。

第三阶段：

整理、分析调研资料，撰写调研报告。2021年1月1日—31日，将调研问卷录入SPSS进行分析，了解街道辖区内居民垃圾分类现状；对相关方访谈进行汇总、整理与同类项分析，得出街道辖区内相关方对垃圾分类活动的期待；对垃圾分类相关政策、宣传与研究资料进行汇总、编码与整理分析，得出影响居民践行垃圾分类的一般性因素，并结合问卷和访谈调研资料分析得出影响X街社区居民践行垃圾分类的重要因素。根据分析结论，撰写调研报告。

调研目的可参考小组或社区活动目的设定要求，一般情况下需要满足可测量、可实现、可操作化，切忌空、大、泛等情况发生。同时，在设定调研目的时，若调研主题涉及多个相关主体，如例文中不仅有X街社工站和X街社区居民，还有社区居委会、社区物业、街道办以及社区组织等，目标设定也最好包含这些相关主体的需求满足，因为调研活动的主题与这些相关主体息息相关，这些重要的相关主体是否支持本次调研活动，不仅直接影响调研结果，更对于后续主题活动开展有着重要影响。故调研目的融入相关主体方的需求满足，不仅有助于本次活动调研取得相关主体方的支持，也有利于后续垃圾分类活动的实际开展。

我们知道，社会工作实践调研方法一般包括问卷收集、访谈和文献资料分析，报告中交代清楚本次调研具体采取了哪种方法、具体如何实施以及收集的主要信息即可。如例文中问卷法主要对X街七个社区分区发放问卷，以了解街道社区垃圾分类的一般现状，如果问卷中含有抽象的概念，可采用量表形式测量；访谈法则主要选取街道社区中不同相关方代表进行半结构式访谈，以了解社区不同相关方的期待；文献分析法选取与垃圾分类相关的政策、宣传以及文献研究等进行汇总、编码与分析，以了解影响居民践行垃圾分类的一般性因素。调研时间、地点、对象与进度安排一般依据自身实际情况设定，此处建议时间与进度安排不可过短也不可过长，因为时间过短会给社会工作者增加工作压力，过长则又会拉长调研战线，影响大家积极性。

七、调研结果

（一）文献分析

G市垃圾分类由来已久。早在2012年，G市就出台《关于推进全民垃圾分类处理工作的意见》，提出要推动垃圾源头减量，普及分类投放。此后几年既是探索实施阶段，也是经验总结时期。到2017年，响应“五位一体”发展战略，作为环境保护中的重要一环，垃圾分类被再次重点强调，如2017年3月发布《A省人民政府办公厅转发国务院办公厅关于转发国家发展改革委、住房城乡建设部生活垃圾分类制度实施方案的通知》，提出要创新体制机制，通过建立居民“绿色账户”“环保档案”等方式，对正确分类投放垃圾的居民给予可兑换积分奖励，同时探索“社工+志愿者”等模式，推动企业和社会组织开展垃圾分类服务。2018年发布《G市人民政府办公厅关于〈G市生活垃圾分类管理条例〉的实施意见》提出要动员社会参与，在社会树立垃圾分类人人有责的理念。发展至2019年，经过前几年的探索发展与铺垫，垃圾分类推行模式初成，如发布了《G市生活垃圾分类管理条例》，对垃圾分类管理总则、分类投放细则、分类收集、运输与处置以及促进和监管措施提出明确指示，同时对各相关方责任做出明确规定，至此，垃圾分类不仅有了系统化流程处置，还具有了法律意义上的明确指示。

在理论研究层面，与政府倡导垃圾分类发展同步，在2012年北京、上海、广州等地开始实施垃圾分类时便有学者对垃圾分类推行进行专门研究，多集中于影响居民实施垃圾分类的因素研究。如学者徐林等（2017）从垃圾分类政策、心理因素层面，辅以个人背景特征变量，分析三者之间关系发现：居民对垃圾分类实际价值与道德价值的认同程度越高，所感知到的个体控制力和舆论影响力越强，居民参与分类的程度也会越高；同时，居民感知到的政策有效性越高，其参与分类的水平也越高。此外，非正式回收系统对于居民分类行为有显著的正向影响，即非正式垃圾回收市场越繁荣、回收群体越活跃，居民参与垃圾分类的程度也越高。如此证明，分类与回收密不可分，在垃圾回收成为一种经济诱因的前提下，居民对回收途径的便捷性、可回收垃圾的种类及价格的满意度越高，居民的分类意识和分类水平也越高。

在垃圾分类实现机制上，学者们从参与者视角出发，研究不同主体参与对垃圾分类实施效果的影响。其中，学者陈海滨等（2017）提出社区居委会在垃圾分类制度中的组织落实、宣教培训和检查督导中的关键作用；吴灵琼（2019）分析居民个体在垃圾分类行为实施上的促进与阻碍因素发现，居民个人对垃圾分类行为后果的感知、角色期待、社会责任意识、内群体和外部市场因素等直接影响了其垃圾分类行为实施；吴晓林、邓聪慧（2017）对政府干预垃圾分类秩序建构进行研究后得出，依靠立法、行政处罚与监督、强制收费等强干预手段，可将垃圾分类成本“内部化”，同时辅以宣传教育、多元参与、社区营造等弱干预手段，则可进一步增强人们对垃圾分类的文化认同与自觉性。也有学者从多方主体视角出发，认为政府运用行政手段进行日常宣传与奖励，居民志愿组织基于人情对普通居民进行劝说，政府与社区志愿组织在日常工作中进行相互管理与监督，普通居民在政府与社区志愿组织的双重驱力和舆论监督压力下践行垃圾分类，可最终促成社区垃圾分类实现。

例文中，文献分析方法主要在于寻找影响垃圾分类行为实施的一般性因素，包括指导垃圾分类实施的一般性理论、方法或实施模式，从而给X街垃圾分类活动开展提供一般性或方向性指导，因而在调研报告中，文献分析结果主要展现过往垃圾分类实施活动的经验总结，包括目前垃圾分类总体实施进程中的有效借鉴方式、指导垃圾分类活动实施的理论来源，以及垃圾分类实施机制等重要内容。需注意的是，考虑到存在多种不同垃圾分类相关资料，在撰写文献资料分析结果时，社会工作者需采用一定的逻辑架构，有条理或有层次地介绍目前垃圾分类活动实施的经验成果，如例文中，先是介绍政策文本中的垃圾分类实施方法，之后则总结目前学术界有关垃圾分类的成果研究，最后再统一汇总促进垃圾分类实施的整体实现机制。

（二）问卷分析

本次调研主要通过问卷星发放，问卷以链接形式发放至社区居民群；同时，为尽可能覆盖社区居民，又在社区外展活动时以纸质问卷形式现场发放给较少使用电子设备的社区居民填写。共收回有效问卷348份，其中Y社区46份，有效占比13.2%；J社区45份，有效占比12.9%；JY社区62份，有效占比17.8%；X社区78份，有效占比22.4%；XQ社区37份，有效占比10.6%；P社区39份，有效占比11.2%；T社区41份，有效占比11.8%（见表4-3）。其中男性175人，女性173人（见图4-1）。

表4-3　接受问卷居民所属社区分布

社区	频数	百分比	累计百分比
J社区	45	12.9	26.1
JY社区	62	17.8	44.0
X社区	78	22.4	66.4
XQ社区	37	10.6	77.0
P社区	39	11.2	88.2
T社区	41	11.8	100.0
Y社区	46	13.2	13.2
合计	348	100.0	

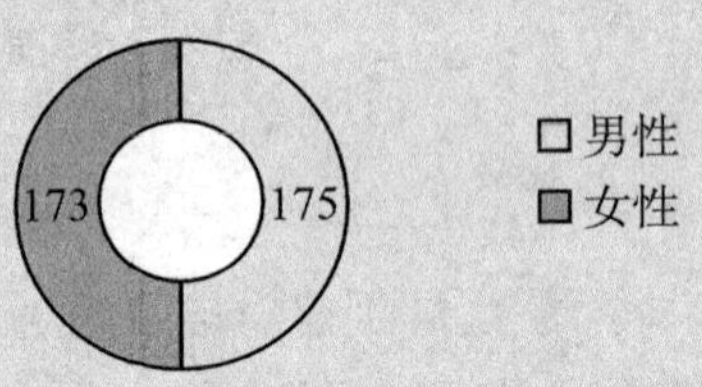

图4-1　接受问卷居民性别分布

据调研数据统计分析可知，目前大部分社区均已在社区楼道内撤销原有垃圾桶，并配备垃圾分类硬件设施，同时也会在社区开展知识讲座、摊位活动、悬挂横幅或张贴宣传海报等垃圾分类宣传活动以及进行入户宣传等。但从数据中也可以看出，目前社区内垃圾定时和误时投放贯彻较少，工作人员在垃圾桶旁指导投放次数也较少，而且尚有社区垃圾分类未落实到位（见图4-2）。

除了了解社区内垃圾分类进展情况，大部分居民自身对垃圾分类基本知识也有一定程度的掌握，如84.8%的居民知道垃圾可分为可回收垃圾、厨余垃圾、有害垃圾、其他垃圾四种，绝大多数居民认为，进行垃圾分类很有必要，仅有2.9%的居民不了解垃圾如何分类（见表4-4）。由此也可知，前期的垃圾分类宣传活动已取得一定的成效。

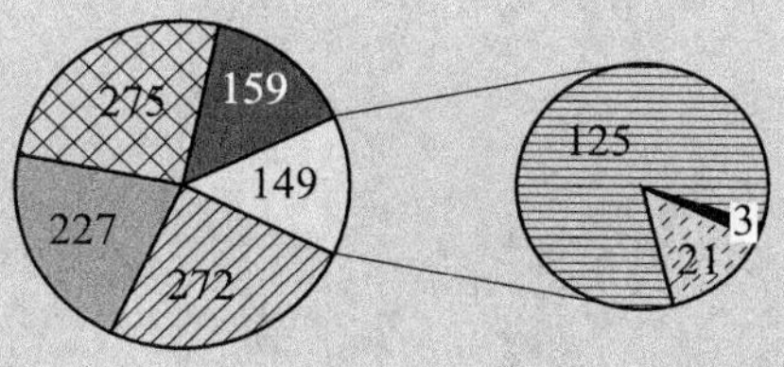

▨ 社区开展了宣传活动（如知识讲座、摊位活动、悬挂横幅或张贴海报等）

▩ 入户宣传垃圾分类，派发宣传单

▧ 社区楼道内撤销原有垃圾桶，配备垃圾分类硬件设施

■ 定时投放

▨ 不限时投放

▤ 定时和误时投放

■ 没有变化

图 4－2　X 街社区垃圾分类现状

表 4－4　X 街居民对 G 市城市生活垃圾标准分类的了解情况

		频数	百分比	累计百分比
有效	可回收垃圾、不可回收垃圾分类	15	4.3	4.3
	干、湿垃圾分类	4	1.1	5.5
	有害垃圾、无害垃圾分类	3	0.9	6.3
	厨余垃圾（餐厨垃圾）、其他垃圾分类	21	6.0	12.4
	可回收物、厨余垃圾（餐厨垃圾）、有害垃圾、其他垃圾分类	295	84.8	97.1
	不了解	10	2.9	0.0
	合计	348	100.0	100.0

关于垃圾分类是否必要，大部分居民赞同垃圾分类，认为进行垃圾分类可以提升垃圾利用率，保护环境，孩子学校有相关的知识学习，带着孩子做可以为孩子做榜样示范（见图 4－3）。当然，也有相当一部分人是因为政策要求而赞同垃圾分类。虽然这种动机不是大家喜欢看到的，但由此也可以看出，政策的强制力非常有助于推广垃圾分类，政府在垃圾分类活动中的角色不可或缺。

在追问居民不赞同垃圾分类原因的后续问题上，我们发现以下因素居多。例如，即使在家里分了也没有用，到垃圾收集环节还是“一锅端”；没有体会到垃圾分类对个人的益处，认为垃圾分类之后物业成本低了而物业费并没有减少，认为垃圾分类增加了自己的日常工作量等。进一步分析可知，不赞同进行垃圾分类的小部分居民很大原因是没有了解到垃圾分类后的处理方式以及缺少相应的经济诱因（见图 4－4）。由此也可以得出，在接下来的垃圾分类倡导活动中，可进一步加强对垃圾分类处理后垃圾的最终去向的宣传，同时在活动开展层面，也可进行一些能够让居民获得即时性满足的活动设计。

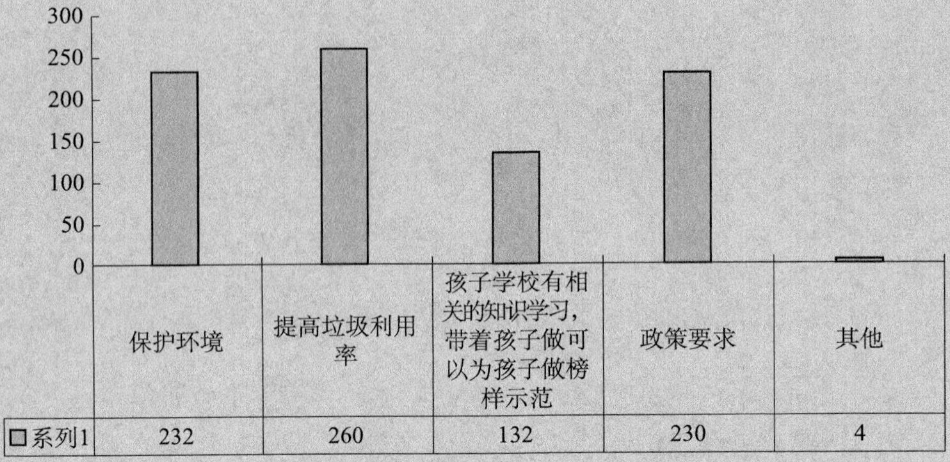

图 4-3　X 街居民赞同垃圾分类的原因

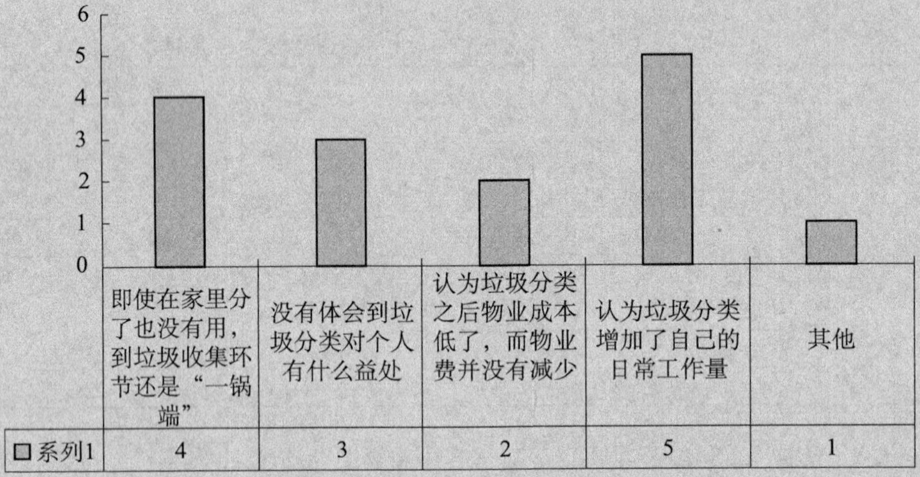

图 4-4　X 街居民不赞同垃圾分类的原因

在居民自身行动层面，通过数据分析可知，大部分居民会在家中进行垃圾分类，较多居民会通过不同途径学习垃圾分类知识，但也应注意，还有20%的居民仍处于观望中，随大众的状态，更有2%的居民完全没有参与垃圾分类（见图 4-5）。

通过对影响居民践行垃圾分类的环境因素的调查发现，当在社区内设置分类垃圾桶时，有84.2%的居民表示完全可以坚持按照要求进行垃圾分类，但也有14.9%的居民仍旧不能完全坚持（见表 4-5）。进一步调查发现，影响居民不能完全坚持垃圾分类的原因是虽然有分类意识，但缺少垃圾分类知识，不了解该如何分类；工作或生活太忙，垃圾分类耗时费事；觉得就算自己进行了垃圾分类，后期收集环节依旧会将垃圾混合在一起（见图 4-6）。从居民选择的项中可以看出，尽管居民在了解基础的垃圾分类知识后能够促进垃圾分类实施，但若是对垃圾分类后的流程知识不了解，也会影响居民垃圾分类活动的可持续性。

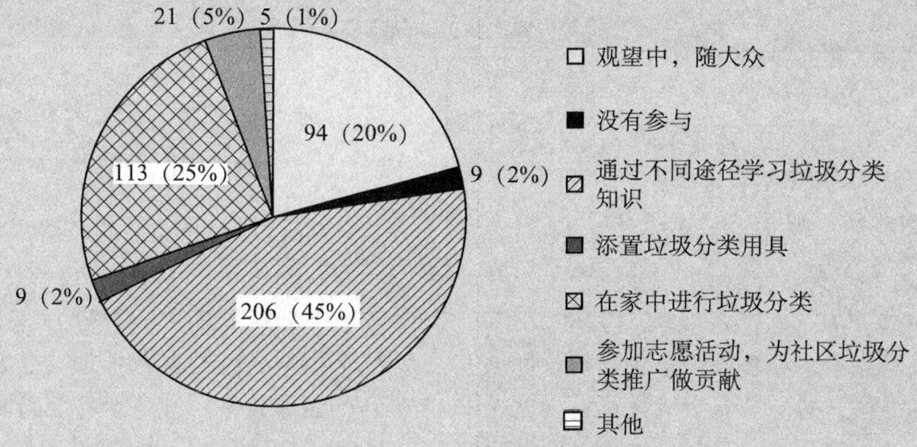

图 4-5　X 街居民垃圾分类实践情况

表 4-5　X 街居民坚持垃圾分类意愿程度

社区内设置分类垃圾桶，您是否能坚持按照要求进行垃圾分类？					
		频数	百分比	有效百分比	累计百分比
有效	完全可以坚持	293	84.2	84.2	84.2
	不能完全坚持	52	14.9	14.9	99.1
	拒绝垃圾分类	1	0.3	0.3	99.4
	其他	2	0.6	0.6	100.0
	合计	348	100.0	100.0	

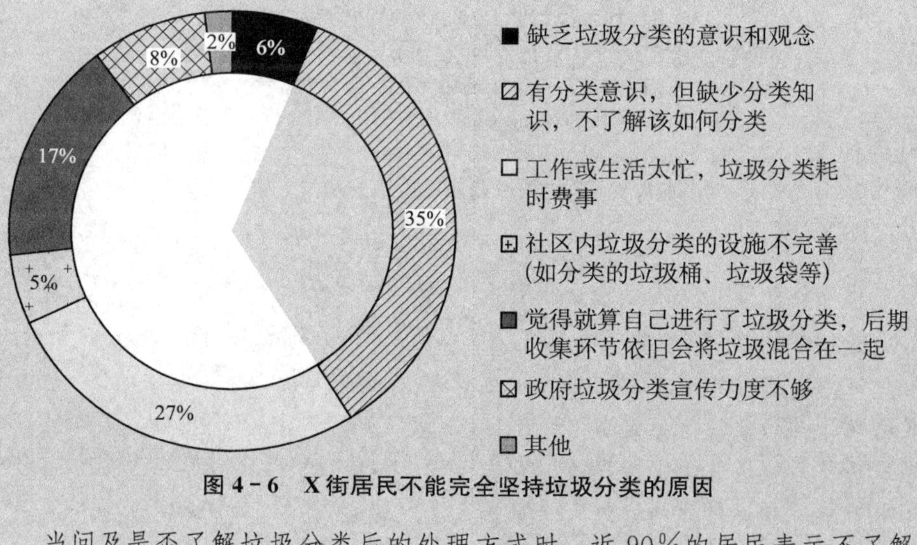

图 4-6　X 街居民不能完全坚持垃圾分类的原因

当问及是否了解垃圾分类后的处理方式时，近 90%的居民表示不了解，其中有 62.6%的居民表示希望能了解该方面的知识（见表 4-6）。由此可见，在垃圾分类倡导活动中，不能再仅仅停留于宣传垃圾分类以及垃圾分类种类知识，也应采取整体性思维，向广大居民宣传垃圾分类后的回收处理方式，帮助居民更加全面地掌握垃圾分类知识，从而推动居民持续实施垃圾分类。

表 4-6　X 街居民对垃圾分类处理方式情况的了解

您知道垃圾分类回收后的处理方式吗?					
		频数	百分比	有效百分比	累计百分比
有效	知道，是这样处理的……	28	8.0	8.0	8.0
	不知道，但希望能了解	218	62.6	62.6	70.7
	不知道，也不想了解	95	27.3	27.3	98.0
	其他	7	2.0	2.0	0.0
	合计	348	100.0	100.0	100.0

在垃圾分类推广途径层面，据数据分析，近八成居民提出更希望社区能够开展垃圾分类知识宣传活动，如知识讲座、摊位游戏等，或是在社区内宣传栏张贴海报、横幅或通过广播等宣传或工作人员上门宣传，派发垃圾分类宣传单等，也有近五成居民提出，希望在投放垃圾时，有工作人员科普垃圾分类知识（见图 4-7）。

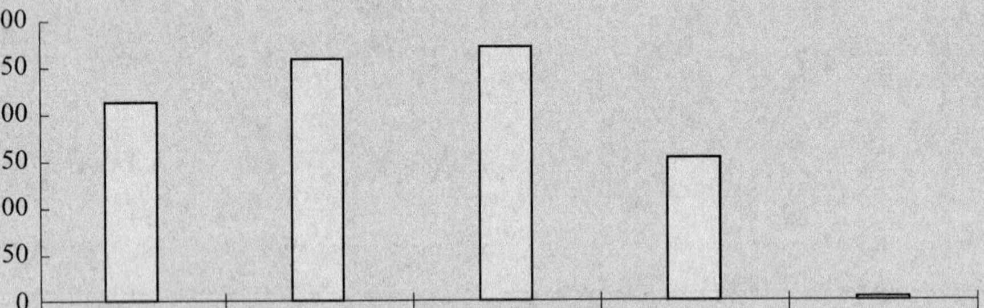

	社区工作人员上门宣传，派发垃圾分类宣传单	在社区内宣传栏张贴海报、横幅或通过广播等宣传	社区开展垃圾分类知识宣传活动（如知识讲座、摊位游戏等）	投递垃圾时，有工作人员科普垃圾分类知识	其他
□系列1	212	259	272	153	3

图 4-7　X 街居民期望的垃圾分类推广方式

为进一步了解居民垃圾分类行为是否与社区、性别、年龄段、收入等社会学人口特征因素相关，将是否赞同垃圾分类变量处理为二分变量，其中赞同垃圾分类赋值为 1，不赞同赋值为 2，然后录入 SPSS 进行卡方分析检验。

从卡方检验表中可直观看出，在 99%的置信水平区间下，社区与是否赞同垃圾分类的似然比 Sig 值为 0.013（见表 4-7）。由此可得出，不同社区间在是否赞同垃圾分类上有显著差异。同理可得，居民的性别与是否赞同垃圾分类无明显相关性，换言之，男性和女性间在是否赞同垃圾分类的看法上没有显著差异（见表 4-8）；年龄段与是否赞同垃圾分类具有较强相关性，在 99%的置信水平区间下，似然比的 Sig 值为 0.016，意味着不同年龄的居民对是否需要垃圾分类的看法大不一样（见表 4-9）。

表 4-7　不同社区居民认为垃圾分类是否必要的卡方检验

	值	Df	渐进 Sig.（双侧）
Pearson 卡方	14.397①	6	0.025
似然比	16.158	6	0.013
线性和线性组合	0.003	1	0.959
有效案例中的 N	343		

注：①7 单元格（50.0%）的期望计数少于 5。最小期望计数为 0.97。

表 4-8　不同性别居民认为垃圾分类是否必要卡方检验

	值	Df	渐进 Sig.（双侧）
Pearson 卡方	0.120①	1	0.729
连续校正②	0.000	1	0.993
似然比	0.120	1	0.729
线性和线性组合	0.120	1	0.729
有效案例中的 N	343		

注：①2 单元格（50.0%）的期望计数少于 5。最小期望计数为 4.49。
②仅对 2×2 表计算。

表 4-9　不同年龄段居民认为垃圾分类是否必要卡方检验

	值	Df	渐进 Sig.（双侧）
Pearson 卡方	7.155①	3	0.067
似然比	10.294	3	0.016
线性和线性组合	0.838	1	0.360
有效案例中的 N	343		

注：①4 单元格（50.0%）的期望计数少于 5。最小期望计数为 1.05。

同理，将是否会在家中进行垃圾分类处理为二分变量，1 为“会”，2 为“否”，然后将其与所在社区、性别、年龄段、月收入等变量进行卡方分析得出，居民的性别和月收入与居民是否会在家中进行垃圾分类并无相关性（见表 4-10、表 4-13）。居民所处的社区和年龄段则与是否在家中进行垃圾分类具有较强的相关性，在 99%的置信水平区间下，其似然比 Sig 值分别为 0.001 和 0.000。换言之，某些社区的居民已经在家中进行垃圾分类，而另外一些社区的居民还未开始垃圾分类，这可能是社区不同特征造成的（如人口结构、宣传、管理等）；部分年龄段的居民已经在家中进行垃圾分类，而其他年龄段的居民则尚未开始，这可能是不同年龄段居民的心理特质或观念所致（见表 4-11、表 4-12）。

表 4-10　不同性别居民是否会在家中进行垃圾分类卡方检验

	值	Df	渐进 Sig.（双侧）
Pearson 卡方	1.599①	1	0.206
连续校正②	1.026	1	0.311
似然比	1.586	1	0.208
线性和线性组合	1.594	1	0.207
有效案例中的 N	286		

注：①0 单元格（0.0%）的期望计数少于 5。最小期望计数为 7.49。
②仅对 2×2 表计算。

表 4-11　不同社区居民是否会在家中进行垃圾分类卡方检验

	值	Df	渐进 Sig.（双侧）
Pearson 卡方	22.182①	6	0.001
似然比	22.353	6	0.001
线性和线性组合	0.024	1	0.876
有效案例中的 N	286		

注：①7 单元格（50.0%）的期望计数少于 5。最小期望计数为 1.72。

表 4-12　不同年龄段居民是否会在家中进行垃圾分类卡方检验

	值	Df	渐进 Sig.（双侧）
Pearson 卡方	17.234①	3	0.001
似然比	23.496	3	0.000
线性和线性组合	1.322	1	0.250
有效案例中的 N	286		

注：①3 单元格（37.5%）的期望计数少于 5。最小期望计数为 1.84。

表 4-13　不同月收入水平居民是否会在家中进行垃圾分类卡方检验

	值	Df	渐进 Sig.（双侧）
Pearson 卡方	1.390①	4	0.846
似然比	1.321	4	0.858
线性和线性组合	0.906	1	0.341
有效案例中的 N	286		

注：①4 单元格（40.0%）的期望计数少于 5。最小期望计数为 1.84。

从以上分析可知，居民是否赞同参与垃圾分类、是否会在家中进行垃圾分类均与性别和月收入等因素无关，而与居民所处社区以及年龄段相关。结合上一年度服务，P 社区、J 社区和 T 社区居委会与物业都较为重视垃圾分类，平时在社区开展垃圾分类宣传活动也较多，从而可进一步得出，社区垃圾分类的整体环境影响居民对垃圾分类的认可度以及日常实施，推行垃圾分类不仅需要社工站相关宣传活动的支持，也需要居民所处社区周围环境的建设。由此也可知，推行垃圾分类离不开社区居委会、物业等社区正式组织的支持。此外，年龄在 29～50 岁的居民不仅更为赞同垃圾分类，同时也更倾向于在家中进行垃圾分类。结合文献分析结果，一方面，此年龄段居民较年老居民更容易接收到政府垃圾分类宣传信息，对垃圾分类的接受度较高；另一方面，相较于儿童和青少年，此年龄段居民大部分均已成家，在日常生活中接触垃圾分类处理机会较多，也更能够直观感受到垃圾分类对环境与自身的影响。由此也可进一步得出，29～50 岁年龄段居民将是推动城市垃圾分类的主力军，我们要充分发挥他们的先锋模范作用。

问卷分析目的在于了解 X 街道居民垃圾分类践行现状以及影响其践行垃圾分类的因素，从而为 X 街社工站开展垃圾分类活动提供指导，故在撰写这部分时，主要呈现X街居民垃圾分类的一般性信息，包括X街居民所在社区目前垃圾分类践行情况、对G市垃圾分类标准的了解程度、是否赞同垃圾分类、赞同与不赞同垃圾分类的原因、目前实施过哪些垃圾分类行动、坚持垃圾分类的意愿程度、不能坚持垃圾分类行动的原因、对垃圾分类处理方式的了解情况以及比较接受哪种垃圾分类推广方式等。当然，若想获得更多信息，也可以采用相关性、差异性或回归等相对复杂一些的分析方法，分析性别、年龄段、月收入或社区等因素是否会影响垃圾分类行为及其影响程度，如例文中采用卡方分析比较性别、年龄段、社区是否会影响X街居民对垃圾分类的态度，以及性别、年龄段、社区和月收入是否会影响居民在家中进行垃圾分类。依据分析结果，X街社区居民所处年龄段及其所在社区会影响其对垃圾分类的态度以及是否在家中进行垃圾分类。由此X街社工站社工则可以探析垃圾分类实施情况较好的社区特征是什么，并结合X街社区居民目前垃圾分类情况、期望的垃圾分类推广方式等信息，设计相应的垃圾分类倡导活动，同时将年龄在29～50岁之间的居民作为培育社区垃圾分类志愿者队伍的主力军，并设计符合29岁以下以及50岁以上居民特征的垃圾分类倡导活动，以提升其垃圾分类意识。

（三）相关方访谈

根据相关方访谈资料整理发现，X街辖区内大部分社区在2019年下旬开始实施垃圾分类，目前均已获得一定成效，如定时定点放桶撤桶，居民由一开始需要工作人员在旁指导投放垃圾到现在基本能够实现独立正确投放垃圾，社区楼道更加整洁，蚊虫减少，社区环境获得较大改善等。然而，在目前实施过程中，仍然面临一些难题尚未解决：

一是部分居民依旧不理解垃圾分类的倡议，认为垃圾分类是社区物业不作为。

“部分居民对于垃圾分类不理解，认为物业收取管理费不作为，加重居民的工作量。”（T社区物业）

“经过入户宣传和热心业主的站桶引导，大部分居民能够做好垃圾分类，极小部分居民还不理解，有对抗，目前还在调整。其中牵涉的问题较多，不单单是垃圾分类问题，还会涉及物业管理及业主权益方面的问题。”（J社区居委会）

二是垃圾分类指导员数量缺乏，居民垃圾分类习惯还未养成，当缺少垃圾分类指导员在旁指导时，居民垃圾分类行为出现倒退。

“居民自行在家进行分类还是有一定困难的，物业没有经费可以补贴给工作人员，在无人监督的情形下，居民形成垃圾分类习惯会有难度。另外，居民的垃圾分类知识比较缺乏。”（X社区居委会）

“居民比较配合，有安排志愿者站桶引导的话分类的情况会好一点儿，但是志愿者离开之后，分类的情况就没有那么好了，居民还没有真正养成这个习惯，没有监督就容易反复。”（P社区物业）

“居民大部分是长者，且文化水平较低，垃圾分类的准确率还需要进一步提升，习惯需要慢慢养成。”（X社区物业）

由问题产生需求，当面临社区居民依旧不够理解垃圾分类的意义以及社区垃圾分类指导员数量不够等问题时，社区垃圾分类相关方最大的期待是希望能够加强社区垃圾分类的宣传指导，以及培育社区垃圾分类志愿者队伍：

“社工站最好能多开展一些垃圾分类体验式或知识类的活动。”（X社区物业）

“能组建志愿队伍最好，但实际比较难组织起来。”（J社区居委会）

“形式多样的活动可以一起尝试合作开展，比如中转站、垃圾处理参观和表彰活动等。”（J社区居委会）

相关方访谈主要是呈现垃圾分类相关方需求。社会工作者在收集相关方需求时会发现，不同相关方表达的需求会比较多样，因此，在撰写社会工作报告时，社会工作者也需要学会如何从多种看似不同的需求中挖掘它们的共同点，即对相关方不同需求进行同类项合并，从而总结出几个比较突出且共性较大的需求。如例文中，根据相关方访谈总结出目前相关方在推行垃圾分类过程中面临的两大突出问题，即居民的误解以及垃圾分类过程中的人力不足。根据问题或需求，X街社工站社工便可以找准与垃圾分类相关方合作契合点，即在社区与相关方合作开展垃圾分类倡导活动，并培育社区垃圾分类义工队伍，节省相关方推行垃圾分类活动过程中自身的人力成本。

八、服务需求分析

根据调研资料分析结果，结合布拉德肖（Bradshaw，1972）需求分析理论，可归纳总结出以下几点居民规范性、表达性以及感受性需求：

（一）系统性学习垃圾分类知识的需求

根据问卷与相关方访谈调研资料可知，尽管目前大部分居民对垃圾分类知识有一定的了解，但这仅限于基础性的垃圾分类知识，如垃圾需要分类处理、应当如何分类处理，而对于垃圾分类之后将会如何处置以及为何要对垃圾进行分类处置等知识却并不了解，如此直接影响了居民对于垃圾分类政策的接受度与行为实施的可持续性，且增加了社区居委会与物业推行垃圾分类的难度。

（二）提升垃圾分类便捷性的需求

根据以往研究，社区内垃圾分类硬件设施越齐全，社区整体垃圾分类文化氛围越浓厚，居民在社区环境与社区群属感影响下，就越容易参与垃圾分类。因此，应当增加社区垃圾分类硬件设施配备，如放置分类垃圾桶、在垃圾桶旁设置洗手池、配置垃圾分类指导员等；或是提升社区垃圾分类软文化，如在社区宣传栏张贴垃圾分类海报、开展垃圾分类知识讲座或垃圾分类相关社区活动等。居民垃圾分类环境改善，其垃圾分类行为实施的动力则越强。

同时，根据经济人理论，当垃圾分类行为与利益满足相挂钩时，居民的垃圾分类行为实施欲望就会增强。因此，拓宽居民非正式垃圾分类渠道，如教授居民旧物利用知识或技巧，让居民学会变废为宝，或是为居民提供能够让垃圾分类相关行为直接变现为相关利益获得的平台渠道，如获得志愿服务时数，则能够直接促成居民垃圾分类行为实施。

（三）参与社区垃圾分类活动的需求

根据社会认同理论，行为人获得社会认同需要经过类化、认同和比较三个过程。类化指人们将自己编入某一社群，认同即认为自己拥有该社群成员的普遍特征，比较则是评价自己认同该社群相较于其他社群的优势。当社区满足了垃圾分类的硬件设施和软件文化建设后，要使居民真正认同社区垃圾分类，则还需使居民参与社区垃圾分类活动，帮助居民获得社区垃圾分类群体的普遍特征，如参与社区垃圾分类公益讲座或宣传社区垃圾分类等。此外，当帮助居民完成认同过程后，社工还需进一步协助居民看到社区垃圾分类的成效，看到自己社区相对于其他社区的优越处，从而完成社区居民社会认同的比较过程。

（四）成立社区垃圾分类志愿服务队的需求

居民社区参与不仅包括社区政治事务参与，还包括社区公共活动参与。成立社区垃圾分类志愿服务队，一方面满足居民投放垃圾时对垃圾分类指导员的服务需求，另一方面也可为居民参与社区公共事务提供平台和机会，同时还可进一步减轻社区居委会与物业推行社区垃圾分类工作的压力。

九、服务建议

（一）与社区居委会、物业以及社区内外商家企业等建立持续性垃圾分类合作关系

以往研究表明，正式的规章制度对垃圾分类的强制性约束可有效推动居民垃圾分类行为的实施。因此，有必要与社区居委会和物业合作，在对社区居民进行垃圾分类宣传后，制定社区垃圾分类章程，依章程约束社区居民垃圾分类行为。同时，作为社区原生正式组织，社区居委会与物业在开展垃圾分类活动上具有其独特的优势，如在垃圾桶旁安置洗手池以方便居民脏手后洗手，在社区宣传栏张贴垃圾分类宣传海报或上门派发宣传单等，这些都脱离不了社区居委会、物业的支持。

实践与研究表明，将居民垃圾分类行为与相关利益获得相挂钩可有效增强社区居民垃圾分类行为。社工可与社区内外商家企业合作，建立绿色账户或发放绿色积分卡，居民每参与一次垃圾分类活动，则可在绿色账户或积分卡上获得相应的积分或印章，集满一定数额，则可在相应加盟商家换取相应商品，如此，在满足居民垃圾分类的即时性物质需求的同时，也强化了居民的日常垃圾分类行为。

（二）开展垃圾分类主题知识系列学习活动

居民对垃圾分类知识掌握越多，认识越深，对社区垃圾分类认同感越强，则其日常垃圾分类行为实施就越多。开展垃圾分类主题知识系列学习活动，如对垃圾分类政策的学习，可提升居民对垃圾分类政策的接受度；对垃圾分类后处置方式的学习，可提升居民对垃圾分类的认识；一起制作社区垃圾分类成效手册，可增强居民对社区垃圾分类的认同感。这些都有助于提高社区居民参与垃圾分类的积极性，保证其参与垃圾分类行为的可持续性。

（三）开展旧物利用知识与技巧学习小组活动

不同种类的垃圾作用不一样，处置方式也存在很大的差别。不用的东西不一定都要丢弃，换种方式可以让原本无用的物品再次体现价值。以小组形式，先系统性教授一小部分社区居民学习旧物利用知识与技巧，然后以同辈辅导和邻里传播形式，扩散到社区更多居民，从而在源头上处理好“垃圾”。

（四）培育社区垃圾分类志愿者队伍与骨干

社区原生志愿者队伍具有极强的稳定性，且其成员作为社区一分子，相较于社区外志愿者，对社区的归属感和认同性也更强，更愿意在行动层面上去维护和发展社区。同时，培育本社区居民志愿者也有助于发挥社区熟人效应，减少社区垃圾分类推行阻力。最后，培育社区志愿者，不仅能为社区居民参与社区公共事务提供正式的平台与机会，也有助于减轻社区居委会与物业日常工作压力。

服务需求分析由调研结果而来。一般而言，经过上一节调研结果的总结，服务需求分析便大致形成。服务开展建议又根据服务需求而来，由服务需求提出服务开展建议。因此，在逻辑层面上，调研结果、服务需求分析、服务开展建议是层层递进关系。最后需要强调的是，无论是服务需求分析还是服务开展建议，社会工作者在撰写此部分内容时不仅要结合调研结果，还需要考虑社工站以及自身团队工作能力。虽然服务对象需求有多种，但并不是每一种需求社工站与社会工作者都能够帮其达成，即需求能被发现与挖掘并不代表都可以被满足。同时，考虑需求调研报告阅读者并不局限于社工站内部成员，因此在对外发布的报告内容呈现上，我们建议尽量展示社工站与社会工作者团队能够满足的需求。对于一些已被挖掘但目前尚未能够满足的需求，则可以在内部传阅的需求调研报告中记录，等待日后时机成熟再呈现给公众。

一般情况下，购买方在项目开展半年或一年时会对社会工作机构进行一次服务评估。在评估开始前，社会工作机构需要撰写好相应的项目总结或自评报告。下面我们用一份特色项目自评报告节选来大致展示一下自评报告的形式。

X街河涌治理项目自评报告（节选）

X街社工站重点领域
杨社工、张社工、薛社工
2018年11月

一、X街河涌治理年度需求调研情况

（一）调研背景

X街部分社区为拆迁安置社区。社工在日常社区走访中发现，该部分拆迁安置社区的河涌堵塞问题较为严重，即使是在天气晴朗时候，河水都会没过河涌两岸，影响居民正常出行。同时，据社区部分居民反映，上游有工厂将废水排放到河水中，河水污染严重，下雨天河水蔓延到社区道路上，严重影响了社区居民正常出行与生活。此外，社工站在与街道办沟通过程中了解到，街道办对于河涌堵塞问题也一直较为关注，但囿于人手不足，一直未能有效解决河涌堵塞问题，故希望能与社工站合作，了解社区居民对于河涌治理的想法，携手改善该部分河涌的堵塞情况，营造一个良好的河流生态环境。

（二）调研情况概述

1. 调研时间

2018年1月至2月。

2. 调研地点

X街河涌流经的社区。

3. 调研对象

河涌流经社区的社区居民20名，X街道办民政科科长、城管科科长，河涌流经社区居委会，X工业园区行政管理处处长，X街环卫工代表。

4. 调研方法

访谈法、观察法。

5. 调研工作进程安排

（1）调研方案设计和准备（2018年1月19日至22日）：撰写调研方案，设计访谈提纲。

（2）实施调研（2018年1月25日至2月6日）：走访街道办、居委会，并与相关社区居民进行访谈。

（3）调研资料整理（2018年2月7日至12日）：整理与分析调研相关资料。

（4）调研总结（2018年2月13日至15日）：根据相关资料分析结果，撰写调研报告。

（三）调研中发现的问题与需求

(1) 居民流动性大，河涌治理宣传效力持续性差。X街社区居民多为外来流动人口，根据街道办提供的信息，X街户籍与非户籍人口比例为3∶7。这些外来流动人口居住地方与居住时间都不稳定，常常是随着工作改变而变更居住地方。居民的流动性使得每次河涌宣传更像是一次性活动，无法在居民间形成一种循环机制。

(2) 居民对于社区河涌治理几乎无参与意识。在以往的河涌治理中，基本都是基层政府根据相关政策文件主导进行，居民很少参与其中。长此以往，居民便形成了“河涌治理都是政府的事，跟我没关系”的意识，由此也造成居民几乎不怎么关心与河涌治理相关的信息。同时，因为社区居民多为外来流动人口，很多居民觉得自己不知道什么时候就要搬离社区，不属于这个社区的居民，且社区很多福利外来流动人口无法享受，更觉得社区发展也与自己无关，对社区归属感弱，从而也更无社区活动参与意识或主动性。

(3) 街道办和居委会与社区居民缺乏一个良好的沟通渠道或平台。在与相关方访谈时了解到，河涌治理是街道今年发展重要关注目标。在以往的河涌治理中，居民参与少，几乎是街道和社区单方面推动开展，但由于人手不足且缺乏居民参与，整体治理效果不佳。同时，社区内很多居民不清楚怎么跟政府沟通，很多想热心参与社区活动的居民又苦于缺乏参与机会或渠道，而不知该如何向街道或社区表达自己的想法或贡献自身力量。沟通渠道不畅，造成基层政府与居民双方缺少对彼此的了解，基层政府不怎么清楚居民想法，居民也不了解街道和社区的发展计划与行动，影响社区治理效果。

二、河涌治理年度服务设计

（一）服务目标

1. 总目标

整合各方资源，共同关注与参与河涌治理，为X街营造一个良好的河涌生态环境。

2. 任务目标

(1) 链接至少2个与河涌相关的社会资源。

(2) 动员至少500名社区居民参与河涌治理。

(3) 推动至少3个利益相关方关注且参与到河涌治理的行动中。

(4) 改善X街河涌垃圾投放与堵塞情况，美化河涌整体环境外貌。

3. 过程目标

(1) 提升X街社区居民保护河涌环境的意识。

(2) 培育一支社区护河志愿者宣传队伍，持续性保护河涌生态环境。

(3) 在X街社区内部形成保护河涌环境内循环机制。

（二）服务内容

（1）整合各方资源。

①人力资源：社工站、居民志愿者、X街工业园区工厂工人志愿者、城管、环卫工和官方河长等。

②技术资源：链接X街环保促进会为巡涌义工队进行基本技能培训。

③物质资源：街道与社区为河涌治理提供一些必要的物资与经费。

④ 场地资源：链接X街五金塑料厂大型会议室作为巡涌义工队培育场地。

（2）发挥原有义工队伍力量，引导并鼓励其带头参与河涌治理。之前社工站已培育起居民和工厂工人两大义工队伍，但目前两支义工队伍对社工依赖性较大。为增强义工队伍的独立性，发挥义工队伍自身潜能，社工在后期活动中有意淡化自身角色，鼓励两支义工队伍合作策划系列性河涌治理方案。

（3）以定期开展茶话会、座谈会的形式，邀请社区居民代表与街道办、社区居委会等参加，搭建街道、社区与社区居民之间的交流互动平台。

（4）开展一系列河涌治理的社区倡导与宣传活动，动员社区居民参与，培育社区居民志愿者宣传队伍，在社区内部形成河涌治理宣传内循环，发展社区居民参与河涌治理的持续力。

（三）具体服务计划

河涌治理具体工作计划

目标	介入方式	工作内容	负责人	时间
整合各方资源参与河涌治理	在X街各社区开展河涌治理宣传倡导活动，提升X街社区居民河涌治理意识	1. 开展社区河涌治理宣传活动，包括游园、外展等不同形式社区活动 2. 与X街各社区居委会合作，在X街各社区宣传栏张贴河涌治理宣传海报，或上门派发宣传单等 3. 在X街各社区开展河涌治理知识讲座 4. 开展两个河涌治理相关小组，为河涌治理宣传志愿者队伍培育发展种子选手	张社工、杨社工、薛社工、河涌治理专题小组成员	2018年3月
	与X街河涌治理各相关方沟通并努力与之取得河涌治理合作关系	1. 先与X街街道办取得河涌治理合作关系，发展形成街道办指导、社工主导、社区居委会与社区组织合作、居民共同参与的河涌治理工作模式 2. 与各合作方明确相互间的责任与角色，共同商议订立X街河涌治理方案，并制定好任务分工表	张社工、杨社工	2018年3月

续表

目标	介入方式	工作内容	负责人	时间
搭建X街街道办、各社区居委会、居民与各社区组织交流平台	邀请X街河涌治理相关方代表共同参与X街河涌治理商议活动，成立X街河涌治理专题小组	1. 成立X街河涌治理专题小组，并发展形成小组协议，选举小组组长、副组长与监督员等，督促小组日常工作开展 2. 确定小组固定集会日以及集会相关议程	张社工、街道办陈主任	2018年3月
发挥社区原有义工队伍力量，参与社区河涌治理	鼓励并引导居民与工厂工人志愿者队伍参与河涌治理	1. 明确居民志愿者队伍与工厂工人志愿者队伍参与河涌治理的角色以及主要负责的任务，如居民志愿者队伍时间充裕且灵活，可主要负责检测河涌水质与河涌环境日常监督工作，工厂工人志愿者队伍可主要负责河涌治理活动策划与开展 2. 引导居民与工厂工人志愿者发动周围亲戚、朋友力量，共同参与社区河涌治理活动	薛社工、杨社工、居民志愿者王队长、工厂志愿者马队长	2018年3月—11月
培育社区河涌治理志愿者宣传队伍	培育并发展社区河涌治理宣传志愿者队伍，发挥社区居民内生力量参与河涌治理	1. 开展河涌治理相关小组与社区活动，在活动中挖掘河涌治理志愿者种子选手 2. 初步成立河涌治理志愿者宣传队伍，并开展志愿者相关技能培训 3. 链接环境治理专家资源，提升河涌治理相关志愿者队伍有关河涌治理的专业知识	张社工、河涌治理专题小组	2018年3月—11月
服务成效巩固	服务回访	1. 与河涌治理相关方进行访谈，了解其进一步想法与需求，并共同商谈下一阶段计划 2. 与居民代表访谈，了解其对过往河涌治理服务的看法，并收集相关服务建议	张社工、杨社工、薛社工	2018年12月
	服务成效总结	1. 整理相关回访资料，明确现阶段已取得成果以及未完成事项 2. 撰写河涌治理专项报告，总结过去服务优点与不足，为后续服务提供经验 3. 通过照片、视频等形式，将过去河涌治理成果可视化，与居民共享河涌治理成果	张社工、杨社工、薛社工、河涌治理专题小组	2018年12月

三、服务执行总体情况

（一）目标完成情况

（1）整合各方资源，参与河涌治理。X区团委、街道办、社区居委会为河涌治理提供服务开展资金，前后累计达3万元；X工业园区提供四箱活动小礼品以及活动会议室场地支持，折合人民币达1 000元；X环保促进会为河涌治理提供技术支持；居民与工厂志愿者队伍提供人力支持。

（2）搭建X街街道办、各社区居委会、居民与各社区组织交流平台，成立X街河涌治理专题小组，明确各方责任；通过线上与线下交流平台，随时随地处理河涌治理各项事务，提升河涌治理办事效率。

（3）提升X街居民护河意识与环保技能，加强社区居民参与。开展10场河涌治理与保护外展活动，5场环境保护系列讲座活动，6场主题性护河巡涌活动，系列性"学雷锋，爱劳动"周末河涌垃圾清理活动，系列性护河微行动之"随手拍、随手捡、随时护"宣传活动，系列性"美丽的河涌我的家"绘画大赛活动，居民累计参与河涌治理达4 000余人次。

（4）组建一支居民巡涌队伍，并制定了队伍章程，队伍每月开展不少于两次的常规巡涌活动；鼓励居民与工人志愿者队伍共同参与河涌治理活动；策划"大手牵小手"六一亲子巡涌活动，"久久守护"重阳巡涌活动，"奇思妙想"河涌装扮活动，"耆齐回忆"共思河涌旧时光活动。

（二）服务成效

（1）居民更加意识到自身在河涌治理中的角色与责任，街道办、居委会也更了解居民参与社区治理的想法。通过一系列环保知识讲座与系列性河涌治理宣传活动，居民意识到保护河涌的重要性，以及街道办和社区居委会在河涌治理上的努力与付出。如在系列性"学雷锋，爱劳动"周末河涌垃圾清理活动中，超过80%的活动参加者表示了解到社区各组织在河涌治理上的付出，也愿意参与到河涌治理与保护活动中，为河涌保护与社区治理贡献力量；系列性"美丽的河涌我的家"绘画大赛活动则使参与者意识到自己与河涌息息相关，将绘画作品上传至社区微信公众号评选宣传，阅读量超过1.7万，让更多人开始关注河涌治理。

（2）形成街道办指导、社工主导、社区居委会与社区组织合作、居民共同参与的河涌治理工作模式。经过多方合作努力，目前已成立X街河涌治理专题小组，小组包括街道办、社区居委会、社工、社区组织、社区居民等代表，小组每月至少开展一次组内例会，了解各方有关河涌治理的想法与需求。

（3）促进了社区居民参与河涌治理，激发了社区河涌治理的内生力。系列性主题活动扩大了参与河涌治理的群众基础，社区民众可以通过参与不同种类主题活动来加入河涌治理队伍中。引导与激励社区居民与工厂工人志愿者队伍共同参与河涌治理，同时培育发展了河涌治理宣传志愿者队伍，以志愿者队伍为起点，通过培育志愿者队伍骨干，保持志愿者队伍持续性，之后再以志愿者队伍成员为连接点，带动社区周围他人共同参与河涌治理，发挥志愿者队伍原住民优势，从而推动河涌治理居民参与者可持续性形成。

（4）联动多方资源共同参与河涌的治理与保护。在河涌治理活动中，链接街道团工委项目资金、各居委会活动物资折价共 3 万元；X 工业园区活动物资与场地折价以及环保促进会专家人工合计 5 332 元；参与河涌宣传活动志愿者服务时数合计 152 小时；参与恒常巡涌志愿服务合计 321 人次。河涌治理参与主体涉及街道办、社区居委会、村居级河长、村改制公司、高校、社区组织、企业组织、社区居民等。

项目自评报告有中期和末期之分，中期主要解释为什么和怎么做问题，末期则是在中期基础上更侧重结果和成效如何，以上则是一份项目末期自评报告节选。项目末期自评报告是社工向购买方交代一个项目年整体工作。社会工作者在撰写项目末期自评报告时，需要交代清楚这一年项目发展的起因、经过和结果，但因为是末期，所以更加注重交代结果部分。起因一般通过项目需求调研展现，无论是中期还是末期，都会注重需求分析这一块，因为项目全年规划需要从需求调研结果而来。相对于末期自评报告，中期自评报告中会更加注重展示项目的整体与单个服务设计，即交代怎么做的问题。项目服务设计需要交代清楚项目服务过程和任务目标，以及依据服务过程和任务目标开展的具体服务内容或将要开展的服务计划，同时还包括服务开展过程中使用的一些技巧和手法等。一般而言，项目末期自评报告会容纳中期自评报告的绝大部分内容，然后在中期自评报告基础上，更加注重交代项目服务执行的总体情况。如以上案例中，报告会详细描述项目目标的完成情况以及达成的服务成效。当然，在项目整体的末期自评报告中，还需要加上社工在整个项目服务年度开展的个案、小组、社区以及探访和电访等服务介入手法次数，即项目指标完成量，并依据项目购买方给定的需完成任务量计算项目年度任务指标完成率等。最后，社会工作者在撰写末期自评报告时，最好在报告结尾处附上中期自评报告、评估专家在评估结束后给予的相关评估意见以及在后续服务中针对评估意见做出的回应等，因为这既体现了对评估专家所提意见的重视，又表明了社会工作者的服务态度。

第五章

行政性写作

社会工作机构的有效运作依赖于机构高效、科学、客观的行政管理，这其中，规范、清晰的行政性写作起了至关重要的作用。按受众对象划分，可将社会工作者的行政写作分为两种，即对内的行政性写作与对外的行政沟通。前者的受众对象主要为机构内的社会工作者，包括领导者对下级同工发布的各类通知、机构的早会记录、部门的会议记录、集督或个督记录以及不定期的培训记录等。这类写作除了传达信息，还发挥着记录信息的作用。后者主要面向机构外的某一特定群体，通常是以机构名义向某一特定群体传达相关信息，常见的写作形式有以机构名义给某一群体或某个人写的信函，或是以机构某一领域部门名义撰写的一份活动通讯稿，又或是以机构名义按月给服务对象发送的服务预告等。本章对这些不同类别行政文书进行简要介绍，并提供写作模板、案例和建议。

一、行政性写作的基本原则

社会工作者需要处理不同种类的行政性写作，每种行政性写作的具体内容不同，相对应的写作要求也存在一定的差异。但就其作用而言，大部分行政性写作都发挥着沟通与信息传达的功能。因此，不同种类的行政性写作也遵循着几点一般性的写作原则。

（一）体式规范

公文写作是常见的一种行政性写作，也是诸多行政性写作中体式规范要求最为严谨的一种写作类型，可为其余行政性写作提供一定的参照。在公文写作中，体式规范包括行文关系规范、文种规范以及格式规范。行文关系规范指公文写作应该按行文规则办理，主送机关、发文机关、抄报机关、报送机关之间如何行文均有相应的要求，上行文、下行文、平行文和不相隶属机关之间的行文也都有统一的规定；文种规范则是要求公文写作要根据公务活动之需和发文的内容、性质及其发文机关的权限选用恰当的文种，其中尤其要注意区分请示和报告、计划和规划、协议和合同等邻近文种，以免混用和错用；格式规范则要求公文写作应注意文章的外部组织形式和整体布局，严格按照国家颁布的有关规定行文，不能标新立异，例如《党政机关公文处理工作条例》规定，公文一般由份号、密级和保密期限、紧急程度、发文机关标志、发文字号、签发人、标题、主送机关、正文、附件说明、发文机关署名、成文日期、印章、附注、附件、抄送机关、印发机关和印发日期、页码等组成。国家标准《党政机关公文格式》（GB/T 9704－2012）规定了党政机关公文通用的纸张要求、排版和印制装订要求、公文格式各要素的编排规则，并给出了公文的式样。这一标准适用于各级党政机关制发的公文，其他机关和单位的公文可以参照执行。《党政机关公文格式》根据中共中央办公厅、国务院办公厅印发的《党政机关公文处理工作条例》的有关规定，对 GB/T 9704—1999《国家行政机关公文格式》进行了修订：标准名称改为《党政机关公文格式》，标准英文名称也作相应修改；适用范围扩展到各级党政机关制发的公文；对标准结构进行适当调整；对公文装订要求进行适当调整；增加发文机关署名和页码两个公文格式要素，删除主题词格式要素，并对公文格式各要素的编排进行较大调整；进一步细化特定格式公文的编排要求；新增联合行文公文首页版式、信函格式首页、命令（令）格式首页版式等式样。

（二）程式稳定

程式稳定即要求社会工作者在进行行政性写作时，应根据所撰写的行文类型，选用符合该行文类型的对应表达程式，即选用该行文类型中相对稳定的句式和结构样式等，而不应混用不同类型的文种要求行文。同时，在制作流程上，也应严格按照上级授意，行文构思、初步拟稿，多番讨论与修改，最后审定，再次核稿，最终签发等流程进行。

（三）用语得体

用语得体即要求社会工作者在进行行政性写作时，应当贴合实际，以满足实际需求为主，不追求辞藻华丽或形象生动，而应确保行文简练、准确而朴实。简练即要求社会工作者能够用较少的文字，表达出较丰富的内容，行文中不出现冗字、冗词或冗句。这意味着社会工作者在行文过程中，应仔细推敲用词，适当选用那些结构简单、字数较少的短句，并注意选用具有特定含义的专用词语与富于表现力的书面语。准确则指行文表达的内容要与客观实际相符合。这就不仅要求行文描述不夸大、不虚假，并与实际情况相符，还需要社会工作者在用词上多选用能贴合反映客观实际而不产生歧义的单义词。

（四）追求真实

真实性是行政性写作的根本原则。所谓真实，即指行政性写作选用的材料必须客观真实，既不能夸大或缩小，也不能虚美或溢恶。① 这就要求行政性写作中所涉及的所有事件、人物、地点、时间、结果等都必须实事求是，同时写作所选用的问

① 任秀芹．公文写作特点之我见．昆明大学学报，1997（1）：88－90.

题、事例、数据或背景材料等也必须真实可信、无争议，以确保行政写作的严肃性和权威性。

（五）具有逻辑

不同于文学或小说创作，写作者可以为了满足情节而脱离实际，天马行空地虚构。行政性写作要求满足客观现实，并符合实际需求。这就要求社会工作者在具体行文过程中，不仅选用符合实际情况的佐证材料，还需要对佐证材料进行深入的分析和论述，以最终形成条理清晰、逻辑明确的成文书稿。社会工作者在论述过程中的逻辑思维一般可体现在两个方面：一是在写作过程中，善于运用判断和推理，由具体到抽象，并由此及彼、由表及里地揭示事物的本质，最终形成概念准确、论点鲜明、论据有力，结论令人信服的成文；二是在全文总体排布上采用一定的结构方式，如总分、总分总、分总，又或是在全文构思上，或因果，或并列，或对比，或递进等，使全文行文主旨突出、层次分明、结构合理，展现严密的逻辑性。

二、行政性写作的注意事项

除了遵循行政性写作中已规定的几项基本原则，在具体的写作实践中，写作者还应该注意一些约定俗成的注意事项。哥伦比亚大学沃伦·格林（Warren Green）和芭芭拉·利维·西蒙（Barbara Levy Simon）曾对行政性写作的应注意事项做了简要概括，认为要使用直截了当的写作风格，要了解写作的受众对象，要使用适当的语气，以及要避免行话，使用正向词语。[①]

（一）直截了当的写作风格

不同于服务文书需要展现服务对象问题发展的全过程，或是清楚描述服务对象所发生的不同故事，行政性写作重在传达某一类重要信息，其目的在于描述清楚该信息。比如会议通知中，交代清楚会议的时间、地点以及参会人员即可，太多冗杂的信息反而容易将重要信息掩盖，或是引发阅读者的不耐烦情绪，造成其敷衍性或匆匆地浏览信息后，遗漏真正重要的信息。

直截了当的写作风格要求社会工作者在写作时所用的每一个字都有其相应的价值。社会工作者应明了，不同种类的行政性写作所传达的信息侧重点不同，在一些事后记录性写作中，如会议或督导记录、通讯稿等，写作者除了需要交代清楚会议或事情发生的时间、地点与参与人员，还需要描述事情发生的过程或主要内容，以及记录写作者自身的感受或启发，以便日后查阅。相反，对于一些事前通知，如活

① GREEN W，SIMON B L. The Columbia guide to social work writing. New York：Columbia University Press，2011.

动预告、会议或事情通知等，虽无须记录事情发生的主要内容或过程，以及写作者自身的感受或启发等，却要求写作者必须清晰地交代活动、会议的主题、日期、时间、地点以及参与人员或参与条件，避免信息传达模糊或混乱。

（二）展现对目标受众的关怀或理解

多学科教育背景以及注重对文化能力培育的特色使得社会工作者更能够理解或共情他人。在写作中利用好该特色，可以促进社会工作者更好地与他人沟通和联系。

各式各样的通知是每一个机构中较常见的行政性写作之一。作为一个领导者，一个清晰而具有关怀性的通知，不仅能提升通知效率，还可有效促进与下属关系。无论是工作之时，还是休闲期内，每个人都有自己原本的工作或事情安排，发布者发布一个行政性通知时需考虑为什么别人要暂停原本的工作进程来阅读你的信息。此时，选择一个清晰而明确的标题或主题，并在开头时表明对同工工作压力的理解，将能极大地提升目标受众浏览信息后进一步阅读信息的概率。同时，在写作中体现对不同社会阶层或不同社会地位者的差异性理解也非常重要。例如，领导者在发布一个要求同工需提前 15 分钟到达机构的通知时，需考虑到处于不同社会阶层或社会地位的人对此通知要求的不同反应。有些同工经济条件比较好，有能力将房子租在地铁口或是机构附近，又或是直接自驾上班，这类同工可能对此通知反应不大，因为通知要求对他们的影响不大。但对于一些将房子租在交通比较拥挤的城中村或是路程较远的郊区的同工而言，该通知要求可能给他们原本的作息安排带来较大的影响。此时领导者可以对一些执行该通知要求存在特殊困难的同工给予一定的关怀，如提前告知他们若是不能提前 15 分钟到达机构时，可申请延迟时间，则不仅可以减少该通知执行时的阻力，还有助于营造机构的人文关怀氛围。

（三）使用适当的语气

语气是指话语中蕴含的情感曲折变化。行政性写作应格外注意字里行间表达的语气，尤其是对于管理者而言，因为管理者写作中的不同语气会给阅读者带来不同的心理感受。积极而正向的语气表明管理者对同工工作的肯定，能给阅读者带来一定的激励；相反，批评性或消极性的语气，则预示着对同工之前工作或表现的否定和不满，如此则可能给阅读者带来极大的心理挫败感。当然，这并不是说鼓励管理者完全避免使用批评或消极性语气写作，毕竟在一个机构中，惩治性措施也是管理者树立自身领导权威的一种方式。在这里，我们鼓励管理者能根据现实情况，在积极正向与消极否定之间把握一个适当的尺度。例如，管理者发现某一位同工总是拖欠文书，给整个领域的评估工作带来负面影响，此时管理者可以先了解该同工拖欠文书背后的原因：是个人能力问题？或是领域任务分配问题？又或是个人工作态度问题？无论是哪种具体原因，领导者先肯定同工之前付出的努力，如很好地跟进了一个个案或是完成了一个小组活动，或为机构链接了某一资源，这些肯定能够让同工看到个人在机构中的自我价值。在给予同工一些激励的同时，也减少了后面消极否定话语给同工造成的排斥感与不满情绪。之后，管理者可以根据同工拖欠文书的具体原因，指出同工拖欠文书问题，并可根据问题提前制定好相应的解决方法。若是同工个人能力问题，则给同工增加一些文书写作培训，提升文书写作能力；若是领域任务分配原因，则管理者再与领域部长了解具体情况，并寻求应对之策；若是同工个人工作态度问题，则可以使用一些消极否定的语气，表达对同工行为的不满，给予其一定的心理压力。

（四）避免行话，使用正向词语

专业行话虽然能够凸显一定的专业性，但也容易降低写作的活力，使写作变得严肃，并与非专业人士产生距离。在一个社会工作机构中，我们的行政工作人员往往是非专业教育背景，在日常工作中也不参与专业服务实践，他们对于专业行话并不了解，此时使用专业行话用作日常的行政性沟通，则会给机构非专业教育背景人员带来疏离感。

此外，社会工作者在日常工作中经常面对和接触许多痛苦事件，如长期遭受家暴而患抑郁症的妇女，年老无人赡养的独居长者，因病致贫辍学在家的大学生，没有工作流落街头而栖身桥洞的无家可归者，被标签化并长期遭受校园暴力的高中生，等等。社会工作者在培训或督导记录中反映事情的严重性以及社工介入的重要性的同时，也应在写作中注入一些活力，使用一些积极正向的语言。因为写作能传达写作者情感，也能牵动阅读者情绪，若使用过多消极或悲伤词语，则很容易牵动阅读者的负面情绪，使阅读者在阅读过程中因写作事件内容而变得压抑和悲伤，给阅读者造成不好的阅读体验。

三、行政性写作的类型

（一）通知

通知是机构较为常见的行政性写作之一，无论是领导者还是一线社工，几乎每天都会涉及。通知有不同的种类和形式，但都多用于传达某一信息，或临时会议，或事件活动，又或是机构某一政策变动等。因此，通知应该信息明确，一般只包含一个主题，且行文简洁，通常不超过一页。

除了会议、出勤等常见通知，当社会工作机构有新人入职时，还会发布一些介绍性的通知，即向机构员工介绍新人。新人介绍通知非常重要，尤其是在机构员工对于新来员工一无所知的情况下，此时领导者对新人的介绍性通知，通常会影响机构员工对新员工的第一印象，进而对新员工融入机构产生直接性影响。以下是某社工站主任给机构员工介绍新入职员工的一段话。

下个月15号我们将会有一位新同事入职。这位新同事将成为我们长者领域的新部长。她毕业于L大学H分校社会工作专业，有着扎实的专业理论知识，同时还在Z社会工作机构S站点有着近两年的长者一线服务经历，实践知识也很丰富。因端午放假，所以她延迟到下个月15号正式入职，届时长者领域同事先带领她熟悉机构与领域事务，我之后再给她做新人入职培训。

这则通知总共四句话，却给我们提供了相当多的信息。首先，下个月15号长者领域将迎来一位新部长。其次，交代这位即将到来的新同事的专业和实践背景，以证明她有足够的资历担任部长职位。再次，解释这位新同事为何要延迟至下个月15号入职，并就其入职当天工作做简要安排。相比之下，下面这则介绍性通知则缺乏一些必要信息。

下个月15号我们将会有一位新同事入职，届时在早会上大家可做自我介绍，互相认识。

这则通知虽然简短，但却是一则无效通知。通知者只是简单地说明下个月15号将有一位新同事入职，但新同事将入职哪个领域、担任什么职位、入职当天谁来接待、做何工作安排等重要信息均没有交代清楚，如此则不利于员工清晰有效地安排相关工作。

社会工作者有时还需要撰写一些令人不愉快的，可能增加工作量或是浪费时间却必须执行的工作通知：

机构最新工作套表已放置共享，即日起，全部套表启用最新版本。本次个案工作套表改动较大，为统一文书内容和格式，烦请各位同工将目前尚未结案且个案会谈次数不超过三次的个案文书均修改为最新版本，已超过三次会谈的个案则继续沿用上一版本套表至结案。

本次套表更新给诸位同工增加了许多工作量，但考虑到档案与评估管理规范性需要，我们必须实行，请各位同工在本月月底前完成所有个案文书更新工作。作为补偿，我们将为每位需更新个案文书的同工统一申请6个小时的加班时间。

这是一则很好的通知，不仅交代清楚了机构套表更新以及个案文书修改的相关信息，还体现了一定的人文关怀。如承认本次套表更新给同工增加了很多工作量，并针对个案文书更新决定做相应的解释，同时还为每一位需要更新先前个案文书记录的同工统一申请6个小时的加班时间。如此，在有效减少同工对这则通知抵触情绪的同时，也促进了同工对于管理者工作的理解与接纳。

相反，下面这则通知因为带有责怪语气，言语粗鲁，缺乏人文关怀，可能引起同工较大的抵触情绪。

各位同工注意，亲子乐园里面的书和玩具都有相对应的编号，服务对象借阅时一定要根据前台的借阅册做好信息登记工作，以防书和玩具的丢失。

> 前台当值和补值同工在上班时间不要轻易离开前台，请担负起当值和补值责任。

这则通知主要是针对亲子乐园书籍和玩具丢失的问题，实际上是一则不好的通知。首先，该则通知言语简单直接且具有责怪性，将亲子乐园中书籍和玩具的丢失粗鲁地归咎为当天当值和补值同工没有切实履行好责任，而完全忽视了其他可能因素。其次，将亲子乐园中书籍和玩具的丢失直接认定为当值和补值同工没有切实履行好工作职责，完全否定了当值和补值同工其他工作成果。再次，根据机构要求，当天当值和补值同事在做好来访服务对象的接待工作的同时，还要为当天开展小组和社区活动的同工做好相应的协助工作，通知中当值和补值同事不能轻易离开前台的要求则与机构规定相冲突，如此，不但没有给当值和补值同工做出明确的行为指引，反而给其行为选择增加难度。

以下是一个改进版本。

> 各位同工请注意，亲子乐园里面的书和玩具都是由附近社区居民捐赠的，我们应当爱惜。行政同事已经给书和玩具都做了编号，服务对象借阅时，请当天当值和补值同工一定要在前台借阅册中做好相关登记工作，以防书和玩具丢失。为确保前台始终有人值守，请当天当值和补值同工务必保证有一人在前台，若来访服务对象过多，当值和补值同事可在W站内大群中呼叫办公室同工协助。感谢各位同工的配合！

这则通知增加了一些礼貌的语气，并解释了亲子乐园中书籍和玩具来源以及爱惜的重要性。同时，通知没有忽略当值和补值同事其他工作成果的重要性，也没有将书籍和玩具的丢失直接归咎于当值和补值同工没有履行好相应的职责，而是鼓励站内同工互相合作应对来访服务对象过多而导致前台人手不足的问题。此外，通知没有细究书籍和玩具丢失的责任问题，而是将大家的关注点引向合力应对问题上，如此不仅有利于避免互相追责情况出现，还有助于培养大家合作解决问题的意识。

（二）培训、督导和领域会议记录

除了日常接触的通知，社会工作者还需不定期地进行培训、督导和领域会议等对内的行政性写作。培训、督导和领域会议均为事后记录，主要记录培训、督导和会议的过程、内容以及培训参与者、督导者和参会者的感受、心得与体会等。作为行政性写作内容的一部分，培训、督导和领域会议记录均需在评估期内接受评估专家的审查，以此作为社会工作机构行政工作的佐证材料之一。因此，社会工作者在撰写培训、督导和领域会议记录时应当清楚记录培训、督导和领域会议发生的全过程以及主要内容，必要时也可以在记录中附上现场照片，或是现场笔记记录等，以增加记录的可信度。此外，培训、督导和领域会议本身也是促进社会工作者个人成长与发展的有效途径，因此，培训、督导和领域会议记录写作的重点不仅在于记叙其过程和内容，还在于记录受培训者、受督导者以及参会者个人的反思、心得与体会，以促进社会工作者现时成长以及方便日后翻阅。

1. 培训记录

培训记录一般在社会工作者参与完某一次培训后完成，主要记录培训主题、时间、地点，培训师、培训记录人、参与人，培训内容以及反思。表 5-1 是一份社会工作者参与社工站点内社会小组工作培训的记录。

表 5-1　培训记录表

培训形式	☑ 讲座　□ 工作坊　□ 拓展　□ 参观考察　□ 其他：________		
培训性质	□ 岗前培训　☑ 机构培训　□ 领域培训　□ 项目培训 □ 外派培训　□ 其他：________		
培训主题	社会小组工作	培训地点	W 社工站
培训日期	2021 年 4 月 16 日	培训时间	9：30—12：00
培训师	X 总监	培训记录人	张社工
培训参与人员	W 社工站全体成员		
培训主要内容	一、属性定义 X 老师先以一个实践活动，即让培训参与者们现场按序号分成三个不同小组，引入何为小组工作的问题。通过回顾刚刚的分组活动，三个小组的组员们先后总结出小组工作的一些特征。此后，X 老师又向三个小组组员们抛出了一个问题，即我国香港地区会在小组、个案工作之前加入社会两个字，他们如此突出“社会”的原因是什么。一番讨论后，X 老师告诉培训参与者，突出“社会”二字是希望社工在开展服务时，能够注意服务对象问题背后隐藏的结构性原因，并在帮助服务对象解决问题的同时，促进其社会功能的恢复以及个人的改变。 二、类型模式 在培训的第二个环节中，X 老师为我们介绍了小组工作中的四种主要模式，分别是社会目标模式、互惠模式、治疗模式与发展模式。每个模式有不同的理论指导，适应不同的人群，也有着不同的发展目的，同时对社工能力要求也不一样。在运用之时，我们应当针对服务对象的特点，选取不同的服务介入模式。此外，X 老师特别强调，治疗模式对于社工的专业能力要求较高，会涉及许多其他领域的专业知识。比如在禁毒领域中开展治疗小组，需要社工对毒品、毒品对吸食者造成的各种身体反应，以及身体反应背后的原因等有深刻的理解。因此，在开展治疗小组活动时，社工应该非常慎重，在没有熟练地掌握相关领域的专业知识之前，不要轻易尝试，否则既对服务对象产生伤害，开展效果不好，又会使服务对象对社工的专业价值产生怀疑。 三、实践技巧 在这一个环节中，首先，X 老师通过讲述自己的实践故事，同我们一起总结小组实践技巧以及应注意的问题。例如，X 老师与我们分享了他第一次开展小组活动时的经历。当小组活动进行到第四节时，有将近一半的组员不来参加小组活动。X 老师向我们询问出现这种情况的原因以及应对方法。经过一番讨论，X 老师最后总结说，在开展小组活动之时，应当特别注意次小组与小组之间的张力，以及小组成员之间的冲突，小组中不同的矛盾应当采取不同的应对方式。同时，在发现小组矛盾之时应当及时地做出回应，搁置不理则可能在后期造成整个小组解散等严重后果。		

培训主要内容	其次，X老师给每个小组发了一份小组策划书，要求每个小组合作去找出这份小组策划书中的缺点与优点。通过一番谈论，组员们发现该小组策划书在目的、理论、活动安排、风险评估和物资准备等方面均存在一些问题。在提出每一个问题之后，组员们也都提出了相应的解决方案。 再次，X老师给我们分享了一个小视频，并要求我们分享自己的观看感受。一开始组员们几乎都采取问题视角去谈自己的感受和观点，后来在X老师的引导下，组员们渐渐地采取优势视角，不断地挖掘视频中社工在为服务对象服务之时的优势与技巧。 四、总结 由于时间关系，在本次培训中，X老师仅简单地跟我们讲述了他自己在多年的小组活动中总结出来的一些经验，包括小组评估中成效与结果之间的区别，开展小组活动之时应结合组员的现实反应做相对应的处理与回应，随时注意我们的思维惯性对我们行为选择的影响等。
培训主要反思与收获	1. 我们在应对任何一件事时，都不应该只停留在事件表面，而应当细细地思考事情背后的原因、影响因素，以及自己在实践中扮演的角色和应对方式等。同时，每一件事情都非孤立存在，在事情发生的背后都有其深刻的、多层面的根源。为此，我们在看待一个问题或者一件事情时，应当从多层面、多角度分析其背后的因素，这样才能更好地制定出符合事情需求的解决方案。 2. 社工的角色非一成不变，在开展活动时，计划只能给予我们大致的指引，而非对我们的实践进行详细界定。为此，我们在实践服务中，应当在计划的指引下，结合具体情况进行灵活应对，其中既包括具体角色的扮演，又包括具体活动环节的设计与实践技巧的运用等。
社工签名	

培训的目的在于促进受培训者个人成长，如学习到某一类知识或技能，或是获得某种认知或感悟等。因此，在撰写培训记录时，社会工作者不仅要记录培训的主要内容，还应在记录每项培训内容或过程时，写下自己相应的思考或感悟，如在表5-1的前三项培训流程记录中，社工在简要讲述完培训的主要议题和过程后，重点记叙每项议题中培训师特别强调的话语或是社会工作者自身的感悟。除了培训过程中对单一议题的反思，社会工作者还应记录培训的总体反思。总体反思可以不用完全局限于该项培训内容或主题，可以是社会工作者在培训过程中因为某一知识点或培训师某一句话而获得的感悟，也可以是在培训基础上结合自身以往经历而获得的某种体会，又或是根据培训而强化或加深了的以往某一认知等。

2. 督导记录

根据不同标准，社会工作督导可分为多种类型。按照受督导人数可分为个督和集督，个督即一位督导一次辅导一位社工，集督则是一位督导一次同时辅导多位社工。个督和集督是目前社会工作实务中最为常见的督导形式。按照督导与受督导者是否进行面对面督导，又可将督导分为现场督导和文书督导。文书督导突破了督导时间和地点的限制，灵活适应了社会工作服务的突发性与多变性导致的社会工作者时间安排不确定的需求，近来越来越受到一线社会工作者的欢迎。无论选用哪种督导形式，社会工作者的督导记录都大同小异，主要包括督导主题、督导日期、时间、督导者与受督导者姓名、督导中的内容要点、社工在督导过程中的反思以及督导提出的跟进事项等。表 5－2 是一份文书督导记录。

表 5－2　文书督导记录表

督导主题	个案及小组文书督导	督导姓名	W 督
督导日期	2021 年 8 月 12 日	督导时间	16：00—17：00（共 60 分钟）
督导地点	W 社工站党建室	督导形式	□ 集体督导　□ 个别督导 ☑ 文书督导
督导功能	☑ 专业知识教育　□ 情绪支持　□ 行政督导		
参与对象	张社工		
督导内容要点	1. 文书背景撰写 2. 个案目标制定 3. 小组目标评估		
督导反思	一、督导目标： 1. 梳理方×、王×个案文书 2. 梳理居家安全防跌倒小组文书 二、经验收获、感受 1. 个案服务文书 （1）个案方×。服务对象早年丧夫，一直未再改嫁，选择独自将女儿抚养长大。因同事说她“克夫”，故与同事关系较为冷淡疏远。服务对象对于非亲密好友的关怀较为排斥，认为这是别人在可怜她同情她。同时，对他人防备心理较重。考虑到服务对象目前独居，且患有肾病（之前在地铁突然晕倒），尽管她婉拒了社工上门服务，但出于保护服务对象生命安全的目的，社工依旧有必要为服务对象提供一些保护生命的基本性服务。 服务对象虽有几位关系较好的朋友会经常约在一起喝早茶，女儿也会定期前来看望，但她平时大部分时间还是独自在家。服务对象担心自己独自在家突然晕倒而无人照应，曾向社工表达申请平安通的想法，社工以此为介入点，希望能够帮助她。但她前期在社区居委会那边了解到平安通并无多大用处，只能做一些心率、血压、体温等测量，并非如同平安通宣传的那般有效；另外，服务对象今年 58 岁，本身并不符合免费申领平安通的条件，故她目前对平安通申请的意愿较低。 考虑服务对象目前接受社工服务意愿较低，且其目前情况也尚未满足免费领取平安通的条件，社工计划先放缓脚步，采取细水长流策略，与她保持联系，并定期提供问候，先与服务对象建立好关系，再谈服务介入。 （2）个案王×。服务对象之前做过多次大型手术，包括子宫摘除、肝积水、丙肝、阑尾炎、骨折装钢板等，目前身体状况一般，不能做大幅度运动，平时只能去居委会看别人打牌，其余大部分时间待在家里看电视。但服务对象性格较为活泼好动，对于只能待在家里养身体的现状较为苦闷。服务对象家庭支持系统良好，在她有紧急需要时，能发挥相应的支持作用。但在日常生活中，服务对象子女多忙于工作，并不能满足其情感支持需求。 同时，受早年经历的影响（服务对象的姐姐生前在 W 研究所工作，但因为阑尾炎死在研究所的手术台上，W 研究所为了补偿服务对象一家，就让服务对象顶替了姐姐的职位），她一直觉得自己享受了别人以生命为代价换来的果实，因此认为自己不能总是享受别人的帮助。在与社工交流的过程中，她一直说自己什么都好，没有遇到什么困难，感谢政府和社工，并表示自己不想再占用社会资源。		

督导反思	社工在与服务对象交流过程中发现，她对自身老年生活规划较为迷茫，既不想完全浪费自己生命中剩余的时光，但受限于身体状况，又不知道自己适合参与哪些活动。为此，社工评估，服务对象存在自我生命发展的需求。但考虑服务对象自决原则，社工计划与她建立稳定专业服务关系，让她更进一步了解社工后，再尝试与她确定共同服务目标。 2. 小组服务文书："耆"学习防跌倒安全小组 小组主要针对中高龄长者，总体的服务设计能够满足组员的需求，且形式丰富，将视频、顺口溜以及健身操相结合，不仅能够帮助组员更进一步学习防跌倒知识，还有助于小组知识对外扩展，增加小组成效。此外，小组整体氛围比较好，组员间能够和谐互助，而且能够针对小组发展提出自己的意见，小组动力较强。 经历过防诈骗小组的锻炼，社工逐渐掌握了小组带领技巧，减少了排斥和畏难情绪，能够与组员保持良好的沟通和互动。但是考虑到社工已提交了离职申请，为避免伤害组员，社工最好与组员做一些告别。 最后，小组文书整体比较规范，理论运用较为贴切，但是在背景上，较为宏观、累赘，虽能够将宏观、中观和微观三个层面结合，但是在宏观层面讲述太多，而且宏观层面落脚点为国家也不大适合，为此可以将宏观层面下放到省，并且将主要描述点放在社区，会更为恰当。
督导建议	根据批注修改文书，并尽快安排做好工作交接，避免伤害服务对象。

督导签署		日期	
社工签署		日期	

不同督导形式的督导记录在结构或内容要求上虽无差异，但在具体行文中，文书督导和现场督导记录还是存在一定差别。表5－2是一份文书督导记录，文书督导重点在于文书，督导根据社会工作者的服务文书写作以及社会工作者在服务文书中提出的疑惑做出相应的批注和回应，社会工作者根据督导在文书批注中的回应再进一步做出应答。因此，文书督导在具体行文中，受服务文书内容影响较大，会展现较多的服务文书中的内容以及督导与社会工作者的文书交流和互动过程。与此相反，现场督导是督导者与社会工作者根据先前订立的督导主题进行现场解惑。虽是有某一预定的督导主题，但督导和接受督导的社会工作者可以随时更换主题，因而现场督导记录主题与内容都较为零散，社会工作者只需要记录现场督导中的重要内容以及相应的反思即可。表5－3是一份现场督导记录。

表5－3 现场督导记录表

督导主题	个案现场督导		督导姓名	W督
督导日期	2021年8月12日		督导时间	16：00—17：00（共60分钟）
督导地点	W社工站党建室	督导形式	□集体督导 ☑个别督导 □文书督导	
督导功能	☑专业知识教育 ☑情绪支持 □行政督导			
参与对象	张社工			
督导内容要点	1. 如何更好地跟进功利型服务对象 2. 如何跟进排斥社工上门的服务对象 3. 如何平衡好生活、工作和学习之间的关系			

督导反思	1. 一些功利型服务对象，当社工无法立即满足其物质需求时，可能会出现排斥社工服务的情况。针对此，社工应当根据服务对象具体情况，制定相应的应对措施。例如，在跟进楼×时，服务对象的丈夫较为功利和强势，当发现社工无法在政策或资金上满足其需求时，便非常排斥社工上门，而服务对象又惧怕丈夫，事事屈从丈夫，虽然希望获得社工的帮助，但碍于丈夫决定，又不敢表达自己的想法和需求。此时，社工若想与服务对象进一步建立关系，必须先获得服务对象丈夫认可，或是避开她丈夫，单独与她约见。针对前者，社工了解到，服务对象丈夫的父亲是革命烈士，而她丈夫本身也是党员，军队情结较深，可以以此为切入点，邀请服务对象丈夫参加党建领域活动，或是在日常交流中，多倾听、夸赞其军队经历，俗话说，伸手不打笑脸人，与服务对象丈夫交流次数增多后，再慢慢与其建立关系。 2. 在实践服务中，社工有时还会遇到一些有问题和需求但因各种原因而不愿接受社工上门服务的服务对象。例如服务对象林×，因为被诈骗了 50 万元，报警后警方又没有帮其将被骗财产追回，故不仅对社会防备心较重，还对周围他人抱有很大的怀疑态度，由此也不愿轻易相信社工。当面对这种类型服务对象时，社工应当以足够的同理心去理解服务对象，同时以足够强的耐心去与服务对象建立专业服务关系，如采取细水长流策略，每天给予服务对象一点日常问候，等服务对象慢慢地习惯和接受社工后，再触及问题和需求。 3. 每个人应当学会看到自己的缺点与不足，明白每天的时间和精力均有限度。为了以有限的时间和精力获得更多更有意义的成长，人也应学会取舍，并学会善于利用日常生活中零散的时间。每天做好时间规划，将一天中比较重要的事情列出来，按轻重缓急程度，排出处理顺序，制定奖惩措施，并每日按计划严格执行。		
督导建议	无		
督导签署		日期	
社工签署		日期	

3. 领域会议记录

领域会议记录与培训记录性质相似，但不同于培训记录重视培训内容和过程以及培训参与者本身的心得和体会，领域会议记录仅关注会议过程和商谈内容，注重展现会议轨迹，其目的在于使未参会者通过查阅领域会议记录能够了解会议过程事项以及重要内容思想，同时在评估期内向评估专家证明领域部门间的日常沟通建设。表 5-4 是一份领域会议记录。

表 5-4　领域会议记录表

会议类型	长者领域会议	会议地点	W 社工站党建室
会议日期	2021 年 8 月 12 日	会议时间	14：00—15：00
会议主持	杨×	会议记录	张×
与会人员	杨×、张×、薛×、郑×		
会议议题	1. 长者组项目周期服务总结 2. 末期评估准备		
会议内容纪要	1. 长者组项目周期服务总结 长者组总体服务可分为四大板块，即居家安全、身体健康、防诈骗以及义工发展。		

会议内容纪要	（1）居家安全。结合社区需求调研和社工站目前现实发展情况，社工主要将精力和资源放在长者居家环境微改造层面。介入采用个案、小组和社区活动相结合的方式。其中，个案主要针对易跌倒、晕倒以及处于困境或严重困境境况需要紧急介入的长者人群，运用个案管理方式保障其生命安全和满足其日常生活需要；小组面向一般性长者，开展预防或教育性小组活动，如开展防跌倒或居家安全知识教育学习小组活动，提升长者居家安全生活意识与技能；社区活动则主要结合之前已培育和发展的义工队伍，鼓励义工领袖带领义工队伍进入社区开展一些居家安全相关的知识宣传活动，或者上门进行居家安全排查活动。 （2）身体健康。目前，社工站主要以社区活动形式为主，辅之以个案、小组活动来满足长者在身体健康层面的需求。社工通过链接社区医院资源，开展一系列长者慢性病社区健康知识讲座，如高血压、糖尿病、关节炎或房颤知识讲座等。同时，针对一些拥有共性需求的长者，如有一些长者想要较深入地了解高血压知识，社工则将这些长者组成一个高血压知识小组，共同深入了解高血压知识。此外，若是遇到一些在身体健康方面有特别需求的长者，如跌倒后需陪同就医或者针对某类特殊疾病需要了解相关知识等的长者，社工则结合其具体需求开展个案服务。 （3）防诈骗。根据前期的社区需求调研，长者对于诈骗预防需求较为强烈。但考虑到社区本身已有防诈骗组织，目前，社工站主要与社区居委会合作，辅助社区原有防诈骗组织开展防诈骗系列活动。如社工进入社区，社区居委会为社工提供一些场地上的支持，社工在社区开展一系列的防诈骗知识小组活动，或是开展一些防诈骗知识宣传的社区活动。同时，针对一些个例，如被骗几十万的长者，社工则对其开展个案工作，提供一些情绪性的支持。 考虑到目前社工在社区防诈骗介入较为浅层，结合之前已开展的服务和社区居民表达的意见，在接下来的服务中，社工尝试与社区党支部、社区广场舞队伍等取得合作，借助社区原有组织力量，进一步扩大防诈骗知识宣传面，加深知识宣传程度。 （4）义工发展。在义工发展方面，目前长者领域社工已经培育出一支恒常性的居家安全探访队伍。考虑到目前社工站已经是处在项目发展的第五年周期，义工发展已不能仅停留在队伍培育层面，而应该积极发展义工队伍领袖，由义工队伍领袖带领社区义工组织发展，从而弱化社工参与角色。同时，义工发展也不应仅仅停留在义工培育和义工社区活动参与，而更应培育义工社区行动意识，引导义工主动关注社区各项议题，并且有能力去整合自己身边的资源，采取行动，共同解决社区问题。 2. 末期评估准备 首先，结合中期评估中评估专家提供的意见，社工在末期评估时需要按照一定的标准，对长者群体进行分层分类，从而能更好地整合资源，更有效地对不同层类长者开展对应其需求的服务。其次，在长者建档表上，社工应该进一步完善建档表信息并补全之前遗留的服务对象空白建档表。最后，因为是末期评估，评估专家更加侧重对服务成果的评估，为此，社工需整合并梳理目前已完成服务，并呈现服务可视化成果。
与会人员签名	

相较于培训或督导记录，领域会议记录较为简单，社会工作者不需要记录每项会议议程的心得或体会，只需如实记录每一项会议议程以及相应的谈论结果即可。领域会议记录很重要的一个作用是方便社会工作者日后对会议内容以及会议参与者

进行查阅或取证，因此，会议记录的如实性非常重要。社会工作者在撰写会议记录时，切忌不按事实添加个人观点或想法，抑或是增添或减少会议参与人员。

（三）早会记录

早会一般指上午上班前机构内部成员召开的会议。有些社会工作机构比较重视早会，要求机构成员每日上班前必须参加早会。早会的目的在于向机构成员交代当日重要事项，同时要求每位成员汇报自己当天的工作安排，以确保机构成员间互相了解各自行动去向。除此之外，早会的另一大作用是促进机构成员内部的资源整合。例如，党建领域同工汇报今日要去 W 社区开展社区外展活动，而长者领域同工刚好计划近期在 W 社区开展一个防跌倒小组活动。此时，长者领域同工便可以在党建领域同工的社区外展活动中宣传防跌倒知识并招募组员。

早会记录是对早会中宣布的重要事项以及同工行动汇报的记录，内容与领域会议记录相似，但相对领域会议记录又更为简洁和随意，记录者有时只需记录关键词，且不用拘泥于形式要求。表 5－5 是一份早会记录。

表 5－5　早会记录表

会议日期	20210415	会议时间	9：00—9：15
会议地点	W 社工站党建室	记录员姓名	小燕
会议内容： 党建领域：小陈下午去 H 社区探访；波波下午去 W 社区开外展活动；茵茵今日无活动安排。 长者领域：小彭当值；楚楚上午见个案；小燕下午去 H 社区探访；小谢无活动安排。 青少领域：小末、珊珊上午外出 S 社区开展小组活动；王姐下午外出 N 社区与居委会会谈。 家庭领域：小颖今日无活动安排；芬芬请假；小雪补值。 行政：主任外出参与街道办会议，不参加早会；小楠今天清点各领域物资。 特别事项：总监上午在小组室开展小组工作培训，无外出服务同事可参与培训。近期机构要参与标准化建设，要求各领域同工配合行政清点领域物资，并整理好桌面文件。			
参会人员签名：			

从表 5－5 可以看出，早会记录虽然简洁，但要求记录者将机构各领域活动安排以及同工行动去向记录清楚，包括行动时间以及地点和参与人等。此外，早会记录的参与人员签名非常重要，因为这不仅可以作为出勤考核的参考资料，更重要的是还可以作为日后同工行动追责佐证资料。例如，当某一同工没有遵守早会特别要求注意的事项通知时，机构领导者可以参考早会记录中参会人员签名，评估其是不知情而犯错还是明知故犯。

（四）机构信函

社会工作者有时需要以机构名义撰写不同种类的信函，其中最常见的是写给赞助方的感谢信或是写给服务对象与专业服务相关方的各类信函。

社会工作机构非营利组织的性质使其经常需要获得赞助方物资或资金的捐赠，用以维持机构的持续运行。在获得赞助方捐赠后，社会工作者通常需要代表机构给赞助方写一封感谢信，以表达感激之情以及维持双方关系的可持续性发展。以下是一封写给G市T区××西饼分店店长的感谢信，感谢其在中秋佳节对机构捐赠十箱月饼。

亲爱的林×店长：

我谨代表B社会工作机构W社工站全体成员以及W街全体社会工作服务对象，感谢您在中秋佳节对我们的慷慨捐赠。您捐赠的十箱月饼将分别赠予W街社区孤寡困境长者以及困境流动儿童，让他们感受社会对于他们舒适而温暖的关爱。社会正是因为多了像您这样的慷慨人士，才会更加显得温暖与不同。

再次感谢您对W街社区居民的热情关爱！

也祝您中秋佳节快乐！

W社工站

2020年9月11日

感谢信应该简短，不宜过长，同时避免提及任何与感谢事件无关的其他事情，以示对信中所感谢之事的重视。感谢信中可提及感谢缘由，以及强调信中所感谢事件带来的特殊意义；若是涉及财物的捐赠，也可以简单交代所捐赠财物的最终去向，以使捐赠者放心。总而言之，感谢信不仅要表达出感谢人对对方的感谢之情，还要让对方因你的感谢而感到舒适和开心。

除了感谢信，社会工作者在日常实践服务中，有时也会因为服务对象不配合服务工作的开展而以机构名义写一些通知类信件。例如，以下是一封社会工作者写给一位多次违反服务约定的服务对象的服务通知信。

尊敬的王×女士：

根据我们的服务签到表记录，您从2020年11月21日就已经没有再继续参加我们每周一次的艾灸理疗小组活动。在这期间，您连续缺席了2020年11月28日、12月5日以及12月12日连续三次的艾灸理疗课程。同时，您没有按照小组约定事先与我们社会工作者联系。我们曾尝试与您电话联系，但发现您当初提供的电话已显示欠费停机。此外，根据您留下的联系地址，我们社会工作者多次上门均未能与您取得联系。

我们不确定您是否还愿意继续参加我们的艾灸理疗课程，考虑到我们社会工作机构服务资源的有限以及社区其他居民对艾灸理疗课程的需求，若您在12月19日依旧未与我们社会工作者联系而缺席小组，我们将视您为自动退出艾灸理疗小组，并相应地失去每月免费的艾灸理疗服务。

若您对此情况有任何疑问，请致电188××××××××或者8888-××××××××与我们联系。感谢您抽出时间考虑此事。

祝身体安康！

W社工站

2020年12月6日

这封信内容简洁，在不失恭敬的前提下，语气也较为直接，考虑信中所涉及事件性质以及社会工作者在多次电话和上门探访而未果的事实，使用这样的行文风格也有一定的必要性。社会工作者在实践服务过程中，尤其是在开展一个服务周期较长的小组或系列性的社区活动中，有时会遇到一些未经任何通知而持续性缺席活动的服务对象。针对此，社会工作者就需要通过撰写正式的信函通知服务对象是考虑放弃还是继续参与服务活动。在撰写此类信函时，除了考虑语气问题，社会工作者也最好交代清楚事情发展的前因后果，明确双方在此事件中所扮演的角色、已承担和未履行的责任，以及事件继续发展可能带来的后果，并在最后为此事件的解决提供相应的解决办法或表明自身态度立场，以为日后事情若产生纠纷时提供相应的凭证。

社会工作者有时还需处理一些带有悲伤气息的慰问信或是吊唁信。长者或医务社会工作者在专业服务介入过程中，可能会遇到服务对象因故突然离世等情况。此时，作为逝者生前密切接触的专业服务者，尤其是专业服务关系尚未终结时，社会工作者有必要代表机构给其家人撰写一封慰问信或是吊唁信，以表达机构对此的难过以及对逝者的尊重之情。以下是一封写给一位逝世服务对象家属的吊唁信，该服务对象是社工站恒常歌唱服务的积极支持者，同时还是恒常歌唱队伍的骨干，不仅每周代替社工成为恒常歌唱队伍的组织者，还热心地教授歌唱队伍队员唱歌技巧，为社工站恒常歌唱队伍的持续有效运行提供了巨大的帮助。

亲爱的谢先生：

得知王老师去世，我们W社工站的全体社工以及恒常歌唱队伍和义工探访队伍的全体成员都感到非常难过。

王老师是我们社工站恒常歌唱队伍的长期支持者、组织者，为我们歌唱队伍的发展提供了巨大的帮助。可以说，没有王老师长期的奉献与支持，歌唱队伍便达不到今日的规模与成果。同时，她也是我们社工站居家安全义工探访队伍的领袖，为探访队伍发展提供了很多有效建议和支持，不仅陪伴了我们义工探访队伍的成长与发展，还极大地维持和推动了社区长者居家安全。

我们会始终怀念王老师，并对她为我们社工站以及社区发展所付出的努力与贡献保持长期的记忆与敬重。此外，我们也衷心希望您能保重身体，节哀顺变。

此致

敬礼

W社工站

2020年12月21日

吊唁信目的是表达对逝者逝去的难过、怀念与不舍之情。撰写此类信件时，社会工作者可在开头时便抒发内心情感，同时，还可以在信中陈述逝者生前所做的积极事件及其意义，以此展现对逝者的尊重与惋惜之情。此外，在吊唁信的结尾处，不要忘记对逝者亲人表达关怀之情。

（五）通讯稿

随着网络通信技术的发展以及自媒体传播方式的普及，社会工作机构也都开始重视自身传播媒介的建设和运行，最常见的是开通机构官方微博或微信公众号，在公众号平台上定时推送与机构实践服务或团队建设等相关的推文。因此，作为各种推文主体的通讯稿，也越来越受到社会工作机构重视。

社会工作机构的通讯稿多是介绍某一专业实践服务，如某个小组的开展或是社区活动的举办，以此向公众介绍机构的总体服务内容或情况。当然，作为一个信息传播的公众平台，社会工作机构的通讯稿并不局限于机构专业实践服务，有时也会在平台上发布机构所获荣誉或机构团队建设等内容，借此向公众展示机构整体状态或形象；又或是推送一些专业服务理论和实践服务技巧等，用以吸引读者或提升推文总体阅读量。一般情况下，社会工作机构发布的通讯稿内容受公众号的主要受众对象影响。例如，若公众号平台主要受众对象为居民或是服务对象，通讯稿内容则多为专业实践服务内容或各种活动预告；相反，若主要受众对象是社工同行，公众号推文则多为各种专业理论知识或专业实践服务技巧，又或是整个行业发展动态等；当然，若公众号主要受众对象为赞助方，通讯稿则更多报道机构所获得的各项成果或荣誉，以此营造机构在整个行业中的专业形象。无论机构主要受众对象是谁，专业实践服务都构成了社会工作者日常工作的主要内容，由此也成为社会工作机构公众号平台推文的主要素材。以下是一篇实践服务通讯稿。

“耆”行动——社区防诈骗知识宣传活动通讯稿

（本网讯　张×）2021 年 7 月 19 日上午，W 社会工作服务站社工在 W 社区幼儿园门前广场顺利开展了社区防诈骗知识宣传活动。本次知识宣传活动面向 W 社区所有居民，通过游园活动的形式，将防诈骗知识与游戏结合，让居民在玩游戏的过程中学习防诈骗知识。为保证活动有序开展，活动还邀请了五名 W 居民义工参与协助活动开展。

本次宣传活动的游园游戏主要有三个摊位。第一个是“我问你找”，参与者在题库中抽取一个题目，然后在规定时间内，从答案区中找到正确答案即获得一个印花。第二个是“我问你答”，参与者在规定时间内，在一堆防诈骗知识的知识题卡中找出知识卡，并贴在相应的防诈骗题目上，即可获得一个印花。第三个是“我吹你爆”，参与者选择一个装有防诈骗知识纸片的气球，在规定时间内弄破气球并将纸片上的防诈骗知识读出来，即可获得一个印花。集满三个印花的活动参与者就可以去兑奖区兑换相应的奖品。

协助本次活动的义工都是W社区居民，与大多数来参加活动的W社区居民们均认识，义工们热情地给居民参与者介绍自己所负责的游戏摊位的游戏规则。居民王阿姨想参加活动，社工告诉她应先去兑奖区找刘阿姨领印花券，当王阿姨看到分发印花券的是刘阿姨时，就很意外地叫道："啊！原来是你啊！"刘阿姨听到后立刻自豪地说："对啊，就是我，我现在在给社区做贡献！宣传防诈骗知识！"话落，在场的阿姨们都大笑起来。

炎炎夏日，虽降低了大家原本外出行动的兴趣，但却消减不了居民们参与社区活动的热情。在一片欢声笑语中，社工与居民一起玩游戏，一起学习防诈骗知识，更在一起为社区做防诈骗知识宣传。我们相信，这场宣传活动后，会有更多居民了解了防诈骗相关知识，也会有更多居民避免被诈骗。

通讯稿有诸多写作形式，我们较为常用的是三段式结构：第一段交代清楚事情发生的时间、地点与参与人物，并用一句话概括事情发生的主要内容；第二段则是详细介绍事情发展过程，如这篇通讯稿中，详细说明本次社区防诈骗知识宣传活动主要环节内容，包括游戏设计以及游戏规则，也可以挑出某一经典场景描述，以突出活动气氛；最后一段是对整个活动的总结与升华，交代本次活动的性质或意义。一般而言，根据不同的发布媒体，通讯稿都有相应的字数限制。社会工作机构常用微信公众号发布，公众号本身并不会对推文字数做过多限制，但考虑社会工作机构公众号阅读者多为普通社区居民，字数过多则可能会增加居民阅读障碍，因此我们建议通讯稿字数限制在300～800，能清楚交代事情内容，并配以相应图片即可。最后需强调，公众号推文发送后，即是面向公众宣传推文信息，推文虽是社会工作者撰写，但署名却是社会工作机构，为避免机构陷入信息或版权问题纠纷，损害自身专业形象，我们强烈建议推文中涉及的一切信息均应确保准确且贴合实际，同时对图文做相应的出处说明。

（六）活动预告

活动预告是社会工作机构对即将开办的活动进行提前通知，一般月末在机构各个信息平台发布下个月相关活动信息，其目的在于提前告知居民或服务对象社会工作机构下个月可参与的各项活动，并提醒居民和服务对象各个活动的参与时间、地点和报名条件。表5-6是某社工站青少年领域6月的活动预告。

表5-6 W街社会工作服务站6月活动预告

时间	活动名称	活动概述	活动地点	负责人	联系方式
青少年领域					
6月每周一至周六（节假日除外）9：00—12：00 14：00—18：00	别怕，我还在	针对心理或情绪压力进行个别辅导，并就人际关系处理、压力舒缓提供相应的指导技巧	W社工站	杨社工、薛社工	130×××××××

6月13日—7月25日（逢周六）15：00—16：30	“我的生活有色彩”之兴趣探索小组	通过观看主题视频，如美食、手工艺品制作，或是参加志愿服务、摄影，以及其他感兴趣的主题活动，引导青少年探索生活中的秘密	W社工站小组室	郑社工	131×××××××××
6月6日—7月18日（逢周六）9：00—12：00	“社区有我”之社区探索小组	关注疫情中的社区，包括居民日常互动、社区环境，以及社区志愿活动等发展状况	H社区	杨社工	130××××××××
6月6日—7月18日（逢周六）10：00—11：00	“生命有我”之疫情故事采集分享小组	采集并分享新冠疫情期间身边平凡却温暖人心的故事	W社工站	张社工	133××××××××

活动预告是对即将开办的活动进行简要的说明，不需要太复杂，也不用对活动进行详细的描述，只需对活动的几点必要因素进行大致说明即可。从表5-6可以看出，活动预告需要交代清楚活动开办的日期、时间、地点、主题以及负责人和相应的联系方式，同时还需要对活动进行概述，以使阅读者对活动有大致了解。活动的概述很重要，要求社会工作者用一两句话概述清楚整个活动，这就意味着社会工作者在概述活动时不宜出现字词的冗余。一般而言，活动概述侧重于描述活动开办的主要内容，而不用交代活动对象或活动意义。同时需提出，活动预告虽内容简单，但并不意味着不重要。与通讯稿一样，活动预告一旦确定，就会以机构名义在机构的各个信息公示平台展示，这不仅要求活动预告内容不出错、符合实际，更要求社会工作者能够按照活动预告说明如期举办活动，即使其间因不可抗因素需取消或推迟活动，也应及时在各公众平台做相应的解释和说明，否则可能对机构专业信誉造成损害。

第六章
社会倡导写作

倡导就是说服他人接受我们的观点和建议。在此过程中，语言和传播方式是我们最有力的武器。不同于美酒佳酿自身会散发酒香吸引他人，一个好的观点和想法只有借助一定的语言和传播方式，才能够让他人知晓，进而体现出自身真正的价值和意义。因此，表达一个观点和建议的过程和方式与观点和建议本身的内容一样重要，且不可或缺。

无论是扮演专家学者角色，还是履行深入一线的实践者职责，社会工作者都特别有责任去倡导他人关注一些迫在眉睫的社会问题。因为无论是哪种角色，社会工作本身的专业性质都使得我们经常接触到许多有关社会问题的事实以及被这些社会问题影响的人，我们的专业价值和情怀呼唤我们去关注和关怀这些被社会问题影响着的人。而面对一些社会结构性问题，如穷人、性工作者以及失独老人等服务对象被污名化，或者是行业发展不规范导致福利工作者每天超负荷工作等，此时个人的力量已经无法带来改变，社会工作者只有站出来进行相应的社会问题倡导，团结起社会集体的力量，共同关注某一结构性社会问题，才能推动问题的真正改变与解决。

一、社会工作与政策之间的关系

直接的社会工作实践受政府和行业政策的影响，但社会工作并不是被动性地接受这种影响，而是会在实践政策的过程中发现政策的利弊。而且，在发挥政策优点的同时，也会推动其缺点的不断改进。因此，社会工作者不仅是政策的执行主体，同时也影响着政策的发展。

（一）政策在社会工作实践中的影响

在人类服务情境中，政策指政府和非政府服务机构有关其意图以及如何实现这些意图的权威性声明。[①] 直接的社会工作实践受多层面政策影响，包括公共卫生政策、社会政策以及地方组织政策等。

在现实社会中，政策对人们生活的影响体现在方方面面，无论是价值文化等意

① HEALY K，MULHOLLAND J. Writing skills for social workers. Chennai：C&M Digitals（P）Ltd.，2019.

识形态层面，还是日常生活中的衣食住行，这些都与政府颁行的相关政策有关。社会工作者可能会格外注意公共卫生政策、社会政策以及行业组织发展政策。行业组织发展政策影响着社会工作机构及其日常实践工作的具体开展，例如深圳市委、市政府在2007年颁布的《关于加强社会工作人才队伍建设推进社会工作发展的意见》以及七个配套文件，详细地罗列了社会工作的职业定位、社会角色、专业岗位分类等，同时还分别对社工资格认证、服务领域、发展经费来源、薪酬保障体系以及专业岗位设置等做了明确规定，初步确立了深圳社工职业化基本体系。① 广州市则在十多年的行业服务探索中，形成“113X”模式，构建出广州目前全方位、多层次、精准化的社工服务体系。

公共卫生政策和社会政策不仅影响着社会工作机构和社会工作者的工作和生活，而且与社会工作服务对象的利益息息相关。例如，在为长者服务的过程中，需要格外注意有关离退休老人的医疗优惠政策；在为流动人口服务时，需要明白当地非户籍人口社会保障、社会保险获得等相关政策。这些政策的具体规定，直接影响了服务对象利益的获得。

政府政策对于社会工作机构本身发展与具体实践服务内容也有相当大的影响。目前，尽管社会工作机构发展资金来源日趋多样化，但政府依旧是机构发展与实践服务的主要出资人。政府购买社会工作机构服务的目的在于实现其政策规定的相关服务目标，因此，政府政策目标内容直接影响着社会工作机构具体的服务开展。例如，为确保2020年农村人口全部脱贫，政府相继出台了很多扶贫发展政策，如简化市场准入，设立注册登记“绿色通道”，免收登记类、证照类等行政事业性收费等，推动了社会工作机构的发展，而实施返乡创业培训五年行动计划，培训经费纳入地方政府财政预算等，又为培养农村社会工作发展中急需的当地人才骨干提供了培训条件等。

（二）社会工作影响政策发展

一项政策出台后需要落地实施，才知道政策是否符合现实需要，是否能够解决实际问题。社会工作者深入一线实践，最能了解一项政策是否解决实际问题，是否能满足民众需要以及民众对于政策的反应。同时，社会工作者作为居民、社区、街道沟通的纽带，也最清楚各方发展的需求与问题，最容易找到满足各方需求的平衡点以及解决问题的关键。从以上两点出发，社会工作者若是能了解政策制定过程甚至具备影响政策制定所需的技能，如政策倡议撰写技术，将能有效发挥社会工作者对于政策制定与改进的积极作用。如社会工作者在了解当地社会历史发展背景后，可以提醒决策者在制定政策时注意当地情况的复杂性，并有针对性地提出相应的可供选择的解决方案。

---

① 中共深圳市委、深圳市人民政府关于加强社会工作人才队伍建设推进社会工作发展的意见．http：//www. sz. gov. cn/zfgb/2007/gb570/content/mpost _ 4948176. html.

传统上，政府政策是由政治家、研究人员以及学者等相关专业人士参与制定的，这种自上而下的方法，虽然能极大地提升政策制定效率，但却容易忽略民众本身的需求。近年来，随着居民民主参与意识与教育水平的提升、各类通信技术的发展，以及政府意识到邀请居民参与政策制定的重要性等，越来越多居民也参与到政策制定与发展的过程中。居民参与政策制定过程，对政府和政策本身都有许多益处。首先，它能够促进政府与居民之间的交流与合作，帮助政府更加了解居民的境况，增进居民对政府各项工作难处的理解。其次，居民参与了政策制定的过程，不仅能增加居民对该项政策的认可和接受程度，还有助于提升居民参与政策实施的积极性。再次，居民参与政策制定，也是居民个人参与权的实现，这不仅有利于公民个人权利意识的提升，还有助于民主政府的建设。

作为居民一员，社会工作者既可以以社区居民身份参与到有关本社区发展的某一特定政策的制定与实施过程中，又可以凭借丰富的一线社会服务知识与经验，倡导服务对象一起或代表服务对象参与全过程。无论以何种身份参与，了解政策发展周期以及如何编写有效的政策建议，都将有助于提高社会工作者本身参与政策制定的效率。

政策实行的一个周期大概可分为三个阶段，即政策制定、政策执行与政策评估。各阶段间相互重叠影响，上一个阶段的完美完成有助于下一个阶段的实施执行，由此形成一个闭环发展路径，如政策评估常常会引出新政策的制定、政策制定好坏直接影响政策执行等。在不同阶段，社会工作者都可以不同角色参与其中，发挥作用。在政策制定阶段，决策者寻求对当前问题做出政策性回应。例如，政策要解决的问题可能是如何促进流动人口融入城市发展，决策者希望了解该问题的症结所在以及与问题解决相关的知识和信息。社会工作者此时既能为政府决策部门提供详细而又准确的信息，又可以代表自己的服务对象（流动人口）发声，还可以为解决流动人口如何更好地融入城市发展提供具体策略。在政策执行阶段，决策者已经制定好应对问题的策略，此时社会工作者在提交政策建议时，应当侧重于如何促进政策的具体执行。当然，社会工作者促进政策执行的前提是已经确保该项政策对居民利益无害。在政策评估阶段，决策者希望评估和改进既定的政策，并考虑新政策领域。社会工作者则可以利用自身的一线实践服务知识或通过促进服务使用者参与政策评估等，为政策评估进程做出贡献。

二、社会倡导写作的形式

根据不同的作用和受众对象，倡导写作可分为不同形式，常见的主要有政策倡议、社论、写给编辑的信，在西方社会还有写给立法者的信等。

（一）政策倡议

政策倡议旨在说服读者采纳特定的政策建议，要求行文简短、内容清楚且具有条理性，篇幅一般为 3～6 页。政策倡议的开头就像是故事的开始一般，可以先讲述清楚问题情况，包括问题的严重程度、产生问题的原因以及问题不解决将导致的结果等。开头第一句话可以首先简洁地说明问题，如“许多农村留守儿童在完成九年义务教育后就在家务农或外出打工”；其次，描述问题的严重性，“近 10%的学生在家务农，50%选择外出打工，仅有不到 40%的学生继续升学”；再次，讲述问题产生的原因，“L 农村教育资源不足，学习环境差，学习观念淡薄，很多学生成绩不好，觉得自己天生不会读书，读书就在浪费自己的时间，还不如早早外出挣钱”；最后，讲述问题得不到解决会发生什么，“初中毕业后就外出打工成为当地普遍现象，越来越多留守儿童不爱上学”。写作过程中，可以用定性资料阐明问题的严重性，同时也可以加入一些留守儿童的个人阐述，增加故事性。

接下来的部分可以介绍当前有关农村儿童教育政策特点，指出当前教育政策存在的缺点和不足，比如，政策“一刀切”，更多关注流动儿童教育而忽视了留守儿童等。最后一部分讲明倡导者建议制定新的政策或对原有政策进行修订，包括政策内容以及相应的作用，并阐明执行新政策存在的一些障碍。行文中语气应当正式且冷静，因为政策倡议不是倡导某一行动，而是对相关责任方提出建议。

（二）社论

社论也被称为评报或评论性文章，主要是阐发写作者个人的观点和看法。在社论中，写作者可以尽可能地展示个人的聪明和才艺，但同时也应注意读者的阅读水平，以免造成读者看不懂的尴尬局面。社论总体篇幅较短，写作者一开始就会表明立场，行文中多用短句、陈述句等简单句。一篇好的社论能在表明观点后紧紧围绕观点进行论述，且融合与观点相关的背景资料，从开始到结尾都能引人入胜且朗朗上口。

（三）写给编辑的信

写给编辑的信与社论要求相似，短小、简洁、观点清晰，读起来朗朗上口。不同于社论的是，写给编辑的信要求在一两段中总结出整个论点，这就要求写作者最好选择一个最紧要的观点作为唯一的论述观点，以避免观点呈现太多，受篇幅限制导致整体论述不足。一封优秀的信件能够让对方在阅读后对一个原本不知道或不关心的话题产生兴趣，或教会对方一些新的东西，或改变对方对某一问题的看法。

（四）写给立法者的信

写给立法者的信介于政策倡议和写给编辑的信之间，要求简短、切中要害，但却又比写给编辑的信多一些背景和细节。在写给立法者的信中，写作者必须清楚立法者在这个问题上的立场，或者他所代表的群众立场，特别是当写作者可能持与之相对立的观点之时。此外，在写给立法者的信中，写作者也应该展示自己对相关问题的了解以及专业性知识，包括介绍自己及所从事的专业领域、关注的问题及看法、解决问题的建议等。

在以上几种倡导形式中，社会工作者平时所接触的政策倡议最多，而政策倡议本身对社会工作影响也最大。接下来，我们将详细讨论有效政策倡议的特征以及如何撰写有效政策倡议等问题。

三、有效政策倡议的特征

当一份政策倡议完成后，并不见得能发挥其相应的作用，只有有效的政策倡议才能真正达成倡议目的。一份有效的政策倡议至少应包括以下特征：有吸引力、可信任、焦点集中、有效且可实行。

（一）有吸引力

一份有吸引力的提案才能够引起读者的阅读兴趣。虽然有效的政策倡议需要建立在证据和逻辑论证的基础上，但在倡议的开头部分，倡导者需要先说服读者相信自己所倡导问题的价值，才能激起读者继续阅读的欲望。要达成这一点，倡导者可以以感性故事激起读者的情感诉求，辅之以理性材料证明问题的真实性。当然，这时需要倡导者恰到好处地把握好感性与理性材料的使用程度。因为倡导者若是在倡议开始部分就过分叙述感性故事，则可能使读者觉得倡导者看待问题太过情绪化，进而对倡导者的观点产生怀疑，或者对倡导者纯粹关注某个问题的事实感到不耐烦；相反，若倡导者仅一味地阐述数据或描述现象，则又容易使读者感到枯燥乏味而中断阅读。

此外，一份有吸引力的政策倡议还需要倡导者能够充分表明自身对倡导中提及的问题观点、问题涉及的相关政策、主要倡导对象的需求，尤其是对问题与政策所涉及的相关部门管理范围、职权领域有足够的了解和把握。在此，并不是要求倡导者对涉及的问题和政策有足够细致的认识，而是对问题涉及的相关事务有整体且充分的理解，只有这样，才能更受信于倡导对象，让倡导对象觉得这是一封有实质内容、值得一读的倡导书。

最后，除了具体行文内容，一份引人入胜的倡导至少还需要有足够好的文字和结构，以保持读者的阅读兴趣。这就要求倡导者在撰写政策倡议时做到：

（1）每一个部分、段落和句子都具有逻辑。

（2）通篇描述中，层级清晰，问题清楚，观点明确。

（3）使读者易于把握整体结构内容，如加入副标题增加可读性。

（4）避免使用艰涩难懂的专业行话术语。

（二）可信任

一份政策倡议是否足够可信，体现在它所使用的信息材料上。目前倡导者常用的正式且获得公认的数据源包括国家统计资料、政府工作报告、学术机构和研究所等公认权威机构的研究报告，以及来自利益相关者的相关书面证据等。

除了参考以上公认的数据资料，倡导者也可引用一些自己的案例研究，以增加倡导材料的丰富性、生动性与可信度。例如，在一项保护受家暴妇女的政策倡议中，倡导者可以举例说明受家暴妇女在家暴中的心理与生理活动状态，以及由此对她们的生活造成的负面影响，以使读者在心中建立起受家暴妇女的立体图像，增加对政策倡议的反应能力。此外，一个精挑细选的案例研究也可以使决策者感受到该政策倡议对相关群体的实质性影响。例如，在对提升流动儿童学习环境的倡导上，倡导者可以举例说明一个孩子在放学后没有相应的学习环境，在喧闹的客厅中，依靠一条布帘开辟出一个临时的学习角落，布帘挡住了灯光，没有书桌，孩子只能靠着床板写字，进而使大家意识到建立一个在孩子放学后可供使用的公共学习空间对一些家庭条件较差的孩子是多么难能可贵。当然，倡导者在使用实践中获得的案例材料时应注意隐私和保密问题。典型的个案经历虽然更容易牵动读者情绪，增加故事可信度，但使用前一定要征得服务对象的同意，并对关键信息做匿名处理，以避免对服务对象造成伤害。同时，需谨记，实践材料不能取代国家统计或研究报告等正式权威数据来源，因为前者较难证实，而后者却已获得权威认可。

（三）焦点集中

焦点集中且突出，不仅有利于保持读者的阅读兴趣，还可以帮助读者最大限度地理解倡导者的立场。而在一份焦点集中的政策倡议中，倡导者一般会利用数据翔实的论据和结构严密的论证过程，围绕论点以清晰简洁的方式向读者展示相关信息。要做到这一点，首先，倡导者应确保每一份材料都与相对应的论点足够相关，且不易使读者产生理解偏差；其次，具体行文过程中，确保时刻满足读者的阅读需求，避免读者产生问题存留；最后，确保全文逻辑思路顺畅，每一部分都有一个明确的中心思想，都能围绕整体的观点进行论述，全文中导言、背景、分析和建议紧密相连。

（四）有效且可实行

一份倡议的有效性可以在倡导者提出的建议中得到检验。倡导者如果能说明自己提出的建议将如何帮助解决倡议中提出的问题，以及具体如何开展实施，将能最大限度地提升倡议被采纳的可能性。当然，倡导者在向某一部门提出一项倡议时，一定要先了解该部门的职权范围，毕竟，再好的倡议也只有通过拥有相应职权的部门的考虑并被采纳后才能够顺利施行。

除了考虑倡议内容的有效性，决策者在决定是否采纳某一政策倡议时，还会考虑该政策倡议实施的成本效益与隐含的价值观。倡议内含的价值观是否与自身立场相符？倡议所得效益是否高于成本支出？倡议中提出的问题解决方案是否在控制效益前提下成本低于其他解决方案？对这些问题的不同回答，将直接影响决策方对政策倡议可行性高低的评估。

四、政策倡议的撰写

在了解了政策发展周期、社会工作者在政策不同发展阶段应扮演的角色，以及有效政策倡议的特征后，社会工作者还必须了解如何撰写有效的政策倡议。要写出一份有效的政策倡议，需要社会工作者先了解当地一些约定俗成的观念，明确一个价值取向，选用恰当的行文结构和语言传达自己的观点以及观点背后的价值取向，并在具体行文中采用正确的证据、论述方式与写作风格，在准确传达自身观点和想法的同时，避免使读者感到枯燥。

（一）了解当地一些约定俗成的观念

“人在情境中”是社会工作学习与实践中常提到的一个概念，要求社会工作者从服务对象本身所处的生活环境、社会关系以及社会发展历史中去认识和了解服务对象以及服务对象所面临的问题。所谓约定俗成的观念，即一个被大众普遍接受的，且以制度、法律、习俗等形式存在或出现的观点或想法。它广泛地存在于服务对象的生活中，并对服务对象日常生活以及问题发展产生巨大影响。社会工作者从服务对象所处的情境中去了解和正确认识服务对象以及服务对象面临的问题，很大程度上就是要了解这些无形的、广泛存在且对服务对象生活有重大影响的约定俗成的观念对问题的影响。

在日常生活中，诸如养儿防老、结婚生子、落叶归根等都是一些约定俗成的观念的体现，它长期存在于我们的生活中，历代延续，好像生来就有，就应该这样，我们很少也很难去质疑它的对错。当然，这里并不是说这些约定俗成的观点都是错误的，应当被质疑和推翻，有些约定俗成的观念，诸如孩子应该赡养父母、政府应当为贫困家庭发展提供援助等为社会发展提供了观念保障。但有些约定俗成的观点，尤其是受过去传统封建时代思想影响的观念，对我们的生活也产生了许多负面影响。例如，养儿防老使得很多家庭重男轻女，认为只有生养儿子，自己未来才有保障，并由此对儿子女儿区别对待；结婚生子观念使得很多无法生育的夫妻关系破裂；孩子是父母的私有财产，教养孩子是父母的私事，体罚孩子对孩子健康成长很有必要等约定俗成的育儿观念影响了一些孩子的健康成长。社会工作在评估服务对象问题时会发现，服务对象每一个问题背后都隐藏着一些根深蒂固的约定俗成的观念，社会工作者只有意识到并发掘这些影响服务对象问题发展的约定俗成的观念，引导服务对象推翻这些影响行为的观念假设，问题才能真正解决。因此，社会工作者在撰写一项政策倡议时，一定要先意识到隐藏在问题背后的这些约定俗成的观念。

约定俗成的观念并不一定都对社会工作起阻碍作用，运用得当，也能对社会工作者的倡导起加强作用。例如，对于家庭养老问题，其背后存在的约定俗成观念是子孙后代对老人赡养存在天然义务。此时，社会工作者若是想激发家庭力量解决养老问题，子孙后代赡养老人这一约定俗成观念将能起很大的正面支持作用。

在我们自己长期生活的环境中发现约定俗成的观念对当前问题的影响并不容易，引导服务对象去质疑影响其问题发展的约定俗成的观念更是难上加难。因为我们常常把自己的思想、所处的制度和文化环境认为是理所当然的且习以为常。例如，我们可能认为政府就应该为贫困家庭生活负责，社区居委会就应该解决社区里发生的所有问题，男性就应当在外赚钱养家等，但我们却很少意识到应去探寻这些观念背后的理由，或者即使我们去质疑了这些观点，也会被生活中的周围他人视为“离经叛道”。社会工作者在撰写一项政策倡议时，除了了解政策问题背后可能存在的约定俗成的观念，还应当了解这些约定俗成的观念的来源，是大众媒体倡导产生，还是世代观念延续。对于前者，社会工作者可能要从当地媒体进一步挖掘观念倡导产生的原因；对于后者，则可能需要深入挖掘当地社会发展史。了解了观念产生的源头，还需要对症下药。政策倡议与约定俗成的观念相反时，如果这一观念是源于大众媒体倡导，社会工作者此时最好能争取获得当地媒体或公众人物的支持，以减少公众阻力；如果是源于世代观念延续，社会工作者需要做好长期工作的准备，毕竟世代延续的观念并非一朝能改。

（二）明确一个价值取向

与约定俗成的观念密切相关的是价值取向。价值取向是人们看待社会的一个透视镜，也是我们用来分类和处理接收到的信息的一个精神结构，它无意识且自动地影响着人们的生活，并将人们接收到的新信息融入已有的信息之中。价值取向由价值观推动，在韦伯斯特词典（又称韦氏词典）中，价值观是“对正确或有价值的事物的抽象概念”，它不仅仅是一种偏好，更是一种根深蒂固的信念。在社会工作倡导中，我们不能忽视价值取向的作用，因为无论我们整理了多少事实案例，最终都要归结到某一价值取向中，而明确某一价值取向，也为我们接受某一具体政策铺平了道路。

封建主义和社会主义是中国历史发展过程中两种重要的价值取向。封建主义强调君主专制，所谓“普天之下，莫非王土；率土之滨，莫非王臣”，政府对鳏寡孤独者等弱势群体的帮助更多是出于君主王臣等优势群体对弱者的一种怜悯或道义，而非责任。社会主义强调集体主义，即政府是人民的政府，全心全意为人民服务是政府存在的宗旨，保护弱势群体是政府的职责而非道义。因此，封建主义社会中较少出现专门保护弱者的社会政策，即使有也只是在某个朝代中零星出现，如宋朝的居养院、元明时期的惠民药局、清朝的栖流所等①，每个朝代发展内容不一。但这些都未形成稳定的发展模式，也未能在王朝更迭过程中留存。在社会主义价值取向中，因为政府存在的目的便是维护人民利益，故保护弱势群体利益的社会政策发展也较为丰富，如城市的最低生活保障制度，农村的“五保”制，以及失业、工伤等一系列社会保险制度的颁行等。保障弱势群体利益的社会政策不仅涵盖的群体与内容广泛，其制度体系也较为稳定，并设立了专门的政府部门专责管理，并不会因为

① 赵映林．宋代社会保障救济制度述略．文史杂志，2018（2）：64－71.

执政者的更换而轻易取消。此外，即使是在社会主义社会中，不同价值倾向也会影响社会政策的具体内容。例如，倾向自由或市场主义，会更加强调效率，即效率优先于公平；若是倾向集体主义，则会更加注重公平而非效率。由此发展的福利制度也会有所差异，前者可能会发展有限的福利制，而后者更可能发展普惠性福利制。

因此，社会工作者在提出特定的政策倡议之前，应先明确选择的价值取向。如果公众赞同你的价值取向，将有助于激发他们对你政策倡议的支持，当然，这样做也会激起一些不赞同你价值取向的人的反对，例如倾向市场主义价值的人一般不会认为政府发放失业保障金是一个好的政策选择。但阐明价值取向，强调共同的价值观（如集体主义强调以集体力量解决问题），使得某一政策倡议的提出能更快获得持守相同价值取向的人的支持，从而减少争议，将更多精力投放于获得中间人士的支持，如此也不失为一种好的策略选择。

（三）价值观交流

在日常交流中，我们选择使用的词语经常传达出我们所持守的价值观、意识形态，甚至是解决方案。例如，在对恐怖主义的描述上，“反恐战争”表明一个国家遭受到恐怖主义的袭击并赞同武力解决的想法，而“国际罪行”则表明应当对恐怖主义分子进行刑事起诉。在有关堕胎问题的争论中，强调“生命权”则可能认为堕胎涉及生命道德问题，而“个人权利”则侧重于传达对个人权利和选择的重视。此外，关怀意味着关心和保护，是一种持续性的照顾行为；援助则可能是一种不确定和非强制性的、随时可能会撤回的帮助。我们在进行某一政策倡议时，应尽量选用能更好地传达我们自身价值观的词汇，避免倡导对象对倡议行为产生困惑。

（四）生动的倡导语言

学术写作即使是在面对家庭暴力或儿童虐待问题时，也要求尽量使用客观、公正、冷静的行文用语；而倡导则希望别人赞同自己的观点与行为，因此一般使用激励、启发、生动与振奋人心的语言，使之更能吸引读者，以便达成倡导目的。例如，美国社会工作者协会在2003年对贫困如此论述：“贫困是一系列复杂原因导致的一个社会问题，是一个无法通过福利支票或对政府的责骂来解决的问题。”这句话的前半句比较平淡，几乎适用于所有社会问题的论述，但下半句则巧妙而有效地嘲弄了福利改革中过分家长制的应对措施。

插图、视觉意象和文学修辞手法可以使你的倡导行文生动而具有活力。我们经常使用类比、比喻来表述或思考一个问题。例如，将世界比作一个舞台，充分说明了社会行为的本质；“你就是个小仙女”比“你很好”更加具有亲和力，也更吸引人的阅读兴趣。类比对于解释一些复杂概念特别有效，例如在解释美国工薪计划为什么没有成效时，一位经济学家将劳动力市场描述为“巨大的且快速移动的抢椅子游戏”，那些有技巧、身体健康且积极性高的人可以快速地找到座位，但若将此作为所有没有找到座位的人失败的原因，那就太过牵强，毕竟在椅子数固定的前提下，即使是一些有技巧、身体健康和积极性高的人也可能会找不到椅子，而解决这一问题的办法之一便是增加椅子。

此外，使用一些尖锐的类比也将更能激励人心。比如某网友将“99公益”中一些机构把弱势群体苦难放大以博取群众捐赠的行为描述为“将他人苦难当作商品包装后置于镁光灯下营销，营销广告似乎越苦难越好，广告扩散的范围越大越好，完全忘记了每一次镁光灯的闪耀都将可能给苦难者造成一道无法愈合的伤痕”。如此则充分展示了公益市场化以及资本操作的方式可能给原本苦难者造成二次甚至多次伤害的风险，以及可能造成社会工作以人为本价值的丧失。另外，倡导者也应记住，一份简洁、有趣，具有视觉意涵且朗朗上口的倡议固然重要，但这也只是一个行文手段，行文中的实质内容才是最终目的。

（五）讲述一个故事

这里所说的故事并不是单纯讲述个人故事，而是蕴含着对某一社会问题的观点投射。例如，在对家庭暴力问题的论述中，我们可以这样写：

> 施暴者是恶魔，他们利用自身的优势与力量去欺负弱者；受暴者是受害者也可能是帮凶，她们遭受着施暴者的压迫，生活在一个压抑、无助与悲伤的环境中，然而她们也因为性格或思想缺陷选择沉默，或者替施暴者掩盖罪行，从而为施暴者的再次施暴提供了一次又一次机会。解决家庭暴力不仅仅需要通过社会立法来匡制施暴者，更需要受暴者勇敢地发声，不包庇容忍施暴者。

这一论述简洁却故事性地包含了问题的所有要素，包括施暴者、受暴者、帮凶、问题的原因以及解决方法，同时也蕴含了论述者希望受暴者能够勇敢地诉说自己遭受到的暴行，一起站出来制止家庭暴力发生的主张。

（六）选择证据

好的论据基于好的证据，证据可包括统计数据、实践报告以及相关的学术研究成果等。在实证研究中，我们强调统计数据，但使用数据的过程中，我们必须确定一些界限问题。例如，要确定无家可归者的数量，我们是只统计那些睡在大街上或天桥下的人，还是同时统计那些寄居在亲戚朋友家中的人？失业人数统计中，是否也包括那些停止找工作或未充分就业的人？其实，在某种程度上，选择使用的数据以及数据计算标准本身就是一种价值选择，也正因如此，我们在选用数据时应格外谨慎，基于所代表的价值观或价值选择明确统计边界，以免引发不必要的争议。

除了选用定量证据，我们还会使用一些定性资料来增加倡议的感染性。例如，选用一个典型个案来引出或凸显一个社会问题，可以是长期被家庭辅导老师性侵害后自杀的林奕含，也可以是已获得博士学位却不知“知网”为何物的翟天临。但在使用此类定性资料时也应注意，并不是所有的问题都适合用故事来渲染问题的严重性或增加事实的说服力。例如，在贫困研究中，个人的贫困故事可能只会让读者单纯地阅读完一个穷人的故事；而在涉及少数民族贫穷的故事中，可能会强化读者对于少数民族的偏见，更多地将贫困归结为文化因素而非自然、制度或结构性原因。

相比之下，统计数据和经济事实则更可能引导读者在一个更大的范围和语境下去思考贫困发生问题。

使用一个论据的最好情况是综合使用定性和定量信息。精心挑选的定性故事会引起读者的兴趣，将问题真实地呈现在读者面前，激发相应的情感，在帮助读者记住你提供的信息的同时，也鼓励读者进行相关的倡导行动。但是，单纯的故事讲述缺乏可推证性，毕竟任何人都可以讲述一个故事。此时，使用一些定量的统计数据则不仅可以体现写作者的专业性，还能有效提升论据的可信度。定量数据凸显理性，使读者能够在一个更大的制度和结构动态中去定位故事，并了解故事中问题的发展程度；定性故事激发情感，推动读者行动。定量与定性资料，通过在理性与感性层面的结合，可以更好地论述政策倡议的观点。

（七）建立论点

一个有效的论据通常由三部分组成，即观点、证据和论证。观点就是倡导者自己的主张。可以是一个事实主张，描述是什么；也可以是一个价值主张，对某一问题或事件进行判断或评估；还可以是一个政策主张，建议应该做什么，不应该做什么。例如，“大多数外来务工者无法享受当地社会福利”是一个事实主张；“外来务工者应当享受当地社会福利”是一个价值主张；“外来务工者通过办理居住证以及购买社会保险等可以享受当地一些社会福利”则是一种政策主张。每一个主张都应当有相应的理由支撑，这也是支持和证明主张的证据。这些证据可以是统计数据、经验事实或是研究结果等任何可以证明主张有价值的东西。在此，需注意，每一个主张都带有一种价值诉求，价值诉求属于意识形态层面，不能用事实直接证明，但却可以通过事实来强化。例如，“国外许多女性赞同性工作是一份职业”，此时就可以提供一些国外从事性工作的女性认为性工作是一份职业的观点论述。

论据辩论的最后一部分是论证，即将观点与论据联系起来的一种推理形式。例如，应加强儿童和青少年性教育的政策主张中，理由可包括儿童和青少年遭受性侵害的数据逐年上升且呈现低龄化趋势，性侵害给受害者生活带来很大的负面影响，包括无法再与他人建立起亲密关系，产生抑郁甚至是自杀倾向，目前家庭对儿童和青少年性教育缺失，儿童和青少年对性知识与性防护技巧缺乏了解等。为此，有必要呼吁大家注重对儿童和青少年性教育的关注。将该政策主张与理由联系起来的是我们对于儿童和青少年健康成长的价值信念。

很多时候，单一的主张并不能有效说服公众接受某一政策倡议。为此，可以将多个主张放在一起以加强对论点的论述。根据美国学者雷巴基（Rybacki）的观点，采用聚类或链接的方式，可以对多个观点进行组合论述。① 聚类将多个观点组合在一起，但每个观点都可以彼此独立，一个观点不成立，不影响另外观点的成立。例如，麦克拉纳汉和桑蒂夫尔在对福利并非美国单身母亲增加的主要原因的论述中提

---

① RYBACKI K，RYBACKI D. Advocacy and opposition：an introduction toargumentation（3rd ed.）. Boston：Allyn & Bacon，1996.

出三个支持性主张。[①] 一是尽管福利金有所下降，但单身母亲数量却有所增加；二是受过高等教育的妇女中单身母亲数量有所增加，但她们不大可能依靠福利生活；三是一些福利待遇比美国低得多的国家，单身母亲数量更普遍。以链接方式组合观点更具线性特征，一个观点建立在另一个之上，更复杂也更需要逻辑性的跳跃。例如，在提升国民教育可以减少福利支出的论述中，我们可以这样解释：首先，受教育程度越高，找到工作的概率越大；其次，相比于未接受教育或教育程度更低时找的工作，这时找的工作的工资更高；再次，获得更高工资后，则更少依赖福利；最后，因为人们越来越少依赖福利，政府则可以有效减少福利支出。在解释一个复杂问题时，采用链接方式将更有逻辑和说服力，但倘若其中一个主张错误，其余主张则也宣告失败。

（八）选择一个写作风格

当完成以上几点工作后，此时需要倡导者掌握自己的写作风格。写作风格有正式与非正式之分，或者二者兼有。正式的写作风格给人认真、严肃之感，更适合正式场合。非正式的写作风格则更容易创造一种亲密感，拉近读者与倡导者之间的距离。不同写作风格有不同的优缺点，并无好坏之分，选择哪种写作风格可以根据倡导者的主要受众对象来确定。

不同的倡导形式面向不同的受众对象。一般而言，政策倡议和机构报告都较为正式，在撰写这种倡导文件时，倡导者不宜选用非正式的写作风格，此时，严肃、认真、专业、客观等应是倡导者需要传达给受众的感受。但严肃、认真、专业与客观并不代表着倡导者应使用内部行话或复杂论据，倡导需要受众能读懂才有意义，倡导者可以灵活使用不同语态、语法或句式，绝不能为了凸显专业和认真而撰写出一份艰涩难懂的倡导书。

五、政策倡议实践案例分析

社会工作者在撰写一份政策倡议时，无论这份倡议最终会出现在哪里，都要求其能清晰流畅地表达倡导者本身的观点，并说服读者以倡导者立场去看待和思考问题。同时记住，当社会工作者发出一份政策倡议时，无论其是否以自己所在机构名义署名，读者都会联想到社会工作者所在的机构，此时，社会工作者的一言一行都与机构荣誉相连。因此，社会工作者在政策倡议中应时刻注意用词以及观点的规范性和专业性表述，以免给机构带来负面影响。此外，政策倡议的具体行文最好能结合主要读者特点。例如，若是写给报社，可以结合新闻稿的写作要求；若是写给政策决策者或立法者，则可以具体考虑决策者或立法者的工作或阅读习惯等。

以下是美国 W 社工写给所在州政府的一封倡导书，呼吁所在州政府参与减少苏丹人民遭受苦难的行动：

---

① MCLANAHAN S，SANDEFUR G. Growing up with a single parent：what hurts，what helps. Cambridge：Harvard University Press，1994.

亲爱的××：

我叫 W，我写信是为了提请您关注苏丹达尔富尔的严峻局势。

一场毁灭性的内战蹂躏着苏丹，无辜的人民迫切需要我们的援助和保护。根据《拯救达尔富尔》引用自世界粮食计划署、联合国和联合国正义联盟的数据显示，350 多万苏丹人面临饥饿的风险，250 万人流离失所，近 50 万人死于毫无意义的、可预防的暴力之中。无数苏丹平民正面临强奸、伤害和死亡的威胁。

作为一个富足、强盛、极具影响力的国家，我们有责任采取必要的行动去减少苦难的发生，先前在对卢旺达采取行动时的犹豫已使更多人丧生，我们不能再让历史重演。

作为联合国成员，我们在道德和法律上都有义务去终止苏丹的大屠杀。众议院 467 号决议已为美国在履行我们的责任中迈出了令人钦佩的第一步，但还需要做更多的工作。

众议院 3127 号决议和参议院 467 号决议都找寻到了正确方向，我们需要采取维和措施去阻止目前在苏丹境内无视和平要求的武装部队的行动，美国还必须继续向达尔富尔人民提供人道主义援助，因为还有许多正在遭受严重暴行的苏丹人民需要大量的食物、水、住所、医疗、宗教和精神卫生服务。

请考虑苏丹达尔富尔已经遭受的损失，尽您所能保护苏丹达尔富尔人民。

从以上宣言中我们可以发现，倡导者提供了以下这些事实：

（1）苏丹境内正进行着一场毁灭性的内战，无辜的人民迫切需要援助和保护。

（2）作为一个富足、强盛、极具影响力的国家，美国有责任采取必要的行动去减少苦难的发生。

（3）先前在对卢旺达采取行动时的犹豫已使更多人丧生，美国不能再让历史重演。

（4）作为联合国成员，美国在道德和法律上都有义务去终止苏丹的大屠杀。

（5）美国众议院 467 号决议已为美国在履行责任中迈出了令人钦佩的第一步，但还需要做更多的工作。

（6）美国众议院 3127 号决议和参议院 467 号决议都找寻到了正确方向，美国需要采取维和措施去阻止目前在苏丹境内无视和平要求的武装部队的行动，以及继续向达尔富尔人民提供人道主义援助。

在这份倡导书中，倡导者首先阐明了自己的观点，即“一场毁灭性的内战蹂躏着苏丹，无辜的人民迫切需要我们的援助和保护。”其次，倡导者围绕观点开始论述：第一，根据数据显示，350 多万苏丹人面临饥饿的风险，250 万人流离失所，近 50 万人死于毫无意义的、可预防的暴力之中，无数苏丹平民正面临强奸、伤害和死亡的威胁。第二，作为一个富足、强盛、极具影响力的国家，美国有责任采取必要的行动去减少苦难的发生，而先前在对卢旺达采取行动时的犹豫已使更多人丧生，美国不能再让历史重演。第三，作为联合国成员，美国在道德和法律上都有义务去终止苏丹的大屠杀，众议院 467 号决议已为美国履行责任迈出了令人钦佩的第一步，但还需要做更多的工作。再次，倡导者论述为达成目标应采取的行动，美国“需要采取维和措施去阻止目前在苏丹境内无视和平要求的武装部队的行动，美国还必须继续向达尔富尔人民提供人道主义援助”。最后，再次点题呼吁，“请考虑苏丹达尔富尔已经遭受的损失，尽您所能保护苏丹达尔富尔人民。”通篇宣言内容简洁，思路流畅，逻辑严谨，层级明显，采用聚类方式，围绕着一个观点论述，并在最后提出自己对于解决问题的可实施方案。

第七章
实务领域写作

语言拥有着强大的力量，不仅推动着人类社会的发展，还为后世建构着当前社会发展的模样。就社会工作专业发展而言，社会工作者理论与实践性写作为后世建构着现今社会工作专业发展的模样，同时也为后世社会工作专业发展提供相关指引。第三章与第四章提到的服务文书写作以及项目报告写作为后世记录着现时社会工作实践服务发展的全过程。然而一线社工除了撰写机构规定的各类服务文书套表或周期性报告，还需完成其他各类写作，包括不同实践领域服务中要求的各类调查或评估报告（如家计调查报告、社会评估报告等）、实践服务笔记、实践服务活动宣传或是与各服务相关方的书面沟通等。本章则聚焦于长者领域、家庭和儿童福利领域、学校领域、医务领域、司法领域等几个常见实务领域中一线社工实践服务的写作，并辅之以写作案例讲述。

一、长者社会工作领域

随着老龄化社会发展程度加深，我国长者社会工作服务需求也越来越大。根据埃里克森人生发展八阶段理论，成熟期即人生发展最后一阶段，长者必须对自己过往的生活进行回顾和整理，以应对衰老导致的身体情况以及家庭、社会角色调整和变化带来的心理或角色冲突。[①] 同时，在实践服务领域中，长者社会化基本完成，丰富的人生阅历使长者成为天然的实践生活导师，但信息科学和网络技术的快速发展冲击了长者由生活实践经历建立起来的人生导师地位，导致其社会地位下降，由过去主持大局的“老祖宗”角色变成现今的“家庭负担”或“家庭累赘”。此时，回顾往事或生命故事有利于长者整合过去的生活经历，看到自身的生命意义和生活价值，并重新发掘自己的生活兴趣点，以避免因角色转换或角色适应失败而出现无助、抑郁与绝望等负面情绪。

往事回顾或生命故事整合适用于不同年龄阶段的长者，在长者实践服务领域中也运用较多。从事长者实践服务的社会工作者会发现，几乎每一位长者都喜欢讲故事，可能是自己的故事，也可能是周围人的故事，而社会工作者也可以从长者所讲述的故事中慢慢地收集到长者的一般性或重要性信息，并由此逐渐建立起长者多维

---

① ERIKSON E H，ERIKSON J M. The life cycle completed (extended version). New York：W. W. Norton & Company，1998.

立体化图像。此过程中，社会工作者在记录相关故事信息时，必须明确两点：故事是什么？到底是谁的故事？对于前者，社会工作者需搞清楚故事的性质与意蕴。例如，故事是亲人的出生或离世等一次性事件，还是诸如工作或生活安排等会随时间发展变化的活动？这些事件或活动对服务对象意味着什么，又是如何影响服务对象每天的生活的？老人的故事与其他具有相似点的故事的区别又在哪里？同一个故事，叙述者目的不同，表达侧重点也不同，故事整体描述便会有差异。以下是同一位长者的两个不同生活故事的描述片段。

片段1：曾阿姨今年68岁，H大学退休工人，患有高血压、糖尿病。老伴于今年2月去世，目前与儿子儿媳一家居住，但与儿子儿媳一家关系一般，近期感觉情绪比较低落。儿子在一家私企上班，平时忙于工作，儿媳经常回娘家居住，两人都较少与曾阿姨交流。孙子今年11岁，在G市上初中，平时虽会回家居住，但也很少与曾阿姨交流。曾阿姨表示，自己每天几乎都是一个人在家，中午都是一个人吃饭，看着空荡荡的家和餐桌，就经常会想起自己去世的丈夫，这样自己就更觉得孤单。为了减少自己的孤独感，近期也会去小区楼下走动，或跟邻居交流，或参加一些社区活动，多认识结交一些朋友。社区邻居听到曾阿姨爱人去世后，也会关心劝慰她。

片段2：曾阿姨告诉社工，H医院一年内就让她爱人接受化疗50多次，但最后还是不治身亡，想请求社工协助她了解投诉医院需准备的材料。社工告诉曾阿姨，G市有公益医患纠纷人民调解委员会，可以打电话咨询医院投诉的相关事宜。曾阿姨打电话到公益医患纠纷人民调解委员会，在电话交流过程中，曾阿姨情绪比较激动，多次强调医院医生为挣钱而不顾病人情况。最后得到了有关投诉医院需准备的材料的信息。社工询问曾阿姨后续行动。曾阿姨表示，想再与儿子沟通此事，看儿子是否愿意陪自己去调解委员会提交相关资料。先前，曾阿姨已跟儿子商量过投诉医院，但儿子并不支持，认为成功率低，相当于鸡蛋碰石头。

片段1主要是介绍曾阿姨，目的是告诉阅读者曾阿姨的基本情况和当前的生活状态，侧重于描绘曾阿姨的多维图像，包括基本的社会学人口信息以及其他重要信息，如丈夫去世、感到孤单、感到孤单的原因、为摆脱孤独感曾做过的努力、近期计划，以及自身内在优势等。同时为了保护服务对象隐私，除了记录曾阿姨的基础信息以及目前的生活状态，基本不涉及与问题无关的信息。片段2主要记录了曾阿姨为投诉医院做前期准备的事。从故事记录中我们可以看到，曾阿姨认为医院应当为爱人的死负责，即使儿子反对去投诉医院，她还是坚持实施这一想法。同时，从曾阿姨能够独立与公益医患纠纷人民调解委员会沟通，以及在了解投诉医院需准备的资料后能迅速做出下一步计划可以看出，曾阿姨自主性和独立性都较强，社工在服务介入过程中发挥的角色也较为边缘，基本将选择权和决定权交还给了曾阿姨。

除了说清楚故事是什么，社会工作者还应当说明到底是谁的故事。社会工作者被赋予写作者的身份，同时也就获得了建构的力量。故事如何建构，决定了故事反映现实情况的贴合度。上面两个故事片段更多的是事实描述，较少涉及事实评估。但在实践服务记录中，社会工作者必须在记录事实后做出相应的评估，以确定下一步跟进计划。如果说事实描述的作用在于告诉阅读者信息，那么评估记录则具有引导阅读者判断和思考方向的作用。社会工作者先前的生活和服务经历不可避免地会对当前判断和选择产生影响。故事记录和评估是否正确反映了服务对象现实情况？在经过社会工作者转述的过程中是否加入了社会工作者自身的情感和想法使之变成了社会工作者自身视角下的故事？例如，钟阿姨有囤积的习惯，喜欢将看过或收集的报纸都堆积在家里，如此容易引发火灾或对过道造成堵塞，给自身居家安全带来隐患。乍一看，这一故事记录似乎并无问题，但社会工作者笔下的“囤积”物却很有可能是钟阿姨的“收藏品”，“过道堵塞”很可能是给钟阿姨带来熟悉和安全感的“家庭摆设”。同时，在没有明火的家庭里，报纸带来火灾的风险被大大高估了。同样是囤积报纸的生活事实，社会工作者若是没有进一步了解事实信息，而基于自身视角做出事实评估，则可能使事实极大地偏离服务对象自身想法和感受。

为避免将服务对象故事变成社会工作者自身视角下的故事，除了进行充分的事实信息收集，社会工作者在记录服务信息时，还应当学会区分事实和评估。事实就是单纯的事实描述，不需要加太多的个人想法或感受。评估则是基于事实的，且不受社会工作者个人观点或感知影响的评估。评估基于事实，每一项评估都应该有相应的事实作为支撑。依旧以钟阿姨故事为例。社会工作者了解到，钟阿姨囤积报纸是童年家庭环境影响所致，钟阿姨母亲喜欢将旧物都收藏在家里，并认为这些旧物在日后可能发挥某种价值或用处，受母亲影响，钟阿姨也喜欢将一些旧物囤积在家里。钟阿姨家里光线不足，只在北面开了一扇小窗，楼栋之间距离狭窄，阻挡了大部分日光，有时白天都需借助灯光照明。报纸堆放在客厅，光线不足的情况下，很容易将人绊倒。同时，钟阿姨有抽烟的习惯，而且因为记忆力退化，经常点上一支烟，忘记放在哪里后，又点上一支。此时，社会工作者就可以有足够的事实得出结论，钟阿姨在家囤积报纸，给自身居家安全带来隐患，其中摔倒和火灾的风险最大。

在记录故事以及根据故事做评估时，社会工作者应该记住自己做的评估是受自身经验影响的评估还是基于对事实信息充分了解的客观评估。区分这一点将直接影响故事记录与现实情况的贴合度，从而影响下一步的干预计划和行动。

二、家庭和儿童福利工作领域

家庭和儿童福利工作领域传统上侧重于为父母无法履行正常父母角色和责任的儿童提供服务。“拯救儿童”则是早期改革者和社会各界关注的焦点，直到21世纪，对儿童和青少年的保护性和替代性照料仍然是一项重要的儿童福利措施。与其他儿童福利相关从业者一样，社会工作者在家庭和儿童福利工作领域的一项重要义务是向当地负责儿童安全与福利的政府部门或相关机构报告忽视或虐待儿童的事件。报告通常先以电话或电子邮件的形式进行，然后通过正式的书面报告完成。社会工作者在撰写书面报告时，必须提供事件所涉儿童及其家庭成员的社会人口信息、忽视或虐待的确切性质，以及工作者怀疑忽视或虐待的具体原因，包括忽视或虐待的具体时间和日期、儿童伤害的性质和程度以及导致忽视或虐待问题的父母相关行为的证据或怀疑。此外，报告撰写人还需提供自己的姓名、住址并报告事件相关的角色等。为保证报告者的人身安全，报告中所有有关工作者的信息都将受到严格的保密。

一旦相关政府部门或组织机构接受报告，便会外派至少一名工作人员实地调查这一指控。调查访问的次数不定，但最终都会形成一份详尽的总结报告，以详细描述具体的事实情况。例如，家庭住宅情况，包括家庭空间大小与布局、光线与清洁等；与家庭中父母和其他所有相关成员的访谈，其中尤其注意家庭经济和财务状况；家庭中是否有成员存在药物使用或暴力倾向；父母对孩子的描述以及对孩子可能存在的特殊关注；对孩子的访谈或基于观察得出的所有结论等。此外，同样重要的是，社会工作者还必须描述每个家庭成员在面对忽视或虐待儿童这一指控时对具体问题的反应或思考。在调查过程中，除了对家庭住宅以及家庭成员进行调查，社会工作者有时还需通过电话或面谈，对事件相关者，如教师、医生、保姆或社会工作者等进行访问，并记录访问中得出的重要事实信息。最后，社会工作者还必须就帮助这个家庭所需的服务提出建议。如果建议是对忽视或虐待儿童的行为做出裁决，家庭中遭受忽视或虐待的儿童将有可能被送去寄养，此时社会工作者最好在法庭上提出这项建议，并且必须有相应的证据与数据支持这项建议。如果建议是针对家庭进行服务，则必须清楚说明该家庭需要的所有家庭服务细节，以帮助下一个对该事件负责的工作者开展相应的服务工作。如果社会工作者经过调查发现，该忽视或虐待行为指控不正当，或指控证据不充分，则必须清楚记录这一发现以及得出此发现的过程。在整个调查过程中，社会工作者也有义务告知调查对象他们享有的权利，以保证调查对象的权利得到维护。同时，鉴于这是一份调查报告，社会工作者在报告中得出的任何结论，都应当有相应的证据或数据支持。

除了撰写家庭调查报告，在家庭和儿童服利工作领域中，社会工作者通常还需要写一些其他类型的报告，这些报告可用于工作人员、机构不同部门或不同机构之间的沟通。例如，为了更好地对儿童提供一些适合他们的专项服务，社会工作者可能需要写推荐信给相关专项服务部门，介绍儿童的基本情况、求助类型、儿童家庭是否可以参加会谈等必要信息。此外，在寄养制度中，社会工作者有时可能被要求向法院提供一份报告，基于家庭调查中了解到的具体情况，为法院提出最适合的行动建议，如终止父母的权利、收养安置、转移到不同机构或寄养人家等。在这类报告中，社会工作者必须说明报告所有信息的来源、与服务对象的联系、对实际情况事实的了解、服务对象自己和其他相关方的观点，以及社会工作者做出的心理社会评估和专业视角下的建议等。

在众多其他类型报告中，社会工作者最常接触的是服务准入报告。尽管不同社会工作服务机构对于服务准入所需的信息评估要求不同，但一般都包括基本的家庭人口统计数据信息、家庭寻求帮助的原因、不同家庭成员对当前问题的看法、服务对象和家庭成员对服务的期望，以及他们对未来计划的安排和设想等。以下是一份服务准入报告示例。

刘阿姨担心女儿小帆经常旷课影响学业，来社工站寻求咨询服务。在此之前，刘阿姨已经就小帆逃学问题实行过很多干预措施，包括打骂或制定奖惩规则。女儿小帆每次都承诺以后会按时上学，但事后刘阿姨依旧会接到学校告知她小帆逃学的电话。据刘阿姨讲述，小帆逃学有两种方式：一种是离开家直接不去学校；另一种是在学校上课上到一半和朋友翻墙逃学。

2020 年 4 月 23 日上午 9：30，刘阿姨和女儿小帆第一次一起来社工站参与服务评估会谈。对于逃学，小帆给出的唯一解释是和好朋友一起逃学，这样就能和好朋友一直在一起玩，而不会被排斥。会谈中，小帆比较活泼，但面对社工的询问回答得比较谨慎，要么就直接岔开话题。因此，在本次会谈中，社工了解到的信息比较有限，无法确定小帆口中的好朋友对于小帆而言意味着什么。同时，考虑到这是第一次会谈，社工与小帆的专业关系尚未稳定建立，此时在朋友这个问题上给小帆施加过多压力也并不可取。

刘阿姨对女儿频繁逃学的行为感到担忧。小帆今年已经初二了，下半年就要升初三，如果任由逃学行为发展下去，小帆可能无法考入重点高中，进而可能会影响她的高中学业。刘阿姨希望社工能够帮忙一起解决女儿小帆逃学问题，同时也考虑是否将女儿转学到另一所初中，以使女儿离开现在的朋友圈。

社工询问小帆对于母亲刘阿姨这些决定的看法时，小帆并不反对来社工站寻求咨询服务，并说："我也觉得我自己可能需要一些咨询服务。"但是小帆很反对母亲让她转学的想法，并直接说："我才不要转学呢，转学一点儿意思都没有。"

当时机构人力资源比较紧张，尤其是青少年领域主管一直未找到合适人选，只有两位社工全职在岗。社工跟她们解释后表示，会尽快撰写个案预估，然后与主管商议确定社工站是否有资源和能力接受她们的服务申请。社工表示，会在两日后，即 4 月 26 日前打电话通知她们结果。

4 月 25 日上午 10：00 社工电话通知刘阿姨，机构可以接受她们的服务申请，并进一步询问她们是否确定需要接受社工站的服务。刘阿姨给予了确定的回复。经过进一步商议，社工与刘阿姨将下一次会谈时间定在 2020 年 5 月 7 日。

以上这份报告描述了刘阿姨和女儿小帆对社工服务的不同态度，刘阿姨对咨询服务的态度较为积极，而小帆相对被动一些。除了服务对象态度，报告还明确说明了服务对象寻求咨询服务的原因，为解决当前问题已做过的一些努力或预计计划，为社会工作者提供后续服务提供了相应的指导。同时，从这份报告中我们可以看到，社会工作者提前跟服务对象表达了机构对于能否接受其咨询服务请求的不确定性以及不确定的理由，还有机构因服务资源紧张可能带来的服务延迟，以备后续如果出现服务矛盾时提供相应的信息凭证。

除了报告，个案评估和服务计划以及转介也是家庭和儿童福利领域社会工作者常接触的写作形式。个案评估和服务计划是一个持续性的写作过程，几乎伴随着服务实践的整个过程。个案评估需要社会工作者从收集到的服务信息中推断出影响服务对象问题解决的可能性因素以及不同影响因素之间的关系，包括服务对象的基本信息，相关家庭成员的生理、心理与社会性特征，不同家庭成员之间的关系和互动，服务对象当前遭遇问题的基本事实，影响服务对象问题现状发展的因素，服务对象的优势和资源情况，拟服务计划，计划时间框架，以及拟服务计划中社会工作者应履行的角色和应完成的任务等。有时为了更加准确和详细地展示这些信息，社会工作者也可以利用一些视觉性的辅助工具，如生态图来描述家庭整体的关系、资源与需求情况。社会工作者应注意，评估每个家庭成员的具体优势和需要非常重要，因为这将直接影响对于儿童是否具备充分安全的成长条件的评定。此外，在措辞上，社会工作者可以用一些试探性的语言撰写个案评估。因为个案评估在本质上是社会工作者关于个案动态发展的假设，而且会随着周围环境变化而进行修改。最后，个案评估的目的是制订一项服务计划，因此，在个案评估中，一定要突出最重要和最紧迫的问题，以便社会工作者在确定个案需求的基础上能够制订符合服务对象具体情况以及满足最紧迫需求的服务计划，并以此描述出恰当的总体战略、目标、时间线，以及应执行的具体任务。

服务转介通常会先在电话或网络上进行，但在实际服务中，许多机构也希望收到书面转介，因为书面转介不仅更凸显正式性，还能消除一些不必要的沟通上的错误和误解。社会工作者在进行任何服务转介前，都一定要与服务对象签署转介同意书。同时，在书面转介中，社会工作者一定要如实描述服务对象的基本情况、需要解决的问题或满足的需求，以及相应的转介原因。表 7－1 是 W 村社工服务站将一位在家独自居住的留守儿童转介给 W 青年服务地带的个案转介表。

表 7－1 个案转介表

<table>
<tr><td colspan="2">转出单位</td><td colspan="2">W 村社工服务站</td><td colspan="2">转入单位</td><td colspan="2">W 村青年服务地带</td></tr>
<tr><td colspan="2">转出单位负责社工</td><td colspan="2">张社工</td><td colspan="2">转入单位负责社工</td><td colspan="2">王社工</td></tr>
<tr><td colspan="2">联系方式</td><td colspan="2">150××××××××</td><td colspan="2">联系方式</td><td colspan="2">150××××××××</td></tr>
<tr><td colspan="8">案主基本信息</td></tr>
<tr><td>姓名</td><td>小刘</td><td>性别</td><td>女</td><td>出生日期</td><td>2010 年</td><td>联系方式</td><td>130××××××××</td></tr>
<tr><td colspan="5">案主/监护人是否同意转介</td><td colspan="3">是☑ 否□</td></tr>
<tr><td colspan="2">案主问题描述</td><td colspan="6">小刘今年 11 岁，独自一人居住在家，父亲外出 G 省打工。开学时小刘寄宿在学校，放假时除了一日三餐去小奶奶家吃饭，平时便一个人在家通宵玩手机或在马路边玩耍，成长过程中几乎没有父母或其他家人的陪伴。据村委会讲述，小刘妈妈是小刘爸爸外出打工带回来的，应该是嫌弃小刘爸爸家里穷，在小刘 4 岁时便离家出走了，之后再也没回来。小刘爸爸为了赚钱养家，又回去 G 省打工，留下小刘一个人在家。小刘对妈妈的离开非常介意，平时不愿意别人提起自己的妈妈，对离别也非常的敏感，并表现出极大的排斥感和愤怒感，认为与自己分开的人都是在欺骗自己和抛弃自己。同时，据社工走访发现，小刘家与她小奶奶家距离较远，小刘晚上去小奶奶家吃完晚饭后需要自己一个人走半小时左右的夜路，存在较大的安全隐患。</td></tr>
</table>

社工已经提供的服务清单	联动社区志愿者，从 6 月 15 日起至今为小刘提供晚上回家陪护服务。 试图重建小刘的家庭支持。根据村委会提供的信息，联系小刘在 W 村或附近村中的其他亲人，隔壁村小刘的表姑表示，在寒暑假时愿意把小刘接到自己家里居住。 在小刘家安装安全通，并教小刘如何使用安全通。
个案转介原因	小刘自尊心较强，不愿意去表姑家里居住，而进入农忙时期，社工站培育的社区志愿者人手不足，不能长期提供晚上回家陪护服务；同时小刘妈妈的离开给小刘内心造成较大的创伤性影响，需要专业心理辅导。
转介后继续跟进事项	每周上门探访小刘，了解小刘生活近况，确保小刘居家生活安全； 与 W 村青年地带保持联系，了解小刘心理辅导进展； 继续与小刘保持沟通，持续重建小刘家庭社会支持网络。
督导/主任意见	督导/主任签字：____________ 日期：____________
转入机构社工签名：____________________ 转出机构社工签名：____________________	

从表 7-1 中可以看到，除了记录服务对象、服务转出机构以及服务转入机构的基本信息，以满足后续沟通需求，社会工作者还应描述清楚服务对象目前面临的主要问题、已提供的服务、转介原因、后续应跟进事项等，以便后续进行必要的相关信息或服务查询工作。最后，需强调的是，在实际服务中，有些社会工作者为了提高转介的成功率，可能会选择性地隐瞒一些信息，如隐瞒服务对象精神不正常或吸毒等信息，这样的做法有违社会工作专业价值伦理，且从长远看，不仅不利于服务对象问题的真正解决，还将有损机构的服务信誉。社会工作者应当杜绝此种行为。

三、学校社会工作领域

学校社会工作在满足儿童、青少年及其家庭的心理社会需求方面有着悠久的历史。西方在一百多年前便有社会工作者以专业身份在学校为学生开展实践服务。学校教师主要关注学生的学业发展并对其成人角色和职业准备进行必要的指导；学校社会工作者则以其独特的知识基础和技能，为学生提供一些心理、社会等方面的服务，对帮助学生形成健康的心理和行为习惯，从而顺利完成学业、走上社会起到辅助作用。依据学校和社区背景、学生群体特点和需要，以及支持资金不同，学校社会工作为不同学生提供差异性与多样化的服务。在长久发展过程中，学校社会工作形成了一套公认的服务体系：以跨专业团队成员角色与学校专业教学人员进行协商，从而为学生制定更恰当的教学方案；以不同的实践模式为学生及其家庭提供直接或间接服务；开发和执行支持学生及其家庭的服务项目；进行持续性的需求与服务实践评估，以确定学生的需求并提供适当的服务。

不管是哪一所学校，学校社会工作者在开展实践服务前，都需要将学校社会工作介绍给学生及其家庭。在大多数情况下，介绍通常以信函的方式呈现。服务介绍信一般在学期开始时交给学生或寄送到家里，目的在于向学生家庭介绍学校提供的社会工作服务等相关内容的信息。信中至少应包括以下几点：介绍学校社会工作，明确学校社会工作者的角色，描述学校社会工作者提供的服务种类、服务的可获得性以及获得服务的程序等。以下是一份学校社会工作介绍信。

亲爱的××家长：

W学校的社会工作部谨借此机会欢迎您，并向您介绍您和您的孩子可获得的社会工作服务。

我们有三名全职专业社会工作者组成一个专门的社会工作部，为学生及其家庭解决一系列问题和困扰提供专门性服务。社会工作部提供的服务包括个人、家庭和团体咨询，个案管理服务，社交与压力管理技能培训，危机干预，以及协助可能需要特殊教育服务的学生实行个性化教育计划。此外，我们还可以为学生及其家庭提供更专业的社区服务，包括心理或精神评估、测试与治疗。

学年内，学校为所有入学学生免费提供上述服务。若想联系社会工作者，或进一步了解学校社会工作服务的相关信息，请在正常上课时间致电：××××-×××××××。

倘若我们未能及时接到您的来电，您也可以选择在电话上留言，我们会在24小时内给您回电。

我们期待与您会面，并确保W学校的所有学生都有一个安全、高效和健康的学习成长环境。

此致

敬礼！

W学校社会工作者

×年×月×日

这是一封内容表达较为直接的介绍信。信中描述了学生及其家长可获得的服务的性质和范围、社会工作者的联系方式以及服务成本。同时，使用正式的语气，以凸显工作的严肃性。当然，有些家庭可能是第一次认识学校社会工作，语气正式也更能给学生及其家长留下好印象。此外，社会工作者在写介绍信时，也应格外注意学生不同家庭之间的文化、经济和社会差异。在一些国际化学校里，语言使用多样，有些同学甚至不熟悉中文，此时社会工作者若仅采用中文写作，则会给一些学生及其家庭增加阅读障碍。在措辞上，一些习以为常的词组短语，在一些家庭眼中则可能是语言禁忌。为避免这些情况发生，社会工作者在写介绍信时，可以先了解学校学生及其家庭主要使用的语言，熟悉学生特殊的文化信仰或价值观，并避免使用充满情感或传达某种价值倾向的词汇，以减少学生及其家庭词义理解误差。

不同年级学生成长期不同，所面临的主要问题不同，学校社会工作的工作重点也有差异。小学、初中和高中是学生青春期，也是问题频发期。相较于初、高中学生，小学阶段的学生各方面都处于懵懂探索期，此时学校社会工作内容主要以预防为主。学校社会工作者可以开展一些课程、小组或主题活动来达成问题预防目的。但考虑到课程、小组或主题活动通常并非一次性活动，整个服务可能需要跨越多个课时，学校社会工作者最好与学校教师和行政人员协商，确定哪个课程最合适，如何设计具体的服务内容和形式，使其更好地与现有学生课程相结合。同时，考虑到小学阶段学生的知识水平和成长阶段特性，社会工作者在开展具体服务的过程中所使用的一些书面材料，最好借助一些视觉辅助工具。例如，在为学生编制的学习性知识和提升性自护的系列课程书籍或宣传册中，可以借助图片或彩色图像，或者加入一些简单易懂的新兴词汇，同时尽量缩减纯文字描述篇幅，以提升学生阅读和学习的兴趣。

初、高中学生对世界已经有一定的认知，同时由于正处青春叛逆期，一部分学生可能会开始喝酒、抽烟，从事一些危险的性行为，甚至吸毒或犯罪。此阶段的学校社会工作不仅要开展一些预防性的教育服务，还需进行一些针对特定问题的实践服务工作。生态系统理论认为，家庭是学生的微观系统，对学生的生活发展起着直接影响作用；学校和社区是中观系统，受微观系统影响，同时也影响着微观系统。学生问题的预防和介入，不仅需要学校，更需要家庭和社区的共同努力。学校社会工作者作为沟通学校和家庭、社区的中介，经常需要代表学校与学生家庭和社区沟通，寻求合作，共同预防和减少危险行为。

学校社会工作者在为家长写作时需注意几个问题。首先，这些书面材料是否符合大部分家长的理解和认识水平？书面沟通必须考虑阅读者的阅读能力以及阅读习惯。例如，倘若学生家长主要是白领阶层，平时较多接触公文信件等，则书面材料可尽量简洁凝练，交代清楚主要事件即可，而不必详细罗列信息。其次，在一些国际化学校中，是否存在一些外国学生家长，或外国留学生，抑或是长期居住在国外近期才回国学习的学生与家长？倘若存在，社会工作者最好能够为书面材料附上英文翻译版，并确保翻译后的书面材料与原汉语材料所表达的意义相同。再次，在实践服务层面上，在制作一些服务所需的书面文件材料，如性防护的知识手册、预防校园暴力的宣传册等时，建议学校社会工作者邀请家长和学生代表共同参与制作。邀请家长和学生代表共同参与，不仅能够更加科学、合理地安排知识或宣传手册的内容和结构，使之更加符合学生及其家长的需求，还有助于增加学校社会工作者与学生及其家长的沟通合作，增进彼此之间的了解。

除了开展一些常规性服务，学校社会工作者有时还需要为一些需要特殊服务的学生及其家庭提供专业写作。例如，为有肢体障碍的学生撰写一份社会评估调查总结报告，以便于学校评估是否接受该学生入读或考虑将学生推荐至更有利于其整体发展的学习环境。学校通常会根据自己需求为这类社会评估报告提供写作模板，因此不同学校的社会评估报告内容和结构要求可能会存在一定的差异，但一般都包括学生的出生、成长和医疗史，家庭信息，社交/情感和行为能力，入学史，总结和建议等。以下是一份社会评估总结报告。

小兰社会历史评估报告

小兰，14岁，女性，现为G市H大学附属中学的一名初二学生，现在需要提供一份社会历史评估报告，以评估她是否需要接受特殊教育。小兰自2009年7月左右开始出现幻听，先后接受过心理咨询与Z大学附属第二医院精神科医生治疗。小兰的母亲薛阿姨说，自小兰出现幻听以来，她目前所在学校的一些同学认为小兰很危险，很排斥她。同时，一些老师也认为小兰不认真学习，存在很大的不稳定性。她觉得小兰需要在一个治疗性的学习环境里，接受适合她的治疗。报告中所呈现的信息来自学校相关记录，以及与学校老师、同学、小兰及其家庭成员的访谈。

出生、成长和医疗史

据薛阿姨讲述，由于患有糖尿病，她还怀着小兰的时候服用了胰岛素。小兰早产一周，出生时体重6斤2两。小兰比同龄中大多数孩子发育更早，三个多月就会爬行，一岁左右会沿墙走路，大概一岁半就会说单音节字，两岁就已经学会自己吃饭。小兰身体状况一直比较好，除了在五岁时顽皮从楼梯上滚下来，撞破了头，一直没有得过什么大病。据薛阿姨讲述，除了自己患有高血压，家族里也从来没有什么病史。

小兰之前身体抱恙时，一直在Z大学附属第二医院看病。最后一次是2009年5月，因为偏头痛就诊。据薛阿姨讲述，当时的就诊医生发现小兰有偏头痛症状后，就给小兰开过一些双丙戊酸钠肠溶片，但似乎并没有起什么作用。薛阿姨认为，小兰产生幻觉的原因应该可以追溯到这时的偏头痛。同年10月，薛阿姨第一次看到小兰一个人对着空气说话，叫她却完全没有反应。发生这件事后，小兰被送进Z大学附属第二医院住院治疗。随后，小兰向就诊医生透露，总感觉有人在跟自己说话，要自己去做些什么事情。当时的诊治医生将小兰的病症归结为偏头痛产生了幻觉。

在2009年10月第一次住院后，小兰开始接受L医生的治疗。L医生给她开了一些百忧解，这种药对小兰的症状似乎有一些帮助，但依旧会出现幻觉，只是她没有跟别人透露。2010年2月，L医生又给她增加了一个叫阿米替林（amitriptyline）的药物，这似乎是一种催眠的药，小兰在吃了这种药后总是感觉非常想睡觉。根据小兰讲述，自从产生幻觉以来，自己总共有四次住院史：2009年10月因为感觉有人跟自己对话而第一次住院；2009年12月，因为总想自杀而第二次住院；2010年2月，因为割腕自杀，抢救后住院治疗；2010年7月，又听到让她伤害家人的声音而再次住院治疗。2010年2月住院治疗时，小兰第一次接触医务社工，并参与了医务社工开展的一个治疗小组，小组有好几个人跟自己一样会产生幻觉，小兰与他们成为好朋友，并从中获得了一些情感支持。据薛阿姨讲述，自己在2010年2月因工作出差，将小兰一个人留在了家里，请了一个钟点工照顾她的生活，对此她非常后悔和难过，因为倘若当时没有将小兰一个人留在家里，小兰就不会发生割腕自杀的事情。

总之，小兰在过去因为幻听和自杀原因而四次住院。目前，根据医院诊断报告，小兰被确诊为精神障碍和抑郁症，医生建议小兰进一步住院观察治疗。医生给小兰开出阿立哌唑（Abilify，7.5mg/2×每日）、百忧解（30mg/a.m.）、阿维坦（1mg/3×每日）和再普乐（2.5mg/a.m./p.m.），帮助治疗其精神病、抑郁和焦虑。

家庭信息

住院前，小兰同她的父母王先生和薛阿姨住在一起，父母已经结婚25年。王先生是H大学教授，薛阿姨则在一家外贸公司上班，家庭经济条件比较好。小兰还有一个哥哥，今年24岁，已经在去年5月结婚。哥哥在S市上班，结婚后和嫂子常年生活在S市，只有在春节时才会回到G市与一家人团聚。小兰从记事起，已经经历了四次搬家，最后一次是四年前从G市Y区搬到T区，即现在居住的房子里。据小兰讲述，自己很不喜欢搬家，因为搬家就意味着和原来的朋友失去联系。小兰在初一时因为期末成绩不理想，回家不知道怎么面对父母，同时也害怕父母的责骂而离家出走过一次。当时薛阿姨打电话报警，警察在一家肯德基中找到小兰。据薛阿姨讲述，小兰跟一家人的关系比较和谐，小兰爸爸比较看重孩子学习成绩，对孩子的学习要求比较严格，小兰因此也比较害怕爸爸，而跟自己和哥哥关系更为紧密。

社交/情感和行为能力

薛阿姨将小兰描述为外向、活泼、好动、懂事和害怕孤独，是完美主义者，总是想将一件事做到最好。薛阿姨说，小兰从记事起就非常懂事，几乎不让自己操心，除了初一离家出走过一次，就再也没有做过什么出格的事情，如今的自杀行为也是幻觉和幻听导致的。

小兰在住院前非常喜欢参加学校课外活动，也非常热衷于参与班集体活动。从小学开始就一直担任班干部，平时也会花费大量时间策划集体活动。同时，小兰也非常喜欢做志愿者，经常和社区里的哥哥姐姐一起参加社区志愿活动。因此，小兰交友特别广泛，而且与几个朋友建立起非常稳固的友谊。例如，在小兰住院后，就有好几个朋友打电话询问小兰身体状况，还特意来医院看望小兰；当小兰出院在家休养时，也有好几个朋友主动上门陪伴小兰。小兰的一些朋友表示，虽然不清楚小兰为什么会有幻觉和幻听，也不知道该怎么应对她这样的行为，但自己是小兰的好朋友，小兰此时需要她们，她们就不会轻易离开小兰。

入学史

薛阿姨说，小兰从幼儿园到现在转了两次学，第一次是小学一年级时从老家C市转学到G市，第二次是从G市Y区一所民办小学转到如今T区H大学附属中学。小兰在初一下学期开始出现幻觉，长时间的治疗使得她耽误了很多功课。

小兰的许多同学和老师认为小兰是一个非常聪明、积极努力又热心集体的好同学或好学生。在初一整个学年里，小兰的成绩都名列前茅，但在初二上学期因为经常性缺课，成绩有所下降。平时小兰也没有违反课堂纪律的行为。小兰的班主任古老师说，自己教授小兰语文科目，小兰恰巧是初一时的语文课代表，她的理解与领悟能力特别好，学习上从来不用老师操心，每次都能按时高质量地完成作业。但升入初二后，因为患病经常性缺课，她的成绩有所下降。数学刘老师也讲述，小兰是一个聪明的孩子，课堂上比较活跃，成绩也还不错，整个人给人积极向上的感觉，但不知升入初二怎么了，缺勤率很高，经常请假看病，成绩也下降得厉害。历史叶老师说，小兰是一个特别讨人喜欢的孩子，课堂上很活跃，对历史也非常感兴趣，成绩也很好，初一下学期因为生病开始请长假，但每次请假后都会把请假期间落下的作业及时补完。但在升入初二后，不仅请假次数变多，请假天数增加，请假时落下的课程和作业也没有自行补上，成绩也下降得厉害，感觉不像初一时那样积极和专心学习了。

总结和建议

小兰是一名14岁的初二女学生，目前在Z大学第二附属医院住院治疗。为了评估小兰是否需要接受特殊教育，需要一份有关于小兰的社会历史评估报告作为评估参考资料。自从2009年10月开始住院治疗以来，小兰大部分时间都在医院中度过，落下很多课程，各科成绩也直线下滑。小兰的父母每天都抽时间来医院陪伴小兰，希望小兰能尽快好起来。医院主治医生也试图稳定小兰的药物治疗，其间尝试过很多种药物，但都没有取得相应的预期治疗效果。目前，小兰的主治医生建议将小兰转介到一个治疗性的学习环境中，因为一个低师生比且对特殊教育有专门教学经验的老师对于小兰的病情将会大有帮助。

以上这份社会历史评估报告用于帮助学校评估小兰是否需要转介至一个治疗性的学习环境。报告首先讲述了小兰的出生、成长和医疗史，目的在于告诉阅读者小兰过去是否存在特殊成长事件，倘若有，这些特殊成长事件又对小兰造成了什么影响。除此之外，是交代小兰的病史、目前正在接受何种治疗、治疗情况如何等信息。这些信息告诉阅读者，小兰目前是否处于一个安全的生活状态，是否会对自己或周围他人的生命安全造成威胁。

家庭信息主要讲述小兰的家庭情况，一般包括家庭成员信息，以及小兰与哪些家庭成员建立了亲密关系，又与哪些家庭成员可能存在冲突或关系紧张等。除了家庭成员信息，在家庭信息部分，社会工作者也应格外关注小兰家庭发生的一些特殊事件。例如报告中交代小兰哥哥在S市上班，结婚后和嫂子常年生活在S市，只有在春节时才会回到G市与一家人团聚；自小兰记事起，已经经历了四次搬家，而小兰很不喜欢搬家，因为搬家就意味着和原来的朋友失去联系；小兰初一时因为期末成绩不理想，回家不知道怎么面对父母，同时也害怕父母责骂而离家出走过一次。这些家庭特殊事件往往会给小兰留下较为深刻的印象，并对其成长造成一定影响，且可能反映于其现在的日常生活中。

社会/情感和行为能力以及入学史用于评估小兰之前的生活或学习状态、与他人的社会交往（是正向还是负向的）等情况。通过了解与评估小兰之前的学习与社会交往情况，可大致勾勒出小兰的性格特征、日常生活和学习状态等，从而为学校提供小兰过去与现在状态的对比信息，为最终决策提供参考。

最后，在交代完小兰的出生、成长和医疗史，家庭信息，社会/情感和行为能力以及入学史后，社会工作者最好再对以上信息做一个简单总结，并再一次强调社会历史评估报告中的重要信息。

四、医务社会工作领域

与学校社会工作不同，医务社会工作是跨专业领域合作，其目标在于帮助卫生保健系统中的病人改善健康状况。合作性照护是跨专业领域合作中的一个常用词汇。所谓合作性照护，是指不同专业的工作者一起以最适当的方式为个人或家庭提供照顾。在实践过程中，许多因素加强了合作性照护。国际药用辅料协会（International Pharmaceutical Excipients Council，IPEC）提出跨专业合作的四种核心能力：跨专业实践需遵从共同的价值观和道德观；理解跨专业的角色/责任；加强跨专业沟通；促进团队协作。[①] 从跨专业合作的四种核心能力中可以发现，不同专业间的沟通对跨专业合作实践发挥着巨大的作用，无论是跨专业实践中需遵从的价值观和道德观还是对跨专业角色/责任的理解，抑或是团队间的协作，都直接受到跨专业沟通的影响。

跨专业沟通有多种方式，可以是口头交流，如定期的沟通会议，或日常闲聊，也可以通过跨专业实践者间的实践服务笔记等书面交流的方式来促进彼此间的沟通理解。在医务社会工作实践中，跨专业实践者的笔记可以是服务对象图表或过程记录、病人的护理记录或电子医疗记录等。不同专业实践者从自身专业视角记录和展示服务对象的问题发展情况，因此，在跨专业团队的书面沟通中，跨专业实践记录者需要考虑，应如何记录才能更好地让专业合作团队成员理解自己的写作。要达成此目标，很重要的一点是使用该实践领域的共同语言，这就要求跨专业实践合作共同体成员尽量避免使用太复杂的专业词汇，若是不可避免需要使用一些复杂的专业词汇，则应在一旁提供相应的解释说明。

---

① AMBROSE-MILLER W，ASHCROFT R，孙汝卿，等．社会工作者作为跨专业健康照护团队成员所面临的挑战．中国医学伦理学，2018，(3)：404-406.

除此之外，在医务社会工作实践领域中，医务社会工作者还应学会一些医院常用缩写词或缩写手法。医院医生和护士为了提高工作效率，会有意地使用一些旁人看来可能是“错误”的写法，例如缺少指示代词或定冠词的使用，或者直接用字母或数字代替文字。医务社会工作者应该明白，在医院环境下，这是一种公认的可接受的写作方式。以下是一篇由医院医生转介绍医院社会工作部门的病人的入院记录，这篇记录就使用了许多缩写。

医院心理健康入院报告

病人姓名：______________

病人身份证号码：______________

病人出生日期：______________

MD将患有焦虑和抑郁的一位Pt转介给SW。Pt今年45Y，和妻子一起生活了14年，育有两个儿子，分别是小明，12Y，小阳，10Y。Pt现在主要由妻子照顾，妻子目前是他的主要支持者和照顾者。在门诊室中，Pt表现出抑郁和焦虑，但否认自己有SI或是VH。可据Pt的妻子讲述，Pt曾因三次自杀而住院。Pt最近一次住院是在两个月前，表现为心情沮丧，食欲不振，一个月内体重下降将近10斤，注意力无法集中，精力下降且易怒。同时，据Pt讲述，他每晚会有3～4小时的睡眠中断，醒来时出现恐慌，感觉到心跳加速、口干，且呼吸急促。目前医生给他服用的药物包括帕罗西汀以及劳拉西泮。据Pt讲述，母亲家族有抑郁和焦虑h/o，父亲和哥哥有etoh Hx，自己从未使用过毒品或etoh，但在过去15年内，平均每天都能消耗完一包香烟。

Pt认为，他当前的压力源包括失业、父亲偏瘫以及小明的逃学行为。Pt只有小学学历，在一家汽车维修厂工作了将近20年。一年前，汽车维修厂倒闭后，Pt就失去了工作，其间也一直未能再就业，只能靠妻子钟点工工资以及每个月的低保金生活。Pt说，每个月的房租、水电费、生活费以及孩子的学习费用都提醒他要赶紧出去找一份工作，但他只会做一些简单的汽车维修，现在汽车维修厂都需满足一定的文化水平要求，而他只有小学文凭，去了好几家汽车维修厂都被拒绝录用，现在他对未来感到迷茫和焦虑。

目前，Pt只看过门诊医生，还未曾接受过心理医生或精神科医生诊治。SW为Pt和他的妻子提供了一些情感支持，并与同事商议Pt的其他可获得资源，包括申请大病救助、爱心捐款和公益技能培训等。MD建议Pt不需要住院治疗，目前可先用药物观察治疗。Pt也认为自己不必因为抑郁和焦虑而住院治疗。SW现在正在寻求Pt所在的社区资源支持，同时也会继续为其提供必要的情感支持服务。

在这篇入院报告中，写作者用了许多字母或英文缩写指代汉字，以节省写作的时间和空间。医务社会工作者必须明白一些常用的指代关系，以便能读懂同领域医务专业合作者的写作。表 7-2 中是一些医务社会工作常用的英文缩写词。

表 7-2 医务社会工作常用英文缩写词表

字母缩写	含义
SI/HI=suicidal/homicidal ideation	自杀/杀人意念
A/VH=auditory/visual hallucinations	听觉/视觉幻觉
X=times	次
Y=year/s	年/秒
w/=with	和，一起
SOB=shortness of breath	呼吸急促
Hx=history	历史
h/o=history of	……的历史
p. r. n. =as needed	根据需要
etoh=alcohol	酒精
+=positive	正，阳性
f/u=follow up	寻求，跟随
Pt=patient	病人
PCP=primary care physician	初级保健医生
SW/Sw=social worker or social work department	社会工作者或社会工作部门
MD=physician	医生
MH=mental health	心理健康
Labs=laboratory tests	实验室测试
Dept=department	部门
Lb=pound	磅
Ed=Emergency Dept	急诊科
Avai=available	可用
Svcs=services	服务
Rx=prescription(s)/prescribe	处方
UEI=unemployment insurance	失业保险

除了注重书面表达，在跨专业领域合作中，医务社会工作者还需格外注意服务对象隐私和保密的问题。医务社会工作实践写作中，有关于服务对象隐私和保密的问题更多体现在医务社会工作者因某些原因而必须向公众公开患者相关信息时，选择公开信息的程度以及真实度。例如，医务社会工作者经常需要为一些家庭经济困难而无法依靠个人或家庭力量支付医药费的患者向社会或公众募集资金。一般而言，患者境遇描述得越悲惨，家庭情况信息展示得越清楚，就越能够激起公众的恻隐之心，也越能使公众信服，并由此达成筹款目标。但在此过程中，医务社会工作者必须意识到，在公众面前利用或扩大患者的苦难境遇以增加筹款成功的概率是否会对患者自尊造成伤害，并由此影响他们以后的生活。例如，患者家属刘大爷在打工回家途中捡到一名患唇腭裂的女婴，刘大爷动了恻隐之心，选择收留该女婴。但

治疗女婴唇腭裂的医疗费用对于刘大爷原本并不富裕的家庭来说却是一个重大负担，医务社工此时选择帮助其申请“轻松筹”以缓解筹款难题。在选择向公众描述刘大爷家庭信息时，考虑到儿子还在上大学，刘大爷提出希望能够最大限度地对儿子个人隐私进行保护。医务社会工作者对此表示理解，并同意在公布家庭信息时对刘大爷上大学儿子的信息进行适当的保留。此外，医务社会工作者也需考虑，扩大患者的苦难境遇来激起公众的恻隐之心，似乎是将患者的苦难当成商业产品并做包装，如此做法是否存在过度利用商业化手段而抛弃以人为本的专业价值的嫌疑？例如，为了获得更多的服务资金，一些医务社会工作者可能会参与“99 公益日”项目筹款活动。为了吸引更多的社会成员为项目捐款，同时也为获得更多的公益配捐，此时很多公益项目发起方就会选择以“卖惨”或“卖眼泪”等方式，过度宣扬患者的悲惨经历，将患者的苦难扩大并置于聚光灯下。如此做法是否与以人为本的专业价值相悖？这些问题都需要医务社会工作者在选择向公众公开患者相关信息时，与患者本人一起仔细思量和考虑。

五、司法社会工作领域

司法社会工作实践写作与其他实践领域写作有许多不同之处。首先，司法社会工作者的服务对象通常被公众认为是“不值得”救助的、危害社会的人，而且常常是非自愿型的服务对象。他们可能是药物滥用者、家庭暴力者、性暴力者、肇事者，甚至可能是杀人犯等，因为受到司法或社会的强制力而不得不接受司法社会工作者的服务，如社区矫正者不得不接受司法社会工作者的咨询和规束。其次，由于司法社会工作服务对象的一些行为被称为“非法”或“犯罪”，并定性为“道德上的错误”“法律上的不容忍”或是“越轨”等，司法社会工作者关于服务对象的一些公开性写作会引起社会一定程度的关注。因此，司法社会工作者在写作时应当特别考虑写作对于社工本身、服务对象以及目标受众可能存在的不同方面的影响。同时，司法社会工作者也需要考虑，服务对象的犯罪或越轨行为是否是某些结构性问题如特权或社会不公引起的，在写作中若是将问题仅归咎于服务对象个人行为问题而忽视结构性压迫因素，是否存在成为社会不公的帮凶的嫌疑？再次，进入司法领域的服务对象多为社会弱势或边缘性群体，药物滥用者可能也是无家可归者，家庭暴力者可能还是酗酒者，性暴力者可能存在某些精神或心理问题等。司法社会工作者在面对这些服务对象时，很可能被他们现实的行为表象问题所迷惑，在关注他们现实问题的同时，也倾向于使用缺乏视角的语言，忽视服务对象原本对社会的价值或是自身具有的优势，如此可能反过来降低服务对象自身的价值感以及增加服务介入难度。

服务对象参与或是反映服务对象声音近年来越来越受到社会工作专业各领域专家、学者或实践者的重视。服务对象参与或反映服务对象声音是对服务对象参与权的保证，也是为防止社会工作者在实践服务中出现家长制或官僚制作风，从而避免或减少社会工作者因偏见或信息不全而无意中对服务对象施加的压迫。然而在司法社会工作领域中，服务对象的特殊性以及对他们的刻板印象，容易使人与其保持距离，从而妨碍了服务对象参与的实现。以下是两个不同的服务记录片段。

片段1：林阿姨退休前是F大学后勤行政人员，今年63岁，身体健康，育有一儿一女，两个孩子均已成家，女儿已移居加拿大，儿子在Z市工作，平时只在节庆之时回G市看望父母。2019年8月15日，林阿姨一大早怒气冲冲地来到社工站，说昨晚丈夫对她家暴，并将头发捋起来给社工看被丈夫打肿的伤口。林阿姨语气急促，情绪很激动，不停地告诉社工，丈夫按住她将她的头往桌子边撞，家里的房子是她赚钱挣的，她现在要将丈夫扫地出门。

片段2：王先生是N大学退休老师，今年65岁，身体健康，年轻时来G市N大学工作，后经人介绍与林阿姨认识并结婚。婚后与林阿姨育有一儿一女，王先生与儿子、女儿关系很好，在孩子小时候经常辅导他们功课，同时还指导儿子参加市数学竞赛得了二等奖，儿子、女儿为此感到非常自豪。女儿移居国外后，每年还会抽空回家看王先生。儿子逢年过节也会回G市与王先生小酌几杯。王先生坦言，自己是外地人，年轻时来G市工作，算是白手起家。林阿姨是G市本地人，刚结婚生孩子时，生活条件较为艰苦，自己受了林阿姨娘家一些帮扶，包括现在这套房子也是当时在岳父帮助下购买的。为此，林阿姨觉得自己是家里的大功臣，夫妻间稍有不和就拿这件事说事，时间久了王先生心里也不舒服。昨晚和同事喝了一些酒，回家比较晚，林阿姨又开始念叨王先生不顾家，那么晚回来干脆别回来了，反正这个家王先生也没份。王先生听后，心里非常不舒服，又想起之前种种不满，便借着酒劲打了林阿姨。

片段1是家暴受害者的描述。从片段1中，我们可能会觉得王先生是一个暴戾且不懂得感恩的人，但从片段2施害者的描述中我们又可以看到另一个故事，即王先生也是一位慈父，有稳定的工作收入，同时也可能并不是无缘无故对林阿姨实施家暴。受害人因为弱势的处境，更容易激发旁观者的同情心，也更容易获得旁观者的信任。相反，施暴者的行为被定性为“违反了道德或法律”，更容易激起旁观者的防卫或是害怕心理，从而潜意识地拒绝接近施暴者或相信施暴者的话语。但可能正是因为这种防卫与害怕心理，让我们在与服务对象产生距离感的同时，也失去了获得真实故事的机会。我们同情和相信弱者的潜意识惯性，可能有时只是让我们相信和帮助了表面的或暂时的弱者，却忽略了那些隐藏着的可能长期受到压迫的真正的不幸者。正如片段1和片段2的故事中，林阿姨遭受了家暴，我们同情和相信弱者的潜意识惯性容易使我们选择相信林阿姨的讲述，然后对王先生进行施暴行为与施暴者身份的定性，并进而可能无意识地逃避或是有意识地忽略听取王先生的声音，从而最终不能获知王先生的家暴行为可能是在林阿姨长期言语折辱下精神和心理双重压抑的过激反应。由此，解决王先生的家暴问题，需要王先生与林阿姨共同推动自身行为改变。

除了应该重视服务对象声音，在司法社会工作实践写作中，司法社工还应平衡最佳实践报告、保密性和服务对象安全之间的关系。服务对象以及服务对象相关者信息保密是每一个实务领域都应遵循的伦理原则；在司法社会工作实务领域中，社会工作者面临的更大挑战是服务对象案件档案中应记录哪些信息以及信息记录程度。服务对象信息保密的伦理原则要求我们除了记录与服务对象问题相关的且能准确反映服务对象现时问题的信息，尽量不涉及服务对象其他信息，即信息要能准确反映服务对象现时情况和感受，同时还不会对服务对象造成进一步的伤害。这就要求社会工作者应该避免自己的实践服务记录成为服务对象反对者攻击服务对象的潜在工具。下面以一位接受社区矫正的妇女为例分析。

> 小鹏是一位司法社工，目前正为因挪用公款而丢失工作、正在接受社区矫正的谢女士服务。在社区矫正期间，小鹏发现，谢女士经常不能准时报告行踪，有时打电话也联系不上，进一步沟通了解到，谢女士正遭受丈夫林先生的家暴。谢女士今年 34 岁，与丈夫林先生结婚将近 10 年，育有一个女儿，5 岁。因为身体原因，谢女士在生完女儿后一直未怀孕，而丈夫一直想再生一个男孩。为此，谢女士与林先生之间经常发生争吵，感情渐渐破裂。大概在三年前，丈夫有了外遇，并开始动手殴打谢女士。在殴打过程中，不仅辱骂谢女士，还会强迫谢女士过夫妻生活，谢女士对此感到非常耻辱和羞愧。先前因为忙于工作，谢女士较少花时间陪伴女儿，如今更不想女儿因为自己的原因失去一个完整的家庭，故一直忍受着丈夫的外遇和家暴。近期丈夫家暴愈加严重，上一次施暴，谢女士身体各处被击伤，在医院住了将近一个星期。同时，因外遇对象怀孕，林先生逼迫谢女士与其离婚。在长期的生理、心理与精神的折磨下，谢女士对生活较为悲观，上一次去医院诊断发现有轻微的抑郁倾向。社工小鹏在了解谢女士情况后，及时将谢女士转介给家庭领域社工，以确保谢女士的人身安全。

在服务记录中，社工小鹏该如何记录才能在清楚描述谢女士境况的同时又尽量避免给谢女士带来隐性伤害？信息记录程度该如何平衡？

倘若社工小鹏记录谢女士一直忍受家暴而未考虑离婚的原因之一是谢女士之前长期忙于工作而未能好好地陪伴女儿，如今更不想因为自己未孕与丈夫感情破裂而使女儿丧失一个完整的家庭；记录谢女士现实身体状况时，描述谢女士因挪用公款不仅丢失工作还需接受社区矫正，同时又长期遭受丈夫家暴，在生理、心理与精神多重创伤下，医院诊断其有轻微的抑郁倾向。我们知道，作为司法社工服务记录的一部分，在必要情况下，法庭有权利调用小鹏对于谢女士的服务记录作为庭审参考依据。若谢女士与丈夫林先生争夺女儿抚养权，如此的服务记录则可能成为对方律师指控谢女士忽视孩子照料以及自身精神状况不稳定，不满足照顾孩子所需条件的证据。

相反，倘若描述谢女士之前之所以未能花足够时间陪伴女儿，是因为丈夫林先生因公司经营不景气倒闭后一直未能再次找到工作，长期失业在家，谢女士不得不每天加班工作承担起整个家庭开支，如此则可以说明谢女士未能很好地照顾和陪伴女儿成长，其实丈夫林先生也必须承担一部分责任。这样，法院在判决女儿抚养权的时候就会综合考虑，平衡各种因素。

在描述谢女士被医院诊断为有轻微抑郁倾向后，社工小鹏还可以详细描述谢女士被诊断后的应对行为以及病情发展情况。如谢女士定期接受专业心理咨询师的咨询服务，同时在家庭和司法社工的帮助下，开始意识到离婚不仅仅是自己的责任，丈夫的外遇、不理解和家暴等都是促成因素，一时的工作失意不代表一辈子的生活不幸，未来还长，努力改变就充满无限可能等，而且又开始慢慢重建对生活的信心。两个月后，医院诊断谢女士已经完全摆脱抑郁的影响。

司法社会工作领域服务对象本身的特殊性常常让我们无意识地认为他们是社会施暴者，是强势的一方，需要对其进行行为矫正，但却忘记施暴者也可能是另一场域下的受害者，施暴行为背后隐藏着其生活的不幸，他们也是社会困难群体的一部分，需要被倾听与关怀。社会工作专业价值伦理要求我们平等地看待每一位服务对象，接纳他们的优势与不足。这一点在司法社会工作领域中尤为重要。倾听服务对象的声音，用文字表达他们可能被隐藏的需求与弱势，这是社会工作者践行公正与平等的重要方式与途径之一。

第八章

学术论文写作

社会工作者想要将自己所积累的专业领域知识与更多专业人士分享，或是想要推动自己所从事的某领域社会工作专业知识发展，撰写相关的学术论文并向特定期刊投稿发表则是必不可少的。相比于在学术论坛、研讨会或是报告会上来分享自己在某一专业领域取得的成果与进步，社会工作者以学术论文的形式总结专业知识并投给特定期刊更能突破时间、地理和行业等的限制，使专业知识成果获得更大范围和更长时间的影响。此外，社会工作者将自己的专业作品发表在公认的官方推荐渠道上，也比在非正式的网站论坛或仅以口头形式传播更能取得专业同行的认可和信服。在本章，我们主要讨论如何撰写一篇学术论文以及从撰写到发表过程中应注意的问题。

一、明确写作动机

促使社会工作者撰写并寻求发表一篇学术论文的原因有很多种，但无论是出于哪种原因，社会工作者在正式撰写一篇学术论文之前，都一定要明确自己撰写的动机是什么。因为一篇严谨且完整的学术论文，需要撰写者投入一定的时间和精力，并经历一个较为枯燥的写作过程，而明确写作动机，将有助于写作者坚持完成写作。

一般而言，社会工作者撰写一篇学术论文的动机与目的有以下四点。

首先，撰写学术论文有助于推动社会工作者的专业知识提升、实践经验总结与专业实践发展。作为一门应用性学科，社会工作者的专业知识既来自实践，又应用于实践。这就意味着社会工作者在实践过程中需要静下心来，总结和反思实践过程中产生的相关专业理论与知识，并将反思所得的知识应用于下一步实践，进一步推动实践发展。但在现实的实践过程中，受制于各种突发状况与因素，许多社会工作专业实践者因精力有限，通常忽视反思，而学术论文的撰写则为社会工作者提供了一个很好的深入反思实践的机会。

其次，撰写学术论文有助于提高业内对社会工作者自身实践与专业的认可。虽然社会工作的个案、小组或社区经验总结或理论提升在很多时候极具个性，但在某种程度上，个别也能反映一般并进一步填充和丰富一般性理论知识。社会工作者若是能对自己所在的独特情境做出创新性实践发现或发展，并将这一专业实践发现或发展通过学术论文的形式发表出来，将能极大地提升自身专业实践业内的认可度。

再次，撰写学术论文可以为社会工作者在某一领域的专业知识与实践发展提供证据，并由此推动自身职业发展，这一点在社会工作教育领域体现得尤为突出。社会工作教育者的职称评定经常与所发表的专业文献数量以及论文期刊等级挂钩。因此，学术论文的发表对于专业教育者职业发展至关重要，因为这是证明教育者在某一专业领域研究发展深浅的重要凭据。此外，即使是在非学术教育领域环境下，拥有撰写学术论文的技能也可以成为社会工作者自身职业发展的一大助力。例如，学术论文撰写经常需要用到数据分析，而社会工作实践的年度需求调研评估中，对专业的数据分析需求就十分强烈，因为数据分析结果在很大程度上影响了某一实践领域的年度规划制定与中期评估结果。

最后，撰写学术论文可以帮助社会工作者对自身专业服务知识做进一步的总结与提炼。论文的要求与写作过程为社会工作者的自我批判性反思提供了机会。借助论文行文要求，社会工作者可以更深入地反思自己的观点以及支撑自己观点的知识和经验，并尝试用多种不同方式来分析这些专业知识与经验，以加深对自己观点和观点支撑材料以及实践经验的理解。如果社会工作者对自己的实践经验有很深刻的见解，而目前与该实践领域相关的专业知识又与自己的观点看法不一致，那么公开的学术论文发表将是面向较大范围表达自身观点的很好形式，而由学术论文发表引来的一系列有趣的和启发性的辩论，又能进一步促进社会工作者对自身观点的传播和理解。

二、获得写作许可

社会工作者在撰写与自身实践相关的学术论文时，经常需要用到专业实践过程中产生的一些数据信息，比如年度需求调研数据、服务对象建档表或是不同种类的实践服务文书等。许多社会工作机构都会对此类数据信息制定相关的使用要求或规范。社工机构制定信息使用要求和规范，一方面是为保护服务对象隐私，另一方面也是避免机构数据信息的滥用。社会工作者在使用相关数据信息时一定要遵循所在机构数据信息使用的相关指引，以避免在论文发表或出版后带来不必要的麻烦。一般而言，社会工作者运用机构相关信息数据做知识生产，也有利于机构专业发展，只要使用途径正当，且对服务对象隐私信息做了匿名处理，机构都会给予社会工作者数据信息使用许可。

除了获得相关论文写作材料的使用许可，社会工作者在投入大量时间和精力撰写一篇学术论文前，还需要先确定发表或出版自己的观点和材料可能存在的一些条件限制，而这条件限制既包括社会工作者自身写作能力，又涵盖论文期刊或相关出版社的发刊或出版要求。目前许多出版社或期刊都有相应的出版或论文发表政策，其中可能会有一些政策禁止你的作品出版，或者坚持在出版前审查你所有的书面作品。此时，社会工作者便应向负责审查出版物的人员澄清一些相关问题，如可能会遇到的限制的确切性质、如何投稿和如何处理被拒绝的情况，以及如何确保稿件的发表或出版等。当然，如果出版社或期刊没有明确这些相关性要求，社会工作者也最好与出版社或期刊相关工作人员联系，确定允许作品出版或发表的相关条件，以免在后续遇上不必要的麻烦。在可能的情况下，社会工作者最好与出版社或期刊方取得论文出版或发表的书面澄清，以便在发生任何有关版权问题的意见分歧时，用作双方协商材料。

三、写作前：核心要素的确定

在明确了写作动机和获得写作相关许可后，社会工作者便可以开始准备正式的论文写作。我们将一篇学术论文从开始撰写到正式提交的过程划分为三个阶段，即写作前阶段、写作中阶段和写作后阶段。每一个阶段需要社会工作者完成不同的任务要求，例如在写作前阶段，社会工作者需要先确定自己撰写的论文类型、论文主题、研究问题、文献综述、支持论文观点的材料以及初稿总体结构，明白论文预期读者需求，并选择最适合自己论文发表的出版社或期刊等。

（一）确定论文类型

在开始撰写论文初稿时，我们往往会根据所要撰写的论文类型，在心中预想初稿的大致行文结构。据希利和穆赫兰对论文类型的总结发现，目前可将社会工作和社会服务相关的论文划分为三种类型，即经典科学性论文、理论性论文和实践反思性论文（见表 8－1）。

表 8－1　三种经典论文类型的结构与内容

经典科学性论文	理论性论文	实践反思性论文
引言	引言	引言
该领域重要实证研究的文献综述	理论观点发展以及现代理论观点争论的文献综述	在某一实践领域中理论与实践的文献综述
方法论：数据收集方法和数据分析过程；研究过程中的伦理道德考量，如知情同意	论文中焦点问题的概述和论证	详细概述案例研究或实践经验的背景和内容；讨论收集和分享案例材料（如参与者提供反馈的机会）过程中的任何道德问题
研究分析与结果的展示（如数据显著性的结果、关键信息分析）	深入分析理论争论的主要方面，通常涉及它与社会工作者的知识、价值观或实践的联系	案例分析，如影响有效干预的因素、实践干预的优缺点，包括来自实践者与服务使用者的反馈
对于进一步研究和实践结果影响的讨论	对于理论和实践发展影响的讨论	对于主要实践研究影响的讨论以及理论和田野研究的发展
结论	结论	结论

资料来源：HEALY K，MULHOLLAND J．Writing skills for social workers. Chennai：C&M Digitals (P) Ltd.，2019.

学术论文中最容易识别的形式就是经典科学性论文，因为这类论文一般会提供原始的实践经验数据，此种类型论文在一些自然和人文科学类领域以及一些专注于发表原创性实证研究的学术期刊上普遍存在。因服务对象和服务内容性质的原因，社会工作领域的经典科学性论文比较少见，常见的是实践反思和理论性论文，《中国社会工作》《社会工作》《社会工作与管理》期刊上的不少论文即是此类。

社会工作者在撰写学术论文前了解社会工作期刊所接受的论文类型非常重要，因为不同类型论文意味着写作者前期要收集的资料以及论文具体行文侧重点均不相同。例如，当社会工作者决定撰写实践类的学术论文，那便意味着社会工作者要拥有一定的实践服务经验或收集大量的实践服务案例，将关注点放在实践服务中，不一定要获取大量的统计数据或对某一理论进行大范围的深入性的文献综述。一旦社会工作者决定撰写某种类型的论文，便应根据这类论文范式组织相应的论文结构，并思考论文各个部分的大致框架，特别是每个部分的大约字数和内容。下面是一篇实践反思论文的写作计划。

期刊要求：

(1) 标题：不多于 15 个字。

(2) 摘要：150 字左右。

(3) 正文：5 000～8 000 字。

(4) 引文格式：APA

拟议结构：

(1) 简介：约 500 字。概述立场、论文的重要性、内容（包括对案例情况的简要概述），以及论文结构。

(2) 文献综述：1 000 字左右。概述学术和专业文献中有关该主题的知识现状和存在的争论，并最终确定论文的发展点。

(3) 案例研究描述及分析方法：约 1 500 字。概述案例研究的起源、制度背景、实践原则与内容，以及用于描述和分析案例研究的信息来源。

(4) 讨论：2 500～3 500 字。讨论方法的优缺点，并将其与这一实践领域的知识现状联系起来。

(5) 结论：最多 1 000 字。考虑该研究的影响，特别是研究中提出的想法如何能够更广泛地影响政策和实践。对本文主要论点进行总结，并对今后的实践和研究方向进行总结。

以上是根据实践反思性论文范式和某一期刊要求拟定的论文行文结构和内容要求，社会工作者可以根据以上要求进行相应的资料收集和开展具体行文，以避免方向迷乱，造成时间和精力损失。

（二）选择论文主题

选择了论文类型后，社会工作者撰写一篇学术论文所面临的第一个挑战便是确定一个既吸引人又能对社会工作文献做出有意义的贡献的主题。这是论文开始的关键一步，因为这不仅是一篇学术论文开始的第一步，还直接为社会工作者日后学术论文的撰写框定了范围和方向，影响着后续工作的全部内容与最终成果，所以社会工作者必须结合自己的兴趣和现实条件因素谨慎选择。

社会工作者如何在潜在的无限主题中选择一个值得自己研究的主题呢？一个明智的选择便是将自己实际的研究兴趣与期刊要求的优先次序相结合考虑，同时明确拟投稿期刊编辑在审查稿件时所采用的特定决策标准，如论文是否能提升社会工作的知识基础，论文发表是否能提升期刊的专业性声誉等。当然，社会工作者还可以结合拟投稿期刊评审稿件的相关因素来选择研究主题，如论文的原创性和创新性，论文在现有文献基础上能多大程度地促进相关专业知识的发展，论文逻辑和分析的严谨性，研究思路和结论的实用性，等等。最后，论文阐述的清晰性和说服力等也是影响论文能否发表的重要参考因素。

（三）确定研究问题和论文标题

研究问题是对研究主题的进一步细化，包括探究这个研究主题的原因、影响因素或结果等。例如“医养融合养老机构老年人主观生活质量研究”是一个研究主题，而“医养融合养老机构老年人主观生活质量影响因素研究”则是一个研究问题。研究问题是一篇学术论文的中心点，因为它决定了该论文研究的目的，即你想通过该研究问题来达成什么。例如，通过研究医养融合养老机构老年人主观生活质量影响因素，你是想提升老年社会工作领域的专业知识基础，还是想确定一个影响老年人主观生活质量的影响因素模型？又或是想借此探究医养融合养老模式的实施效果？不同的研究目的选择，又进一步影响了整篇学术论文的研究设计和研究主体内容论述。

确定了研究问题和研究目的，社会工作者还要由此确定一个论文题目。论文题目会影响读者的范围，若是一名新接触专业性学术论文写作的社会工作者，建议最好使用一个描述性的论文标题，以便于读者捕捉论文内容的关键词。由于目前计算机编目和数据库信息系统的广泛使用，大多数读者将通过计算机搜索而非浏览期刊印刷版本来接触文章，计算机搜索引擎依靠关键词来识别论文内容，倘若标题中没有论文内容的关键词，论文就将面临失去主要读者的风险。因此，即使社会工作者有一个自己很想使用的有趣且有创意的标题，也请确保标题包含论文内容的关键词，如“社会工作者实践服务困境：家长制文化与服务对象授权”。

一个简单的描述性标题虽然可以减少计算机搜索引擎遗漏的风险，但也可能会缺乏足够的吸引力，为此，社会工作者可以通过在标题中加入戏剧性的张力因素，在确保标题反映了论文内容的前提下，进一步表明论文的争议点。例如，“政府购买服务中的三元主体互动研究”是一个适当的标题，能吸引对政府购买服务和公共服务提供中不同主体角色作用发挥感兴趣的人。然而，为了吸引更多读者，可以加入修饰语或一个副标题，如“从政府购买社工服务进程中的问题再思三元主体关系”。

论文标题也可以帮助作者利用读者的想象力来吸引编辑的注意和尽可能地扩大论文的阅读群体。为达成这一点，社会工作者在拟定标题时，描述性与吸引力固然重要，但也应确保它能够让读者对特定的地点或实践情况存在一些想象空间。例如，一篇题为“自闭症儿童社会交往障碍的社会工作介入研究”的文章，很可能只吸引一些对自闭症、儿科、社会交往和患病儿童工作感兴趣的读者；但若是“超越技术解决方案：与自闭症儿童交往的社会工作”，这一标题除了能吸引上述读者，还可以吸引一些重视医务社会工作角色发挥和社会工作实践等的读者。

（四）回顾相关背景文献

文献综述是每一篇学术论文写作都必须进行的一项相关背景文献回顾工作，它既是学术论文不可或缺的一部分，又可以以单独的论文形式发表。文献综述的目的是描述某一研究主题领域目前的知识现状，包括研究主题领域的研究范围、研究程度或是目前研究的不足等，以避免作者重复他人的研究工作，并进一步帮助作者明晰自己的研究着力点，整合与自己想法相类似的观点，学习借鉴他人的研究方法，帮助自己拓展知识收集和分析途径，同时也将其作为研究主题知识背景的一部分，进一步丰富研究背景材料。

根据英国学者哈特（Hart）观点，文献综述大致可划分为两种类型，传统文献综述（也称叙述性文献综述）与系统性文献综述[①]。叙述性文献综述旨在识别、分析、评估和解释某一主题的知识体系，即对某一主题知识和研究进行全面的综述，但并不一定详尽无遗。这意味着尽管研究者被期望能详尽综述某一主题领域知识的所有权威性和高引用性文章，但受一些主客观因素影响，可能存在一定的遗漏和缺失。系统性文献综述目的在于分析和总结针对特定问题的最佳可用研究，与循证实践运动相联系，是一种针对现有相关文献资料的二次分析形式。系统性文献综述者会侧重于明确界定研究问题、出版物列入标准和说明分析这些文献的过程，以全面性的实证材料辅证来减少个人对研究问题的偏见（如元分析）。两种文献综述类型并无优劣之分，正如哈特所言，所有的文献综述都是严谨、透明和诚实的，并能够对自己的理论、研究方法、政策和实践提供借鉴和指导。研究者应当根据自身研究的问题、方法、综述目的和预期的受众等来选择文献综述的具体形式。

完成一篇文献综述，一般包括五个阶段，即确定研究主题领域和问题、制定搜索和数据管理策略、搜索文献、分析文献、撰写文献综述。确定研究主题领域和问题是文献综述的第一个阶段，这是一个反复的过程，需要社会工作者从一个一般的领域开始并逐渐缩小重点范围。研究者可以先列出自己对这个研究主题的疑问，即自己对这个主题感兴趣的点在哪里，已经知道了什么，还想知道些什么。当对自己想写的内容有一些想法时，可以立刻记录下来。在这个阶段，社会工作者主要确定

---

① HART C. Doing a literature review (2nd ed.). London：Sage，2018.

对研究主题领域和问题现有知识的理解、当前的辩论和议题以及该研究主题领域主要的作者和作品等。一般而言，当第一阶段结束时，社会工作者已经确定了要搜索的特定文献领域，还确定了要通过文献综述解决的特定研究问题。

确定研究主题领域和问题后，社会工作者进入第二个阶段，即制定搜索和数据管理策略。这个阶段对于文献综述非常重要，社会工作者需要制订一个研究计划，明确自己将要搜索什么样的文献以及如何搜索文献，文献搜索内容和结果将直接影响文献综述结果。在研究计划中，社会工作者可以制定一个词汇表，该词汇表定义了哪些内容将被包括其中，哪些将要排除，参考标准可以是关键词、出版物类型、学科层次以及发表日期等。需注意，在这一过程中，社会工作者应尽量确保自己所搜索的文献是学术著作而非通俗材料。学术著作是经过同行评议并遵循学术和专业学科要求的公认且严谨的出版物，包括来自同行评议的期刊文章（如发表在《中国社会工作》《社会工作研究》《社会工作》杂志上的文章等）、同行评议会议记录、由知名出版社出版的书籍等。除了以上文献类型，还有一种“灰色文献”，即学术领域外的研究出版物，社会工作者在撰写文章（尤其是实践类文章）时，可能会搜集到较多此种文献。这类文献质量不一，具体可包括研究报告、实践手册以及意见书等。社会工作者可以综合考虑作品的学术质量以及读者期望来决定是否将这类文献纳入自己的论文中。例如，专注于应用性或实践性知识相关的期刊读者，对“灰色文献”的兴趣可能远高于注重理论性知识开发的读者。

现今的文献检索较为简单，信息网络技术的发展突破了之前数据库使用的许多限制。以往，研究者想要访问一些大学图书馆、其他专业图书馆以及跨学科电子数据库，如 EBSCO、Scopus、Web of Science、JSTOR、ScienceDirect、PubMed、PsycINFO 等下载文献时，可能需要获得相应的会员资格或访问权限，而获得这些会员资格或访问权限并不容易，可能需要研究者花费一笔较大的入会资金，或是成为图书馆所在机构一员。但现在，社会工作者花费一笔较小的资金，在网络平台上购买临时或长期的数据库链接入口，就可以随时随地轻松地访问不同数据库并下载相应的资料文献。

文献检索下载完成后，社会工作者进入文献分析阶段。在阅读其他参考文献时，不妨准备好文献阅读记录工具或设计出一份文献归纳表格，将兴趣点、受启发点等即时记录，这对于构思论文结构和论点非常有益。在这一阶段，社会工作者需要对以前的文献进行批判性和建设性的评价，弄清既有研究已获得哪些成果、尚存在哪些不足等问题。对于初次撰写文献综述的新手而言，一个常犯的错误是单纯描述或总结他人工作。除了总结他人现有研究工作，研究者在叙述性文献综述中，还应当说明自己对某个研究主题的发现或明确论文要解决的研究缺口，而在系统性文献综述中，则应当在诸多学者已有研究成果中找出相关知识的研究差距，尽管研究者不一定要声明解决这个差距。在分析文献时，以下几个问题可以帮助社会工作者理清思路：

（1）在历史发展过程中，出现了哪些重要的发展事件？例如，在叙述性文献综述中，不同历史时期，女性主义出现了三大发展浪潮。

（2）哪些学者的作品对这一研究主题影响最为广泛？这些代表性学者的观点有哪些异同点？

（3）该研究主题目前存在哪些发展阵营？这些阵营的共同点和分歧点在哪里？

（4）目前已经采取了哪些方法来探讨这一研究主题？这些方法的优缺点是什么？

（5）针对研究者自己关心的研究问题，目前已有哪些发现？

（6）与自己研究问题相关的论文存在哪些优势和局限？

当社会工作者确定了研究主题和问题，制定了相应的研究计划和策略，并在计划内搜索和分析文献后，就进入文献综述的最后一步，即撰写文献综述。研究者对文献综述的介绍取决于文献综述的类型以及文献综述是作为论文的一部分还是单独的一篇文章（即综述性论文）。无论是哪一种情况，在文献综述的介绍中，都应包括以下几点：

（1）简要地概述研究主题或问题，包括研究主题或文献相关知识的发展历史以及现状。

（2）全面而客观地阐述既有研究与研究者所研究的主题或问题的一致性与冲突。

（3）分析而非总结现有文献知识，包括阐明现有研究中的各种论点是如何支撑或形成研究者自己的论文中所表达的立场或观点的。

（4）在结尾处分析总结既有研究的一致点、冲突点以及可能存在的发展不足，在系统性文献综述中应说明研究者将如何解决自己的研究问题，在叙述性文献综述中则应展示研究者在接下来的研究中试图填补哪些发展不足。

在撰写文献综述时，社会工作者应格外注意如何将他人的研究观点有技巧地纳入自己的研究中，并与自己的观点相区分。同时，在撰写论文的过程中也应注重伦理道德问题，即承认他人的研究观点，尊重他人的知识产权，不要剽窃，对论文中出现的所有他人观点、成果均注明出处。

（五）选择支持论文观点的材料或证据

任何一个观点都需要相应的证据或材料作为支撑，以保证观点的有效性与可信度。在学术论文写作中，我们强调支撑观点的证据或材料应具备有效性和充分性。所谓有效性，即要求支撑观点的材料或证据一定要与观点相匹配。例如，社会工作者的论文涉及服务使用者参与的观点，选用的证据可包括研究者自己在实践服务中收集到的服务使用者参与的相关实践材料，如服务记录或服务对象访谈等，又或者采用他人收集到的服务使用者参与的研究成果。所谓充分性，即要求研究者选用的材料或证据，相比于其他可替代性解释材料更加可取。例如，在论证服务使用者参与的观点中，服务对象自身的观点阐述将比社会工作者的服务观察记录更加充分有效。

在社会工作研究领域中，目前有两种主要的资料或证据收集方法：一种是社会工作者直接从实践服务或研究中所得，具体包括服务文书记录、服务对象反馈、服务相关方访谈，或是在年度需求调研中产生的一系列需求问卷或访谈记录等。另一种资料收集方式是通过二级数据源，包括已发布的统计材料、既有研究成果或是政府和其他机构公布的各类报告等。使用这一数据源的材料时，社会工作者应注意的出处，并说明这些材料如何支撑了目前的研究观点等。

（六）设想初稿

社会工作者在正式开始动笔写作前，先勾勒出论文的大致框架对后续的论文写作尤其重要，因为如果没有一个写作指引提纲，在后续的写作过程中，论文总体结构可能会比较破碎杂乱且缺乏逻辑性，还可能在写作过程中因注意力不集中而忽略了研究问题的关键点。社会工作者制定一个行文提纲的最快捷方法是先简明扼要地列出打算讨论的内容的主要标题和次要标题，同时在拟定标题的过程中将注意力集中在全文行文思路上，如此可最大限度地使论文最终的提纲具有逻辑性、渐进性。

（七）理解三类读者

一篇论文被撰写出来后，至少要经过三类读者。当社会工作者寻求论文出版或发表时，拟投稿出版社或期刊的编辑是第一类读者。编辑的职责是审核论文是否适合该期刊读者，是否符合出版要求，如果符合，则将论文发给期刊的同行评审专家，以进一步评估论文是否适合出版，还有存在哪些可改进之处等。在这一过程中，编辑以及编辑团队充当论文发表的守门人角色。论文的第二类读者便是同行评审专家。同行评审过程通常是匿名进行。同行匿名评审保证了评审过程的客观与公正，避免了评审者对论文作者的偏见或受个人利益影响，这意味着评审过程更注重的是论文的质量而非作者身份。同时，因为评审者不知道论文作者是一名新晋作者还是一位资深的有经验的领域专家，完全依靠作品质量来决定是否发稿，由此则增加了新晋作者进入该领域的机会。论文的最后一类读者是期刊读者群。就社会工作和社会服务领域而言，期刊的读者群主要由决策者、专业或领域研究人员、从业人员以及服务使用者等组成。每一种期刊因自身刊物特质都将保持一群稳定的读者。研究者可以通过期刊以往发行的作品研究该期刊的主要面向对象，从而结合不同读者特点和需求，综合确定论文方向，提高论文发表成功的概率。

（八）确定适合的期刊

社会工作者若想尽可能地扩大自己作品的读者群，就应在写作前先确定自己想要接触的读者类型，因为读者类型也会影响社会工作者具体的行文内容。例如，倘若受众对象主要是决策者或研究人员，他们可能更希望看到某一领域的发展现状和方向预测；倘若是某一专业领域成员，则可能需要容纳更多专业性元素，如持守的共同专业知识、专业期望和价值观等。

研究者确定了自己作品的主要受众群体后，就应当进一步确定哪些期刊能接触到这些受众群体，从而尽早地确定拟投稿期刊。社会工作者可以根据拟投稿期刊的编辑要求来设计论文结构，或根据其标准和出版风格来确定自己的论文风格，又或者根据拟投稿期刊的主要受众对象的知识层次背景来确定论文内容知识深度等。这些都可以有效降低社会工作者论文重写的概率和提升论文成功发表的概率。

四、写作中：论文结构与论证

(一) 选择一个积极的写作环境

一个积极的写作环境能给社会工作写作者营造美好的写作心情，并极大地提升写作效率。

一个温暖安静、空气流通且光线充足的物理环境总是能给人带来愉悦感，也更有利于社会工作者开展创作。

(二) 构建论文的关键部分

专业的期刊通常要求研究者提供的论文符合特定的结构或形式。社会工作者在进行论文创作时，最好先检查拟投稿期刊是否有特定的指南说明。若没有，可以参考期刊已发表的作品结构或形式，以确保论文行文符合期刊要求。

尽管不同期刊对论文行文结构的具体要求可能存在差异，但一般而言，一篇学术论文应包括以下内容：

(1) 摘要。几乎所有的专业期刊都要求在发表的文章之前加上论文摘要。摘要对引导读者阅读一篇论文非常重要。有些读者会直接根据摘要判断是否继续阅读或下载该论文；有些时间安排较为紧凑的读者，甚至会仅通过阅读一篇文章的摘要就直接确定论文观点。此时摘要内容能否正确反映论文通篇内容，对论文发表后的读者反应则有很大影响。摘要简明描述了论文的主要目的、方法、特点、发现和结果等，不同期刊和出版社对摘要的具体字数要求不同，一般在150字左右。摘要的性质和内容决定了我们一般在论文完成后再撰写摘要。但社会工作者也可以结合自身实际情况，在开始创作前就写完摘要。因为正式写作前完成摘要对作者更好地安排和组织写作过程有一定的促进作用。

(2) 引言。引言是对社会工作者研究主题的介绍，说明自己为何会选择这个特定的研究主题或问题，为什么认为这个研究主题或问题很重要，以及自己又将如何在本论文中解决该研究主题或问题目前存在的关键空白、矛盾或问题等。

(3) 文献综述或问题界定。作为论文内容一部分的文献综述通常会说明目前学界对该研究主题或问题的研究现状和不足，从而引出论文将如何开展研究，弥补该领域的研究不足。

(4) 研究计划或干预描述。该部分是论文应重点描述的内容。社会工作者应详细阐明论文研究设计以及干预计划，以使读者能准确理解论文结论是如何得出的，并在一定条件下可以自行重复实施计划。例如，关于行为观察，受试者如何进行抽样？谁进行观察？观察员受过哪些训练？观察间隔多久一次？观察数据如何处理分析？干预措施是否经过了有效性和可靠性测试？观察者的判断是否足够可信？观察所得数据适用性如何？等等。但若是论文研究设计或干预计划太过复杂，则最好将具体内容置于附录中，在正文中则主要阐述计划如何设计和进行，最终结果如何。

（5）研究发现。许多研究者将结果视为一项研究中的最重要组成部分，由此会花费大量笔墨描述研究结果。为了保证读者能够清晰有序地读懂研究结果，社会工作者会借助统计表格或图画使用来达成这一目的。

（6）讨论。不同于研究发现部分中对研究结果事实性的描述，讨论部分一般将本研究在纵向和横向维度上与既往研究进行比较，探讨差异，分析差异的原因，或者讨论此项研究中研究计划是否有效，在多大程度上促成了某一现象或问题的改变，该项研究最终的意义如何等。许多读者若是看不懂或没时间细看研究设计时，都会直接只读“讨论”这一部分。

（7）总结。总结是对自己的主要研究发现和结论进行的简单描述。这一部分内容相比于其他部分要短小，有些期刊甚至只要摘要而省略总结。社会工作者也可以在这部分强调研究的不足，建议日后相关主题研究该如何改进等。

（8）参考文献。论文中出现的所有引用资料都应该在参考文献部分列出。文献格式需参照期刊要求。社会工作期刊经常使用的是美国心理协会（APA）的文献格式。

（9）附录。对于一些重要但可以不用出现在论文正文的信息，社会工作者可以考虑将其放在附录里。例如前面提到的数据收集所用到的问卷量表等。

（三）初稿的编辑方式和写作风格

论文初稿的编辑方式和写作风格也会影响稿件出版，很多优秀的论文因为不够重视编辑方式和写作风格而错过了发表或出版机会。在写作时，社会工作者根据写作文体以及类型选择相对应的编辑方式和写作风格尤为重要。例如，在口述中采用第一人称更凸显故事性，会比较适合恰当；但若是在研究报告中采用第一人称，则影响报告客观性。同时，一篇文章中应保持一种写作风格，行文尽量简洁明了，对于一些比较复杂的但又不可避免使用的专业术语，可采用脚注进行解释说明。最后，可以借助图表等辅助说明形式。社会工作者应该意识到，相对于文字，借助图表或其他视觉辅助方式，更有助于读者理解复杂思想观点。

当初稿完成后，社会工作者还有一件重要事情不能忽略，即编辑、校对，不断完善初稿。要知道，无论是哪本期刊，都不允许自己所发表或出版的作品的语法错误、错词或是明显的印刷错误超出一定比例范围。因此，社会工作者在提交初稿时，应尽量减少这种错误，避免给编辑和编辑团队留下不好的第一印象。

（四）润色初稿

论文完成后，社会工作者可将自己的注意力转移到其他项目或事情上，适当地转换自己先前撰写论文时形成的固定思维。过一段时间再回头审阅自己的论文，可能会有许多意外的收获，如发现以前没有注意到的重大遗漏或是错误陈述等，此时可对初稿进行润色加工。

五、写作后：论文出版或发表过程中应注意的问题

许多社会工作者在将论文提交后，就觉得所有事情已经完成。事实上，这是完全错误的想法。在论文提交后，一些具有挑战性的问题可能才真正开始出现。其中，最主要的是对评审意见的学习和吸收。

（一）对评论者意见做出回应

编辑收到投稿后会进行第一轮筛选，符合其研究领域、风格和质量要求的会被送至匿名评审专家处评阅，不符合要求的直接拒绝。直接拒绝的信函一般很简单，常常寥寥数字。论文送至匿名评审专家处后一般会有两种评审决定：拒绝或接受（含大改、小改）。无论是哪种决定，都会有匿名评审意见。当作者收到拒绝信和匿名评审意见后应该好好利用这些论文评审意见，虚心修改，为下次论文发表做准备。

如作者仅收到修改意见，则说明论文初步被接受，但仍需按照评审专家意见修改。此时，切记不可掉以轻心，需按专家意见逐条修改，并就专家意见逐条回应，并且注明修改的地方，以便专家再次审阅时节省时间。

（二）为下一次论文写作做准备

社会工作者若是撰写一篇实证性研究论文，当论文发表后，与原来受试者继续保持稳定联系也非常重要，这不仅是出于专业实践服务层面的考虑，还是出于维护和扩充原始数据库的考量。与受试者保持持续性接触有助于获得后续发展数据和撰写纵贯研究论文。

六、论文撰写的几点技巧

每个人因自身经历、习惯以及写作能力层次不同，会有不同的写作方式或技巧，我们不能说自己的写作方式就是最佳的写作选择，但分享自己的写作方式与技巧也是促进和提升自己写作能力的一种有效方式。

（一）思考与写作

思考与写作之间的联系与重要性已被诸多领域专家学者讨论。在此，我们想强

调的是思考与写作的时间分配问题。一篇优秀或高质量的论文从来都是产生于研究者在写作全程中的深入思考，而写作只是将研究者前期的思考和分析工作用恰当的语言记录下来而已。因此，社会工作者在撰写学术论文时，切忌因想快点出稿而缩减论文前期构思时间以及阅读相关文献并思考的时间。

（二）自由写作

美国马萨诸塞大学学者埃尔波（P. Elbow）曾对自由写作做如下定义，即在一个规定的较短时间内，不考虑语法、标点或任何形式的评价标准而进行持续性的写作，其目标是确定和发现自己在想什么，将自己的思考与写作从字面上联系起来。[①]当我们在思考一个问题时，我们的想法可能比较零散和随机，可能基于眼前的某一出发点，脑海中突然浮现一个新的想法。此时，若我们顾忌写作形式或格式要求，就可能会让这个新想法溜走。自由写作即针对这一点，希望我们在写作时摆脱行文要求和框架的束缚，记录脑海中一闪而过的创新想法。

自由写作比较适用于文献综述或论文手稿。社会工作者在一个较短时期内经历密集的阅读后，脑海中接收到许多与研究主题和问题相关的杂乱信息，此时，为避免将阅读中接收到的关键信息以及突发的新想法遗漏，自由写作便是一个很好的选择。

论文手稿是社会工作者围绕着研究主题和问题对现有诸多资料进行的第一次系统整合，此时社会工作者若是一味拘泥于行文逻辑和格式要求，则很可能会扼杀联想性和创新性思维，更可能会掩盖研究者对问题探索的好奇心。在论文手稿中，撇开现有的各种行文写作要求，专心于探索研究问题论证思路和关键想法记录，更有可能撰写出一篇突破现有知识发展的有创新性的论文。

（三）撰写与自己文化或思想相关的论文

我们每一个人都深受自己生活成长环境中文化的影响。文化影响着我们的思维和行为习惯，影响着我们生活中的方方面面，但同时也为我们自己所熟知。选择撰写与自己文化相关的论文，有助于社会工作者更好地把握研究主题和研究问题，因为没有什么能比研究者亲身的经历更加有助于问题反思和新想法的挖掘。而且，选择与自己文化相关的研究问题，在收集与准备研究资料时，研究者具有得天独厚的优势，能收集到对于研究问题更加可信和适当的资料，也更能保证资料准备的充分性，从而为优秀论文的产生提供充足条件。

七、学术论文中的道德与规范

除了关注学术论文写作的方法与技巧，社会工作者还应当注意学术论文写作中

---

① ELBOW P. Writing with power：techniques for mastering the writing process. New York：Oxford University Press，1981.

的学术道德与学术规范。教育部2004年颁行的《高等学校哲学社会科学研究学术规范（试行）》中将学术不端行为定义为伪注、伪造、篡改文献和数据等；在2016年颁行的《高等学校预防与处理学术不端行为办法》对学术不端行为的一般性界定，即高等学校及其教学科研人员、管理人员和学生，在科学研究及相关活动中发生的违反公认的学术准则、违背学术诚信的行为。2019年国家新闻出版署出台的《学术出版规范　期刊学术不端行为界定》也对论文作者、审稿专家、编辑者三方学术不端行为进行了具体性界定。从政策文本中可发现，不仅扩大了对学术不端行为的界定范围，还进一步对学术不端行为主体进行了分责界定。

在行为的内容层面，我们可将学术不端或学术腐败行为划分如下：抄袭剽窃、霸占成果；粗制滥造、学术泡沫；伪造、修改研究资料；提供虚假学术信息；不当引文与署名；阻止、妨碍他人研究；一稿多投或多发；权钱交易或干涉、违背评价标准与事实；学术霸权、近亲繁殖；协助、纵容他人学术不端。

按照研究程序划分，我们可将学术不端归为课题申请立项阶段的不端行为、科学研究阶段的不端行为和科学成果发表阶段的不端行为。① 课题申请立项阶段的不端行为指研究者在撰写项目申请书时刻意夸大研究价值，虚报或谎报学术研究成果，伪造学历与职称等行为。科学研究阶段的不端行为种类繁多，也最为普遍，较常见的便是抄袭剽窃或恶意强占他人研究成果，捏造篡改研究资料或恶意泄露他人机密信息，不当引文或引用他人研究成果却不注明出处等。科学成果发表阶段的不端行为则指研究者学术成果发表不符合科学规范。例如，研究者未经他人同意署名或在多人共同研究中有意弱化他人研究贡献而拔高自身作用，甚至于直接隐去研究合作者姓名；将未经过科学检验的成果直接发表，或是欺骗期刊出版社等，一稿多投或多发；在同行评议过程中，滥用自身职权，违背客观标准，对自身熟悉的人的研究成果给予较高评价，而对不熟悉或意见不同者给予恶评或不公正评价。

按照学术不端行为发生主体，我们可将其划分为论文作者学术不端行为、审稿专家学术不端行为以及编辑者学术不端行为。论文作者学术不端行为包括剽窃、伪造、篡改、不当署名、一稿多投、重复发表、违背研究伦理以及其他学术不端行为。审稿专家学术不端行为通常表现为不按照规章制度或正常程序对他人研究成果进行评审，如违背学术道德的评审，干扰评审程序，违反利益冲突规定，违反保密规定，盗用稿件内容，谋取不正当利益，以及其他学术不端行为如发现所审论文存在研究伦理问题但不及时告知期刊、擅自请他人代自己评审。编辑者学术不端行为则包括违背学术和伦理标准提出编辑意见，违反利益冲突规定，违反保密要求，盗用稿件内容，干扰评审，谋取不正当利益以及其他学术不端行为。其他学术不端行为包括：重大选题未按规定申报；未经著作权人许可发表其论文；对需要提供相关伦理审查材料的稿件，无视相关要求，不执行相关程序；刊登虚假或过时的期刊获奖信息、数据库收录信息等；随意添加与发表论文内容无关的期刊自引文献，或者

① 董正华．学术不端行为研究及对策．大连理工大学，2010.

要求、暗示作者非必要地引用特定文献；以提高影响因子为目的协议和实施期刊互引；故意歪曲作者原意修改稿件内容。①

我国社会工作发展时间不算长，近年来在政策层面上得到政府关注与大力支持，现实情境中专业化与职业化也不断发展。但从发展阶段看，我国社会工作依旧处于初步发展阶段，专业化与职业化还需加强建设，本土化（indigenization）与土生化（authentization）亦尚在探索。社会工作实践服务需要专业价值与伦理来保驾护航；同样，社会工作专业写作也需要社会工作者遵守学术写作规范与道德，保证写作内容与质量，充分发挥其对社会工作专业发展应有的作用。

① 中华人民共和国新闻出版行业标准：CY/T 174—2019. 学术出版规范 期刊学术不端行为界定.

参考文献

[1] 李昺伟，吴耀建，郭思源，等．中国贫困人群的社工服务："大爱之行"项目研究．北京：社会科学文献出版社，2016.

[2] 张和清，杨锡聪．社区为本的整合社会工作实践：理论、实务与绿耕经验. 北京：社会科学文献出版社，2016.

[3] 李昺伟．专业的良心：转型时代中国社会工作的守望．北京：社会科学文献出版社，2014.

[4] 全国社会工作者职业水平考试教材编写组．社会工作综合能力（中级）. 北京：中国社会出版社，2017.

[5] 全国社会工作者职业水平考试教材编写组．社会工作实务（中级）. 北京：中国社会出版社，2017.

[6] 夏建中．社区工作．3 版．北京：中国人民大学出版社，2015.

[7] 张和清．社区文化资产建设与乡村减贫行动研究：以湖南少数民族 D 村社会工作项目为例．思想战线，2021（2）：21－29.

[8] 龚向和，魏文松．学术规范的功能定位、合理限度及其法律制度体系建构. 中国高教研究，2019（11）：69－76.

[9] 郭思源．大型社会工作服务项目成效评估的实践研究：以"大爱之行"项目为例．社会福利（理论版），2019（6）：43－50，57.

[10] 宋雅然．社工硕士实习生工作负荷的质性研究．内蒙古大学，2019.

[11] 孙傲．社工硕士实习生是如何写作文书的？．内蒙古大学，2019.

[12] 刘斌志，郑先令．个案社会工作服务中的写作疗法：理论框架与程序指引．四川理工学院学报（社会科学版），2019（2）：1－19.

[13] 贺志峰．吊诡的逻辑：项目制带来了社会工作专业成长？．社会与公益，2019（2）：76－79.

[14] 卢文辉，叶继元．对学术规范内容体系的再思考．高校图书馆工作，2019，39（1）：21－26.

[15] 陈亮．论大学学术不端行为问责的发生机理．现代大学教育，2018（6）：15－21.

[16] AMBROSE-MILLER W，ASHCROFT R，孙汝卿，等．社会工作者作为跨专业健康照护团队成员所面临的挑战．中国医学伦理学，2018（3）：

404－406.

［17］张霖，吴世友，FRASER. 社会工作领域定性研究论文写作指南与规范建议．华东理工大学学报（社会科学版），2018（2）：90－97，116.

［18］丛杭青，顾萍．学术不端行为的种类与特征．长沙理工大学学报（社会科学版），2018（1）：31－35.

［19］胡博艺．政府购买服务背景下社会服务机构的项目开发与运作能力建设研究．华东理工大学，2018.

［20］陆雅婷．实证为本的社工实践探析．中国市场，2017（14）：243，248.

［21］谢敏，吴中宇．资源依赖背景下社会工作机构发展策略研究．理论月刊，2016（10）：153－159.

［22］吕璐．社会工作机构承接政府购买服务的实践与反思．井冈山大学，2016.

［23］高张．多元互动：政府购买社工服务的机制与逻辑：对武汉 X 区政府购买社工服务的实践分析．华中师范大学，2016.

［24］张和清．知行合一：社会工作行动研究的历程．浙江工商大学学报，2015（4）：98－103.

［25］胡林龙．论学术不端行为的责任．法律科学（西北政法大学学报），2015（4）：62－69.

［26］雷芸．民办社会工作机构发展困境研究．南京农业大学，2015.

［27］林阿妙．地方政府购买公共服务的现状与思考：以漳州市购买社工服务为例．福建行政学院学报，2014（5）：40－45.

［28］杨君，徐永祥．新社会服务体系：经验反思与路径建构：基于沪深两地政府购买服务的比较研究．学习与实践，2013（8）：101－107.

［29］王帅．现代行政文秘写作技巧研究．艺术科技，2013（6）：105.

［30］邹帆．社会工作机构发展模式探析．内蒙古师范大学，2013.

［31］吴俊阳．大学生学风的问题、原因及其解决对策．湖南大学，2013.

［32］徐盈艳，黎熙元．政府购买服务规制下的社会工作机构发展：广东四个城市试点项目的比较研究．当代港澳研究，2012（2）：15－23，173.

［33］叶美昌．理性选择理论视角下社会组织与政府互动关系研究．华东理工大学，2013.

［34］贺静．政府购买社会工作服务运营模式的研究．中国青年政治学院，2012.

［35］刘文华．他山之石，可以攻玉：浅谈学术道德建设的经验借鉴．学理论，2010（28）：222－224.

［36］郑立新．当前高校行政公文写作的规范化问题探析．莆田学院学报，2010（4）：48－52，63.

［37］刘文华．高校学术道德问题研究．西南大学，2010.

[38] 董正华．学术不端行为研究及对策．大连理工大学，2009.

[39] 唐捷．我国学术腐败系统规制问题研究．武汉理工大学，2008.

[40] 洪威雷．再论行政公文撰写者的职业道德：兼论公文写作中的三个转变．应用写作，2006（10）：4-7.

[41] 杨进军．当前我国学术不端行为的成因及对策研究．西南交通大学，2005.

[42] 马敬安，曹家和．学术会议与学术规范．江苏卫生事业管理，2005（5）：75-76.

[43] 曹树基．学位论文的性质、内容与形式．社会科学论坛，2005（10）：71-77.

[44] 叶继元．学术期刊与学术规范．学术界，2005（4）：57-68.

[45] 马俊民．浅谈关于加强历史学学位论文学术规范的几个问题．中国高教研究，2005（3）：26-29.

[46] 顾海良．学术规范与学术道德：他律与自律．社会科学论坛，2005（1）：11-15.

[47] 郑良勤．试论遏制学术腐败的策略．河南商业高等专科学校学报，2001（6）：69-70.

[48] "学术规范与学风建设笔谭"编后语．自然辩证法通讯，2001（4）：12-15.

[49] 邓晓芒，赵林，彭富春．是可忍，孰不可忍：评湖北省社科成果评奖中的学术腐败．博览群书，2001（5）：4-7.

[50] 宋艳辉．谈行政机关公文的写作要领．湖南财政经济学院学报，1999（1）：66-67.

[51] 任秀芹．公文写作特点之我见．昆明大学学报，1997（1）：88-90.

[52] GREEN W，SIMON B L. The Columbia guide to social work writing. New York：Golumbia University Press，2011.

[53] WEISMAN D，ZORNADO J L. Professional writing for social work practice. New York：Springer Publishing Company，LLC，2018.

[54] HEALY K，MULHOLLAND J. Writing skills for social workers. Chennai：C&M Digitals (P) Ltd.，2019.

[55] LEWIS H. Bids，tenders and proposals：winning business through best practice (2nd ed.). London & Philadelphia：Kogan Page，2007.

[56] RYBACKI K，RYBACKI D. Advocacy and opposition：an introduction to argumentation (3rd ed.). Boston：Allyn & Bacon，1996.

[57] HART C. Doing a literature review (2nd ed.). London：Sage，2018.

[58] JAQUES E. A winning bid：a practical guide to successful bid management. London：Kogan Page，2013.

[59] SORMANTI M. Writing for and about clinical practice//GREEN W，SIMON BL. The columbia guide to social work writing. New York：Columbia University Press，2012：114－132.

[60] CALIX A. Is the ecomap a valid and reliable social work tool to measure social work?. Louisiana State University，2004.

[61] ELBOW P. Writing with power：techniques for mastering the writing process . New York：Oxford University Press，1981.

[62] PON G. Cultural competency as new racism：an ontology of forgetting. Journal of Progressive Human Services，2009，20 (1)：59－71.

[63] STACKS J，SALGADO A M，HOLMES S. Cultural competence and social justice：a partnership for change. Transitions：Serving Youth of Color，2004，15 (4)，4－5.

[64] PONTEROTTO J G，GRIEGER I. Effectively communicating qualitative research. Journal of Counseling Psychology，2007，35 (3)，404－430.

[65] MILLER V，FIELDS N，ADORNO G，SMITH-OSBORNE A. Using the eco-map and ecosystems perspective to guide skilled nursing facility discharge planning. Journal of Gerontological Social Work，2017，60 (6－7)：504－518.

图书在版编目（CIP）数据

社会工作实用写作/江国平，张艳著．-- 北京：中国人民大学出版社，2022.4

新编21世纪社会工作系列教材

ISBN 978-7-300-30448-9

Ⅰ.①社… Ⅱ.①江… ②张… Ⅲ.①社会工作-应用文-写作-高等学校-教材 Ⅳ.①C916

中国版本图书馆 CIP 数据核字（2022）第 044681 号

新编 21 世纪社会工作系列教材

社会工作实用写作

江国平　张　艳　著

Shehui Gongzuo Shiyong Xiezuo

出版发行	中国人民大学出版社		
社　　址	北京中关村大街 31 号	**邮政编码**	100080
电　　话	010－62511242（总编室）		010－62511770（质管部）
	010－82501766（邮购部）		010－62514148（门市部）
	010－62515195（发行公司）		010－62515275（盗版举报）
网　　址	http://www.crup.com.cn		
经　　销	新华书店		
印　　刷	固安县铭成印刷有限公司		
规　　格	185 mm×260 mm　16 开本	**版　　次**	2022 年 4 月第 1 版
印　　张	13.25 插页 1	**印　　次**	2022 年 11 月第 2 次印刷
字　　数	276 000	**定　　价**	39.90 元

关联课程教材推荐

书号	书名	作者	定价
978-7-300-30127-3	小组工作（第二版）	万江红	48.00 元
978-7-300-30042-9	社会工作实务（第三版）	库少雄	65.00 元
978-7-300-30047-4	青少年社会工作	许彩丽	49.00 元
978-7-300-29843-6	残疾人社会工作	余艳萍　秦　琴	48.00 元
978-7-300-28790-4	社会工作实务案例教程	陈树强　李璐龄	49.80 元

配套教学资源支持

尊敬的老师：

衷心感谢您选择人大版教材！相关的配套教学资源，请到中国人民大学出版社官网（www. crup. com. cn）下载。部分教学资源需要验证您的教师身份后，才可以下载，请您登录出版社官网后，点右上角“注册”，填写“会员中心”的“我的教师认证”项目，等待后台审核。我们将尽快为您开通下载权限。

如您急需教学资源或教材样书，也可以直接与我们的编辑联系：

龚洪训　　电话：010－62515637　　电子邮箱：6130616@qq. com

专业教师 QQ 群：

195761402（全国社会学教师 QQ 群）

欢迎您登录浏览人大社网站，了解图书信息，共享教学资源

期待您加入专业教师 QQ 群，开展学术讨论，交流教学心得